매출이 오르는 가게는 무엇이 다를까?

일러두기

- 이 책은 2020년 출간된 《고객이 달라졌다》(현성운, 포르체)의 개정판입니다.
- 이 책에 수록된 사진 및 기타 자료는 저작권자의 것이며, 그 외에는 저작권을 별도로 표기하였습니다.

매출이 오르는 가게는 무엇이 다를까?

잘 팔리는 서비스는
전략이 있다

현성운 지음

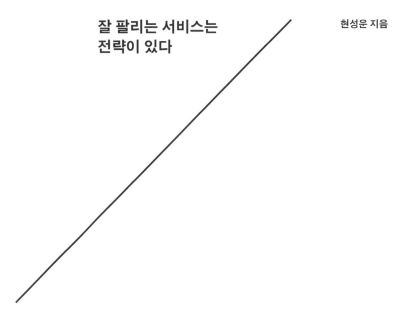

포르체

현성운 대표는 외식업계에서 현 검사로 불릴 만큼 냉철한 시각으로 매장의 디테일을 살핍니다. 또한, 고객을 사랑하고 그들을 사랑하는 방법을 가르칩니다. 고객을 사랑해야 더 위생적이고 좋은 재료를 사용하고, 최고의 서비스를 제공할 수 있기 때문입니다.

㈜죠스푸드 '죠스떡볶이', '바르다김선생' 나상균 대표

치열한 정글과도 같은 자영업 현장에서 생존하기 위해서는 '차별화'가 중요합니다. 저자는 오랜 현장 경험을 살려 다른 방식의 서비스 차별화를 제시합니다. 이 책은 지금 당장 적용할 수 있는 생생한 조언과 서비스의 가치를 제공합니다.

㈜ALVOLO F&C '피자알볼로' 이재욱 대표

뉴노멀 시대, 더욱 새로운 기준을 요구하는 까다로운 고객들의 욕구를 예리한 관찰과 날선 시각으로 남다른 기준을 제시하고 있습니다. 이 책을 우리 회사 임직원들과 함께 읽고 하루빨리 현장에 적용하고 싶습니다.

㈜보하라 '남다른감자탕' 이정열 의장

바야흐로 '언택트 비즈니스'의 시대입니다. 배달외식업에도 새로운 기준이 필요한 때입니다. 현성운 대표는 오프라인 매장뿐 아니라 배달 매장이 갖춰야 할 서비스 방식에 대해서도 이야기하고 있습니다. 이 책을 통해 한국 배달 외식업 서비스의 질적 향상을 기대합니다.

'포라임' 양종훈 대표

소비자, 즉 고객은 늘 변합니다. 이전과 같은 방식으로는 결코 성공할 수 없습니다. 현성운 대표는 고객의 마음을 사로잡는 방법에 대해 이야기하고 있습니다. 지속 가능한 사업을 영위해야 하는 모든 사장님께 추천합니다.

㈜심플프로젝트컴퍼니 'WECOOK' 김기웅 대표

서비스의 본질은 무엇일까요? 더 나은 서비스는 어떻게 할 수 있을까요? 현성운 대표는 이 질문에 대해 오랜 시간 고민해온 사람입니다. 현 대표의 지침을 따라 고객의 불편을 끊임없이 생각하고, 효과적이고 효율적인 방식으로 개선하다 보면 어느새 몰라보게 성장한 비즈니스를 발견할 수 있을 것입니다.

테이블매니저㈜ 최훈민 대표

외식업의 성패는 본질과 디테일에 좌우됩니다. '본질'을 잃지 않고, '디테일'을 놓치지 않는 외식경영만이 성공할 수 있습니다. 현성운 대표는 급변하는 시장 환경에 맞는 전략적 성공 방식을 제시하고 있습니다. 더욱 까다로워진 고객에게 큰 사랑을 받을 수 있도록 하는 필독서입니다.

한국브랜드마케팅연구소 박재현 대표

외식은 더 이상 맛 차원에서 승부가 나지 않습니다. 오감을 통한 행복한 경험으로 고객의 마음을 사로잡고 감동시켜야 비로소 성공에 이를 수 있습니다. 외식업계의 '현 검사'라고 불리는 그녀의 날카로운 통찰은 빠르게 변하는 외식 환경에 필요한 새로운 패러다임을 제시합니다.

숙명여대 르꼬르동블루 외식경영전공 윤지영 교수

달라지지 않는
경영의 원칙

5년 전, 《고객이 달라졌다》를 세상에 내놓았을 때는 '코로나19'라는 거대한 파도가 모든 걸 뒤흔들던 시기였습니다. 소비 패턴은 완전히 흔들리고, 오프라인과 온라인의 경계는 허물어졌으며, 고객들은 완전히 새로운 기준으로 가게를 선택하기 시작했습니다. 그야말로 "고객이 달라졌다"라는 말이 실감 나던 때였습니다. 그때 우리는 마스크를 쓰고, '거리 두기'를 하면서, 어떻게 비즈니스를 이어갈지 머리를 싸매야 했습니다. 많은 자영업자와 기업들이 이 변화에 당황하는 모습을 보며 이 책을 쓰게 되었습니다.

그리고 이제 5년이 지났습니다. 코로나19는 끝났지만, 고객은 여전히 변하고 있습니다. 그 변화는 더 정교하고 빨라졌습니다. 하지만 변하지 않는 것도 있습니다. 고객이 가치를 따지는 기준, 좋은 서비스와 경험이 주는 감동, 진정성 있는 브랜드가 사랑받는 이유… 이런 본질적인 것들은 여전히 변함이 없습니다. 생각해보면 참 흥미롭습니다. 세상은 계속 변하지만, 우리가 소중히 여기는 가치는 크게 달라지지 않습니다. 우리는 여전히 정직한 브랜드, 진심을 다하는 서비스, 고객인 자신을 특별하게 대해주는 경험을 원합니다.

이번 개정판은 그런 변하지 않는 본질을 다시 한번 돌아보고자 만들었습니다. 코로나19 시대의 이야기들은 정리하고 오래된 사례는 최신 사례들로 바꿨지만, 가장 중요한 메시지는 그대로입니다. 시대가 바뀌어도 변하지 않는 고객의 핵심 욕구와 기대를 이해하는 것. 그것이 바로 지속 가능한 성공의 열쇠라는 점입니다.

5년 전《고객이 달라졌다》가 변화의 시작을 알리는 책이었다면, 이번 개정판은 그 변화를 지속적으로 이해하고 활용하는 방법을 알려주는 책입니다. 단기적인 유행보다는 본질에 집중하는 것이 진정으로 중요하다는 점을 다시 한번 강조하고 싶었습니다.

이 책을 통해 여러분이 변화 속에서도 흔들리지 않는 원칙을 찾고, 고객의 마음을 꾸준히 얻는 방법을 발견하시길 바랍니다. 시대가 변해도 변하지 않는 가치가 무엇인지, 그리고 그 가치를 어떻게 현대적인 방식으로 전달할 수 있는지, 함께 알아보는 시간이 되길 희망합니다.

5년 동안 이 책과 함께해 주신 모든 분들께 진심으로 감사드립니

다. 이 개정판이 여러분 비즈니스의 든든한 동반자가 되기를 바랍
니다!

2025년 봄

저자 현성운 드림

뉴노멀 시대,
새로운 고객이 온다

　고객이 달라졌습니다. 이미 시작된 디지털 혁명은 오프라인 상점들의 영업 방식을 위협하고, 언택트 비즈니스로 옮겨 가고 있었습니다. 그러나 예상하지 못한 코로나19의 출현은 우리 삶의 변화를 더욱 가속화시켰습니다. 고객은 자신과 가족의 건강을 보호하기 위해 자발적으로 사회적 거리두기를 실천하고 있습니다. 집 밖으로 외출하는 것 자체가 위험에 노출된다는 인식이 확대되면서 의식주 중 특히 식문화에 코로나19는 많은 영향을 미치고 있습니다. 언택트 소비는 말 그대로 사람과 접촉을 하지 않고 구매하는 비대면 소비를 의미하며, 키오스크 주문, 배달 주문, e커머스 소비를 포함합니다. 언택트 소비는 빠른 속도로 발전하고 있으며 고객들은 점점 더 비대면 서비스의 편리함을 알아가고 있습니다. 우리는 이제 대면하지 않고도 고객을 만족시킬 수 있는 방법을 찾아야 하는 시대가 온 것입니다.

이럴 때 무엇보다 집중해야 할 것은 '고객'입니다. 고객의 개성과 취향은 더욱 섬세하고 다채롭게 변했습니다. 고객은 때와 기분, 만나는 사람에 따라 다른 선택을 하며 선택지 또한 넘쳐납니다. 백 명의 고객이 있다면 백 가지의 서비스가 필요해진 것입니다. 그렇다면 우리는 지금, 무엇을 준비하고 어떻게 장사를 해야 할까요? 장사의 성패는 고객의 방문 여부에 달렸습니다. 또한 단골 고객 확보가 중요하다는 것은 너무도 자명한 사실입니다. 우리 매장의 단골 고객을 어떻게 확보할 수 있을까요? 차별화된 서비스 전략만이 우리 매장의 팬을 만들 수 있습니다. 고객이 우리 브랜드에 대해 자발적으로 멤버십을 가져야 합니다. 멤버십은 고객의 기준에 맞는 적절한 서비스를 제공했을 때, 긍정적인 경험이 쌓여 만들어집니다. 여기서 우리는 과연 고객이 지불하는 시간과 기회비용 측면에서 기대 이상의 것을 주고 있는지 생각해봐야 합니다. 계속적으로 고객 만족을 넘어 탁월함을 창출해야만 정글과도 같은 자영업 현장에서 살아남을 수 있습니다.

외식업 현장에서 저는 '현 검사'라고 불립니다. 작은 티끌 하나도 귀신같이 잡아내서 이런 별명이 붙었습니다. 저는 18년간 외식업에 종사하며 늘 매장 현장을 관찰했습니다. 서비스에는 '최고 best'가 아닌 '더 나은 better' 것만 있기에, 현장 경험을 바탕으로 더 나은 서비스를 위한 방법을 연구하고 있습니다. 이를 위해 서비스를 제공하는 직원과 서비스를 제공받는 고객, 모두가 행복해지는 구조를 만드는 것이 저의 역할이자 목표입니다.

서비스가 중요하다고 이야기하는 책은 많습니다. 고품질의 서비스를 통해 충성 고객을 넘어 평생 고객을 만들 수 있고 지속적인 관계 형성이 가능하다고 말합니다. 또한 꾸준히 성장하는 기업은 우수한 서비스를 제공한다는 사실도 누구나 알고 있습니다. 하지만 이를 위한 서비스의 본질을 다루거나 시대적 환경 변화에 맞춰 서비스 방식이 어떻게 달라져야 하는지 구체적인 대안을 제시하는 책은 많지 않습니다.

뉴노멀 New Normal 이란 시대 변화에 따라 새롭게 부상하는 표준을 뜻합니다. 주로 과거를 반성하고 변화가 필요한 시점에 자주 등장하는 말이지요. 쉽게 말하면 뉴노멀이란 시대 변화에 따라 우리에게 필요한 새로운 기준을 의미합니다. 몇 가지 예를 들어볼까요? 전례 없는 코로나19 사태로 전 세계가 동시다발적인 경제 위기에 직면했습니다. 서비스 업계도 기존의 서비스 환경에서 비대면 서비스와 같은 새로운 환경으로 진화하는 등의 지각 변동이 일어나고 있습니다. 그 중심에서 저는 다음과 같은 사실을 깨달았습니다.

▶ 코로나19로 인해 고객이 식사를 해결하는 방식이 달라졌습니다. 외식보다는 '가정 내 안전한 식사'를 선호함에 따라 배달 서비스

를 이용하거나 가정 간편식 ^{HMR}, 밀키트 ^{Meal Kit} 등으로 음식을 조리해 먹는 일이 늘었습니다. 인스타그램 게시물에도 변화가 생겼습니다. 진에는 음식점에서 사 먹는 음식 사진을 올렸다면 지금은 직접 조리한 음식을 사진을 올리고 있습니다. 이러한 라이프스타일의 변화가 식문화 트렌드에 상당한 영향을 미치고 있습니다. 이번 코로나19 사태로 얼마나 많은 외식업 사장님들이 배달 서비스를 새로 도입하고 가정간편식 ^{HMR} 상품화를 고민하게 되었을지 분명한 일입니다.

▶ 언택트 ^{untact} 소비의 시대, 매장의 서비스 프로세스와 직원 교육 방식 또한 달라져야 합니다. 이를 위해 고객 직접 응대가 필요한 부분과 필요하지 않은 부분을 구분하여 서비스 단순화, 서비스 프로세스 리디자인 ^{re-design}, 온·오프라인 연계 등이 필요합니다. 요즘 고객은 직접 얼굴을 마주하기보다는 댓글과 이모티콘으로 간결하고 진솔하게 소통하는 것을 선호합니다. 따라서 직원을 교육할 때 불만 고객 관리법보다는 '불만 리뷰 관리법'이 더 필요해진 것입니다. 또한 서비스의 단순화, IT 기기 도입을 통한 무인화 등으로 이질성을 극복했으나 고객을 직접 응대하는 곳은 고객을 구분하여 관리하고, 고객에게 특별한 경험을 제공할 수 있는 초격차 서비스 교육이 필요합니다. 코로나19라는 제약 상황임에도 불구하고 고객이 음식점을 찾는 이유는 좋은 사람들과 함께 기분 좋고 특별한 경험을 원하기 때문입니다. 이런 것들을 고려해야 경쟁력을 확보하고 충성고

객을 만들 수 있습니다. 서비스의 본질은 지키되 시대의 흐름에 유연하게 대처하는 것이 중요하다는 이야기입니다.

이 책에는 서비스 경영을 통해 내 매장의 팬을 만드는 방법, 발길이 끊긴 매장에 고객을 불러오는 법 등 모든 자영업 사장님들께 필요한 현장의 소리를 담았습니다. 불황이 없는 매장은 결국 서비스의 '격'이 다르기 때문입니다. 격이 다른 서비스는 장사의 모든 요소에서 드러납니다. 저는 음식점에 가서 단 한 번도 마음 편하게 밥을 먹은 적이 없습니다. 늘 주변 환경과 제공된 음식을 관찰하느라 바쁘기 때문입니다. 제 책을 통해 누구나 쉽게 서비스를 이해하고 시대적 환경 변화에 따라 서비스 방식을 변경해 잊지 못할 고객 경험 관리를 실현할 수 있도록 온 마음을 다했습니다. 그 방법이 궁금하다면 지금부터 집중해주시기 바랍니다.

이 책을 집필하기까지 많은 분들의 도움이 있었습니다. 제가 학문적으로 성장할 수 있게 지도해주신 은사님들께 감사드립니다. 현장에서 제게 많은 영감을 주시는 각 프랜차이즈 대표님, 자영업 사장님들께도 감사의 말씀을 전합니다. 마지막으로 항상 곁에서 용기와 힘을 북돋아 주는 남편 한유학 님께 이 책을 바칩니다.

2020년 6월
현성운

차례

1장 더 까다로워진, 더 섬세해진 고객이 온다

백 명의 고객을 백 번 만족시키는 서비스

2장 유니콘 직원이 가게를 살린다

오래, 열심히, 잘하는 직원을 만드는 법

3장 고객이 원하기 전에 먼저 팔아라

압도적인 성과를 내는 판매 전략

4장 한 평 매장에도 시스템은 필요하다

지속가능한 매장은 체계가 있다

더 까다로워진,
더 섬세해진 고객이 온다

백 명의 고객을 백 번 만족시키는 서비스

서비스란 무엇일까? 서비스라고 하면 대부분 무료, 할인, 미소, 친절 등을 생각하는데 결코 그게 전부가 아니다.

예를 들어 한 고객이 무료 쿠폰이 생겨서 음식점을 방문했다고 하자. 음식도 맛있었고, 직원도 친절해서 기분 좋게 식사를 마쳤다. 그런데 막상 계산하려고 보니 직원이 포스기 사용에 능숙하지 못해서 그 쿠폰을 쓸 수가 없었다. 과연 그 고객은 만족했을까? 아니다. 직원이 서비스 과정 중 아무리 친절했더라도 마지막에 포스를 다루지 못한 결정적인 실수로 인해 고객은 불만족한 결과로 바뀐다. 결국 서비스란 고객의 문제, 즉 불편을 해결해 주는 것이며, 고객 경험의 질을 향상시키고자 우리가 할 수 있는 모든 활동을 말한다.

그렇다면 우리가 서비스하는 이유는 무엇일까? 고객을 만족시켜 한 번 방문한 고객을 다시 오게 만드는 것이다. 그러나 이제는 단순한 미소, 친절만으로는 고객을 만족시킬 수 없는 시대가 되었다. 고객이 바라는 서비스의 질과 만족 수준이 나날이 높아지고 있기 때문이다. 고객은 더 까다롭고 섬세해지고 있다. 따라서 고객이 원하는 것이 무엇인지 알고 문제를 해결할 수 있는 서비스 경영 능력이 있어야 고객을 만족시킬 수 있음을 명심하자.

이번 장에서 우리는 서비스를 시작하기에 앞서 서비스의 개념을 정확히 알고, 우리 매장이 제공하려는 서비스를 정의해보자. 고객에게 좋은 품질의 서비스를 제공하고자 이를 계획하고 실행하는 것은 의지만 있다면 절대 어렵지 않다.

고객은
작은 배려를 잊지 않는다

매장의 목표는 고객을 기쁘게 하는 것이다

＼

일전에 수제맥주로 유명한 매장을 방문한 적이 있다. 평소에도 자주 가던 곳이었는데 그날따라 유난히 대기 줄이 길었다. 그런데 직원이 나오더니 "두 분 고객님 계세요? 빨리 들어가길 원하시면 먼저 안내해드리겠습니다."라고 말하는 게 아닌가? 나는 빨리 들어가고 싶어 직원의 안내를 받아 매장으로 입장했다. 그날 내가 앉은 자리는 매장 내 테이블이 아니라 복도에 임시로 만든 간이 테이블이었다. 그런데 없던 테이블을 만들어낸 이유가 고객을 돈으로 여기기 때문이 아니라, 한시라도 빨리 손님을 자리로 안내하고 싶다는 배려로 느껴졌다. 그리고 복도에 우리 테이블만 있었으면 민망했을 텐데 뒤에 자리 하나를 더 만든 걸 보고 참 다행이란 생각이 들었다. 이렇게 작은 부분에서도 고객은 매장의 배려를 읽을 수 있다.

두 명 고객이 두 명 자리로 안내받았을 때 가장 먼저 만나게 되는 불편함은 무엇일까? 바로 가방 놓을 자리가 없다는 것이다. 내가 가방 둘 곳을 찾아 두리번거리자 직원들이 달려와서 빈 의자를 챙겨주었다. 그리고 빵을 추가로 주문하니 고객님께서 오늘 불편한 자리에 앉으셨으니 빵을 무료로 서비스하겠다고 말했다. 맥주잔이 비는 즉시 다가와 리필 여부를 물어보는 모습을 보고 웨이팅이 있는 상황에서도 이렇게 세심한 서비스를 받을 수 있다는 건 참 행복한 일이라고 느꼈다. 그날 내 표정을 보면 간이 테이블에 앉았다고는 믿겨지지 않을 만큼 환하게 웃고 있다. 그 매장에 대한 호감과 신뢰도가 올랐음은 물론이다.

고객의 만족 여부를 알고 싶다면 고객의 표정을 살펴야 한다.

이렇듯 서비스업이란 고객을 기쁘게 해서 고객의 선택을 받아야 하는 비즈니스이다. 이를 위해 내가 사장이라면 직원과 고객 모두를 기쁘게 만들어야 할 것이고, 그들이 미소 짓고 있는지, 만족하고 있는지를 항상 살펴야 한다. 고객 뿐만 아니라 직원을 기쁘게 해야 하는 이유는 결국 고객을 상대하는 것은 직원이기 때문이다. 만약 내가 직원이라면 나의 서비스를 받고 있는 고객이 웃고 있는지를 살펴야 한다. 그게 우리의 목표이자 해야 할 일이다.

미소를 담고 서비스해야 하는 이유

T.G.I.프라이데이스^{TGIF}의 직원으로 근무할 당시, 내 단골 고객들은 "티니(당시 나의 닉네임) 라인으로 안내해주세요."라는 말을 했다. 티니는 단골 고객의 이름을 따로 기억하고 고객을 이름으로 불렀다. 또한 그들의 취향을 정확히 알고 있었다. 커피에 설탕을 넣지 않는 고객이 오면 티스푼을 제공하지 않았다. 이렇듯 별것 아닌 사소한 챙김으로 고객에게 감동을 주었다. 식후에는 판매용이 아닌 스페셜 아이스크림을 만들어 서비스로 제공했다. 티니 단골 고객만이 누릴 수 있는 일종의 특권이었다. 나에게는 단골 고객 확보를 위한 다양한 서비스 권한이 있었기 때문이다. 그래서 티니의 고객들은 해외여행을 다녀왔다며 고가의 립스틱을 선물해 주고, 예쁜

귀걸이를 사다 주었다. 식사를 마친 뒤 나를 도와준다며 자신의 테이블을 깔끔하게 정리했다. 그들은 나를 매장에서 일하는 직원이 아닌 서비스 전문가로 존중했다.

많은 사람들이 '고객은 왕이다.', '서비스는 고객에 대한 희생이다.'라고 생각하는데 사실 서비스는 고객이 아니라 자신을 위해 하는 것이다. 서비스는 억지로 하면 짜증과 귀찮음의 연속이지만 나를 위해서 한다면 기쁨이 된다. 고객에게 좋은 서비스를 제공하면 할수록 큰 자산이 되어 돌아오기 때문이다. 그 누구도 아닌 자신을 위해 일한다는 사실을 잊지 않아야 한다.

어느 날 아침, 시간에 쫓겨 급히 택시를 타게 되었다. 그런데 이 택시는 어딘가 특별했다. 택시 안에는 기분 좋은 클래식 음악이 나오고 있었고, 카드리더기 틈새에 예쁜 꽃이 꽂혀 있는 게 아닌가? 나는 너무 신기해서 "기사님 저기에 꽃은 왜 꽂아 놓으셨나요?"라고 물었다. 그랬더니 기사님께서는 택시를 탄 고객들이 꽃을 보고 기분이 좋아졌으면 하는 마음에서 준비했다고 대답하셨다. 이런 세심한 배려도 좋았지만, 무엇보다 기사님이 너무 친절하셨다. 그래서 그 비결이 무엇이냐고 묻자 기사님이 답했다. "우리는 손님을 고를 수 없기 때문에 마음속에 항상 미소를 담고 살아야 합니다. 그래야지만 어떠한 상황에서도 스트레스를 덜 받고 자신이 즐거울 수 있어요."

기사님은 자신이 기분 좋게 고객을 대하면 고객 또한 기분이 좋아지고 마음이 열려 도움이 되는 정보를 주기 때문에 늘 고객에게 배운다고 하셨다. 얼마 전에는 한 고객이 비 오는 날 일본에서 택시를 탔는데 뒷좌석에 우산통이 비치되어 있어서 참 좋았다는 말을 해줘서 자신도 비 오는 날마다 그렇게 한다고 했다. 이처럼 항상 마음속에 미소를 담아 고객을 대하니, 고객을 향해 웃게 되고 더 나은 서비스를 배울 수도 있다고 하셨다. 이 기사님을 통해 웃음(미소)의 힘이 얼마나 위대한지 또 한 번 깨달았다. 웃으면 내가 즐겁고 상대방도 즐거워진다. 이로 인해 상대방의 마음을 활짝 열 수 있고 많은 정보 또한 얻을 수 있으니 웃지 않을 이유가 없지 않은가? 이것이 바로 우리가 마음속에 항상 미소를 담아야 하는 이유다.

접객의 기본은 배려에서 시작한다

＼

앞을 못 보는 사람이 밤에 물동이를 머리에 이고 한 손에는 등불을 들고 길을 걸었다. 그와 마주친 사람이 물었다.

"정말 어리석군요. 앞을 보지 못하면서 등불을 왜 들고 다닙니까?"

그가 말했다.

"당신이 나와 부딪히지 않게 하려고요. 이 등불은 나를 위한 것이 아니라 당신을 위한 것입니다."

이는 한상복 작가의 《배려》에 나온 일화다. 앞을 못 보는 사람이 혹시나 자신으로 인해 상대방이 다칠까 염려되어 등불을 들고 다니는 행동은 상대에 대한 '배려配慮'라tell고 할 수 있다. 배려의 사전적 정의를 살펴보면 도와주거나 보살펴주려고 마음을 쓰는 것을 말한다.

서비스업에 종사하는 사람은 접객 시 고객을 위한 배려가 밑바탕이 되어야 한다. 우리 매장을 찾은 고객은 가족과 함께 행복한 시간을 보내기 위해 온 것일 수도 있고, 몸과 마음의 허기를 달래거나 스트레스를 해소하기 위해 찾아왔을 수도 있다. 이때 따뜻한 배려를 제공해서 그들이 머무르는 동안 편안함을 느낀다면, 고객은 자연스럽게 매장에 대해 또 오고 싶은 곳이라는 인상을 가지게 된다.

또한 지금은 모두가 잘하는 시대이다. 맛이 있는 것은 기본, 더 좋은 콘셉트의 매장들이 자꾸만 생겨나고 있다. 이러한 치열한 경쟁 환경에서 승부하기 위해서 우리는 더욱 고객에게 집중해야 한다. 고객의 마음을 얼마나 헤아리고 배려하느냐에 따라 서비스의 질이 달라진다. 서비스에 차이를 두어야 고객에게 더 많은 사랑을 받게 될 것이다.

고객을 배려하기 위한 구체적인 방법

\

고객을 배려하기 위해서는 고객의 마음을 헤아리는 게 우선이다.

이를 위해서는 두 가지 방법이 있다.

1. 지금 시점에 고객이 원하는 것을 파악한다.
2. 미래 시점에 고객이 원하는 것까지 예측한다.

지금 시점에서 고객이 원하는 것을 파악하려면 관찰을 통해 얻은 정보를 활용하는 방법이 있다. 예를 들어, 고객의 음료 잔이 비어있다면 다가가서 "음료 리필해 드릴까요?"라고 물어볼 수 있다. 고객이 유모차를 끌고 왔다면 먼저 다가가서 문을 열어주고 어린이 의자와 어린이 식기 등을 준비하는 행동들이 이에 해당한다. 고객이 왼손잡이라면 어떨까? 숟가락, 젓가락을 왼쪽에 놓는 행동으로 고객에게 자신이 진심으로 배려받고 있다고 느끼게 할 수 있다. 이런 게 바로 지금 시점에 고객이 원하는 것을 파악해 배려하는 방법이다. 그렇다면 미래 시점에 고객이 원하는 것까지 예측하려면 어떻게 해야 할까? 웰빙앤찬이라는 반찬 가게 사례를 통해서 살펴보자.

진열 방식에도 고객을 배려하는 마음이 담겨있다. 포장 용기를 달리해 가격을 쉽게 구분할 수 있고, 진열 위치를 달리해 세일 상품을 쉽게 인지할 수 있도록 했다.
(이미지 출처: 고기파는 해적선장 블로그)

충청북도 청주시의 한 재래시장에서 반찬가게를 운영하는 허미자 씨는 연매출 20억 원 이상의 반찬가게 사장님이다. 2005년부터 영업을 시작해 현재는 1, 2호점을 운영 중인데, 1호점은 반찬을 시장에서 판매하고 2호점은 큰아들이 이어받아 도시락 배달과 반찬 구독 서비스로 사업화하여 운영하고 있다. 웰빙앤찬은 어떤 서비스로 고객들의 선택을 받았을까?

찾아가는 서비스

허미자 사장은 찾아가는 서비스로 유명하다. 손수레에 정성스레 포장한 음식을 잔뜩 싣고 온 시장을 누빈다. 상인들이 쉽게 자리를 비울 수 없다는 것을 알고 그들을 먼저 찾아가는 게 그녀만의 서비스 전략이다. 오전 10시 50분부터 점심시간 전까지 딱 한 시간 동안 그녀는 가져온 음식과 반찬을 완판한다. 한 시간 동안 올린 매출이 무려 42만 원이다.

그녀는 언제부터 찾아가는 서비스를 시작했을까? 여기에는 슬픈 사연이 있다. 남편이 빚보증을 잘못 서 거리로 나앉게 됐을 때, 그녀는 안 해본 일이 없다고 한다. 26가지 일을 해가며 악착같이 모은 돈으로 작은 반찬가게를 차렸다. 하지만 가게를 열자마자 인근 아파트 재개발이 시작되었고, 시장 공사까지 겹쳐 고객들의 발길이 눈에 띄게 줄었다. 하루 매상이 5만 원도 채 되지 않고, 남은 반찬을 버리는 일이 부지기수였다. '가만히 앉아 있다가는 망하겠구나. 고객이 없다면 상인을 대상으로 팔아보자.'라는 마음에 만들어 놓은 반찬을 들고 시장을 누비기 시작한 게 오늘까지 온 것이다. 또한 높은 매출을 올린 비결에는 그녀만의 비법이 숨어있다. 오후 3시 30분에서 4시 30분 사이가 매장에서 근무하는 사람들이 가장 배고픈 시간대이다. 배가 고픈 시간에는 다 맛있어 보이는 소비자의 심리를 치밀하게 계산해 음식을 가져가는 타이밍을 발견한 것이었다. 고객의 마음을 헤아려 배고픈 시간에 귀신같이 찾아간다면 그들은 열광하게 된다.

장보는 엄마들의 마음까지 헤아리다

정신없는 시장통에 아이들까지 데려와서 장을 보기란 쉽지 않은 일이다. 이곳은 그러한 엄마들의 마음까지도 헤아렸다. 엄마들이 장 보는 동안 아이들이 신나게 뛰어놀 수 있게 별도의 놀이터를 마련했고, 밖에서도 CCTV를 통해 아이들이 노는 모습을 관찰할 수 있도록 배려한 모습을 볼 수 있다. 아무나 할 수 없는 일이다.

국물은 짜지 않게

허미자 사장은 음식의 간을 최우선으로 하고 국물은 무조건 짜지 않게 간을 한다. 특히 국물 음식의 경우 대부분 집에 가서 다시 한 번 끓여 먹기 때문에 조금 심심하게 조리하고 있다. 국물을 끓이면 간이 세지기 때문이다. 미래의 상황까지 예측해 고객을 배려한 것이 그녀만의 노하우다.

식어도 부드럽게

웰빙앤찬은 모든 전 종류에 밀가루 대신 빵가루를 쓴다. 빵가루를 사용하면 식은 전을 먹어도 식감이 훨씬 부드럽기 때문에 고객들은 식은 것을 먹으면서도 맛있다고 느낀다. 식감을 고려하여 고객이 집에서 사온 반찬을 먹는 마지막 순간까지 만족스러울 수 있게 설계한 것이다.

물엿 대신 조청이나 꿀을 사용한다

웰빙앤찬은 질리지 않는 단맛을 유지하기 위해 반찬을 만들 때 물엿 대신 쌀로 만든 조청이나 꿀을 사용한다. 그렇게 하면 많이 먹어도 물리지 않고 소화에도 도움이 된다. 고객이 처음부터 끝까지 맛있게 먹게 하려는 전략이다. 이는 내가 가맹점 교육 시 강조하는 사항과도 일맥상통한다.

한 가지 팁을 더 드리자면, 판매할 메뉴의 맛을 평가할 때는 한 숟가락이 아닌 한 그릇을 다 먹어봐야 한다. 사장님이 간 볼 때 느낀 맛과 고객이 오롯이 한 그릇을 다 먹었을 때 느끼는 맛에는 분명 차이가 있기 때문이다. 그런데 음식점 사장들은 자신의 집에서 파는 메뉴라면 질색을 한다. 물려서 냄새도 맡기 싫다는 분도 있다. 그래서 나는 단 한 끼라도 좋으니 자신이 판매하는 메뉴를 한 그릇 다 드셔보시길 권한다. 고객을 만족시키려면 직접 고객이 되어야 한다. 사장이 먼저 자신의 결과물에 만족해야 고객 또한 만족시킬 수 있기 때문이다.

잊지 말자. 접객의 기본은 배려이고 그 시작은 고객의 마음을 헤아리는 것이다.

배려 서비스는 '한 끗'에서 완성된다

＼

환대 hospitality 라는 단어의 어원은 '병원'을 뜻하는 'Hospital'에서 비롯되었다. 병원은 환자의 치료뿐만 아니라 치유를 목적으로 한다. 말기 시한부 환자에게 웃음과 편안함을 주기 위해 의사와 간호사가 호스피스 hospice 활동을 하는 것처럼, 고객을 환대하는 서비스업은 치유를 위한 배려가 몸에 배어 있어야 한다.

몇 년 전 '두 달 전 저를 펑펑 울린 한 항공사의 이야기입니다.'라는 제목으로 이스타항공 다낭 직원 미담이 올라와 화제가 되었다. 이 글은 2020년 1월 22일 온라인 커뮤니티 '보배드림'에 올라왔는데, 게시물 조회 수가 하루에 13만에 육박하는 등 뜨거운 관심을 받았다. 자세한 내용을 살펴보면 이렇다.

H 씨는 두 달 전, 베트남 다낭에서 일하며 지내던 여동생이 중증 뎅기열로 위독하다는 소식을 듣고 급히 베트남으로 이동했다. 하지만 자신이 도착하고 24시간 만에 여동생이 세상을 떠나게 되

었고, 영사관과 현지 교회의 도움으로 간단한 장례식과 화장을 마칠 수 있었다고 한다. 이후 동생의 유골함을 안고 귀국을 위해 이스타항공을 이용했는데, 그 과정에서 이스타항공 직원들이 눈물이 펑펑 나올 정도로 그를 배려해 주었다고 한다. 비행기 티케팅부터 구전에 이르기까지 고객 여정 지도 터치 포인트는 다음과 같다.

현 검사의 Detail
　　　고객 여정 지도Customer Journey Map란 고객이 어떤 제품이나 서비스를 경험하는 전 과정을 시각적으로 표현한 것을 말한다. 서비스 프로세스 상에서 고객이 서비스와 상호 작용하는 접점인 터치 포인트Touch point 를 찾아낸 뒤 이를 위한 문제 해결 및 더 나은 고객 경험을 설계할 수 있다.

티케팅 시 감동(Delight): 여유 좌석 배정 서비스

H 씨가 티케팅하며 직원에게 유골함과 함께 탈 예정이라고 말했더니 한 여성 직원이 다가와 미리 연락을 받았다며 조금이라도 편안하게 가실 수 있게 두 자리를 준비하겠다고 응대했다. 사실 그는 동생을 계속 품 안에 안고 있어야 하는지라 걱정했는데 너무나 감사한 마음이 들었다고 한다.

출국 심사 및 보안 검사 시 화남(Terrible): 공항 직원들의 태도로 불쾌감의 연속

순조로웠던 티케팅과 달리 베트남 공항 직원들의 출국 심사와

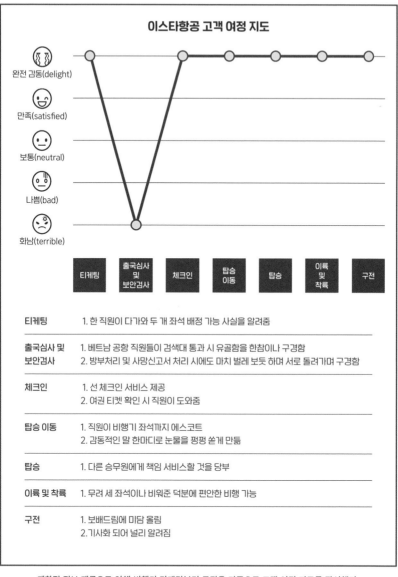

이스타항공 고객 여정 지도

완전 감동(delight)

만족(satisfied)

보통(neutral)

나쁨(bad)

화남(terrible)

티케팅	출국심사 및 보안검사	체크인	탑승 이동	탑승	이륙 및 착륙	구전

티케팅	1. 한 직원이 다가와 두 개 좌석 배정 가능 사실을 알려줌
출국심사 및 보안검사	1. 베트남 공항 직원들이 검색대 통과 시 유골함을 한참이나 구경함 2. 방부처리 및 사망신고서 처리 시에도 마치 벌레 보듯 하며 서로 돌려가며 구경함
체크인	1. 선 체크인 서비스 제공 2. 여권 티켓 확인 시 직원이 도와줌
탑승 이동	1. 직원이 비행기 좌석까지 에스코트 2. 감동적인 말 한마디로 눈물을 펑펑 쏟게 만듦
탑승	1. 다른 승무원에게 책임 서비스할 것을 당부
이륙 및 착륙	1. 무려 세 좌석이나 비워준 덕분에 편안한 비행 가능
구전	1. 보배드림에 미담 올림 2. 기사화 되어 널리 알려짐

제한적 정보 제공으로 인해 비행기 티케팅부터 구전을 기준으로 고객 여정 지도를 작성했다.

보안 검사에서는 불쾌함의 연속이었다고 한다. 그가 동생의 유골함을 검색대에 통과시키자 직원들이 그걸 한참이나 구경했다. 방부처리 및 사망신고서 등을 보여주는 과정에서는 마치 벌레 만지는 것마냥 두 손가락으로 겨우 집어서 받은 후에 다른 직원들과 돌려가며 구경하는 등의 행동을 했다. H 씨는 정말 악이라도 지르고 싶었지만, 그래 봤자 동생에게 좋을 것도 없겠다 싶어 눈물을 겨우 참고 동생을 더 꼭 끌어안고 게이트까지 왔다고 말했다.

체크인 시 감동(Delight): 선 체크인 서비스

체크인이 시작되면 시끌벅적한 어머님들이 가장 먼저 줄을 서서 탑승을 하실 테니, 차라리 앉아 있다가 덜 혼잡할 때 타야겠다고 마음을 먹고 있었다. 그때 H 씨에게 한 직원이 다가와 먼저 체크인 해서 탑승해 계시는 게 편하시지 않겠냐며 체크인 진행을 도와주겠다고 했다.

체크인 시 감동(Delight): 여권·티켓 확인 서비스

체크인 시 H 씨가 양손으로 동생을 안고 있어서 여권과 티켓을 보여주기 힘든 상황이었다. 여권과 티켓이 외투 주머니에 있다고 직원에게 말하자 조심스럽게 꺼내서 확인한 뒤 다시 넣어 주는 배려심을 보여주었다.

탑승 이동 시 감동(Delight): 비행기 에스코트 서비스

H 씨가 체크인을 마친 뒤 비행기 쪽으로 이동하려는데, 티케팅 때 도움을 주었던 직원이 직접 에스코트를 해주겠다며 함께 비행기로 이동했다. 이동 과정에서 약간의 대화를 나눴는데 그분의 마지막 말이 이 글을 남기게 된 결정적인 이유가 되었다고 한다.

"모든 크루들에게 이야기는 해두었습니다. 불편하신 사항은 언제든지 말씀해주시고요. 동생분의 마지막 비행을 저희 이스타항공이 함께 할 수 있어서 매우 영광입니다."

그 말을 듣는 순간 H 씨는 너무나 감사한 마음에 왈칵 눈물이 쏟아지며 보안 검색을 통과할 때 느꼈던 모든 설움이 녹는 듯한 기분이었다고 한다. 정말 비행기 타는 것을 좋아했던 동생이라 저 말 한마디에 많이도 울었다고 했다.

탑승 후 감동(Delight): 다른 승무원에게 책임 서비스 요청

그 직원은 좌석 앞까지 H 씨를 에스코트한 뒤, 다시 한 번 승무원들에게 H 씨의 편의를 봐달라는 말을 전달하고 돌아갔다.

이륙 및 착륙 시 감동(Delight):

세 개의 좌석을 배정해준 덕에 편안한 이동

직원이 무려 세 개의 좌석을 배정해준 덕에 너무나 편하게 동생과 함께 올 수 있었다.

현 검사의 Detail

해당 글이 올라온 이후 이스타항공 관계자의 인터뷰를 보니, 유골함을 들고 기내에 탑승하는 것은 규정상 불가라고 한다. 직원 또한 이런 일이 흔치 않아 처음이었을 텐데 고객을 진심으로 배려하는 직원의 마음으로 이 모든 게 가능했다.

이 모든 게 감동(Delight)으로 이어져

보배드림을 통해 사실을 널리 알림

티케팅부터 비행기에 탑승하기까지 이스타항공 다낭 직원은 H 씨를 진심으로 위로하고 배려하는 모습을 보였다. 그가 마지막에 남긴 글을 그대로 인용하자면 이렇다.

H 씨가 보배드림에 올린 감사의 메시지와 비행기 표

"2019년 11월 25일 베트남 현지 시각 오후 10시 45분 다낭발 인천행 이스타항공 ZE592편 관계자분들 감사 인사가 많이 늦었습니다. 베트남에 갈 때는 일말의 희망이라도 가지고 갔지만 귀국할 때는 그렇지 못해서 심적으로 많이 힘들었습니다. 그 힘든 마음을 함께 위로해주셔서 힘을 얻고 목 놓아 기다리시던 부모님 품 안에 동생을 안겨드릴 수 있었습니다. 너무나 감사합니다. 동생과 함께하는 처음이자 마지막인 비행, 그리고 동생의 마지막 비행을 편하게 할 수 있도록 도와주셔서 너무나 감사합니다. 제가 베트남에 갈 일은 아마 없지 않을까 싶지만 이스타항공이 베트남 다낭만 있는 게 아니겠죠? 비행기를 이용할 때면 이스타항공 꼭 잊지 않겠습니다."

이 글을 쓰는 과정에서 나 또한 H 씨에 빙의되어 눈물을 수차례나 펑펑 쏟았다. 이 일을 계기로 그가 이스타항공의 열렬한 팬이 되었음을 누구나 알 수 있다. 이스타항공보다 비싸고 좋은 항공사는 많다. 하지만 고객을 치유하기 위한 배려 서비스는 그 어디보다 강한 회사임을 알 수 있다. 압도적인 고객의 지지를 얻기 위해서는 이러한 무기를 장착해야 한다. 이스타항공처럼 고객을 진심으로 위로하고 배려한다면 고객을 열렬한 팬으로 만드는 것은 시간문제일 테니 말이다.

고객이 호출 버튼을 자주 누르는 이유

\

고깃집에 방문했을 때 호출 버튼을 자주 누르게 되는 경험을 해 본 적이 있을 것이다. 물이 필요하거나, 반찬이 부족하거나, 불판이 탈 때마다 호출 버튼에 손이 가게 된다. 그러나 고객이 자꾸 호출 버튼을 누른다는 것은 단순히 요청 사항이 많아서가 아니다. 매장이 고객의 기대를 미리 충족시키지 못했다는 중요한 신호이다.

최근 한 고깃집에서 이와 같은 문제를 경험한 바 있다. 예약 후 매장을 방문했을 때 테이블에는 기본 상차림과 유아용 의자가 준비되어 있었으나 의자의 청결 상태가 좋지 않아 내가 직접 닦아야 했다. 또 기본 반찬은 세팅되어 있었지만 물과 주요 소스류가 빠져 있었고, 이로 인해 호출 버튼을 누를 수밖에 없었다.

숯불은 이미 세팅되어 있었으나 화력이 약해 식사 시간이 길어 졌고, 불판은 오랜 시간 달궈진 상태여서 고기를 올리자마자 달라 붙는 문제가 발생했다. 이러한 작은 불편들이 쌓여 기대했던 즐거운 식사가 아닌 불편한 경험을 하게 되었고, 호출 버튼을 누르는 빈도는 점점 늘어났다.

서비스와 환대의 차이

이 문제의 근본적인 원인은 기계적인 서비스와 고객의 감정을 배려한 환대의 차이에서 발생한 것이다. 고객의 요청에 단순히 응답하는 것을 넘어서, 고객의 기대를 사전에 충족시키는 것이 바로 환대의 핵심이라 할 수 있다.

예를 들어 고객이 "물 좀 주세요."라고 요청했을 때, 단순히 물만 가져다주는 것은 서비스에 해당한다. 그러나 고객이 요청하기도 전에 물과 얼음, 또는 따뜻한 차까지 준비하여 제공하는 것은 환대라 할 수 있다. 앞선 사례에서는 직원들이 기본적인 서비스 절차를 따랐으나, 고객의 불편을 사전에 파악하거나 감성적인 배려는 부족했던 것이다.

호출 버튼을 줄이기 위한 개선 방안

사전 점검과 청결 관리

고객이 자리에 앉기 전에 유아용 의자, 테이블, 기본 상차림 상태를 철저히 점검하여 불편함을 미리 예방해야 한다. 고객이 불편을 느끼지 않도록 세심하게 관리하는 것이 필요하다.

화력과 불판 관리

숯의 양과 불판 상태를 사전에 점검하고, 일정한 화력을 유지할 수 있도록 매뉴얼화하여 체계적으로 관리해야 한다. 불판이 달라붙지 않도록 주기적인 교체 주기를 운영하는 것이 필요하다.

테이블 정리와 선제적 대응

고객이 요청하기 전에 다 먹은 접시를 빠르게 치우고, 추가 반찬을 미리 제공하여 테이블을 쾌적하게 유지하는 것이 중요하다. 고객은 '말하기 전에 이미 준비되어 있다'는 경험을 통해 환대의 진수를 느끼게 된다.

내가 현장에서 근무할 당시, 직원들에게 자주 강조했던 말이 있다. "고객이 떠난 테이블은 서버의 얼굴이다."라는 말이다. 고객이 떠난 자리가 깨끗하게 정리되어 있다면, 그 고객은 세심하고 섬세한 환대를 받았다고 느낀다. 그러나 테이블이 어지럽게 남아 있다면 이는 고객이 제대로 된 서비스를 받지 못했다는 인상을 남기게 된다. 테이블은 곧 서버의 얼굴이며, 고객의 경험을 비추는 거울과도 같다. 그러므로 본인의 얼굴을 관리하듯, 고객이 떠난 자리는 언제나 깔끔하고 단정하게 정리되어야 한다. 그곳에 여러분의 정성과 태도가 고스란히 담겨 있기 때문이다.

서비스에서 환대로, 기억에 남는 매장 만들기

고객은 단순히 고기를 먹기 위해 매장을 찾는 것이 아니다. 좋은 경험을 기대하며 매장을 방문하는 것이다. 호출 버튼을 자주 눌러야 하는 매장은 고객에게 불편함을 남기게 되지만, 고객의 요구를 사전에 예측하고 대응하는 매장은 좋은 기억으로 남는다. 작은 배려와 미리 준비된 세심한 환대는 고객을 다시 돌아오게 만드는 중요한 요소이다.

결국 서비스는 고객이 기본적으로 기대하는 것에 지나지 않으며, 환대는 고객이 감동할 수 있도록 만드는 차별화된 경험이다. 여러분의 매장은 단순히 호출 버튼에 응답하는 매장인가, 아니면 호출 버튼이 필요 없을 정도로 세심한 환대를 제공하는 매장인가?

서비스의 눈높이는 낮추고
질은 높여라

디테일이란 고객을 배려하고자 작고 사소한 것까지 세심하게 신경 쓰는 것이라 정의한 바 있다. 그 후로 나는 이런 고민을 했다. '과연 디테일의 끝은 어디일까?', '서비스의 질적 완성도는 어디에서 결정되는가?' 라는 생각들. 그러던 어느 날 나는 페이스북에서 이런 글을 보게 되었다.

> **장연상**   • • •
>
> 어제 저녁 식사를 위해 집 근처에 있는 곰탕집을 방문했습니다. 그런데 들어서자마자 주인인듯한 젊은 사내가 자기 가게는 뜨거운 뚝배기를 많이 쓰기 때문에 장애인 손님을 안 받는 규정이 있다고 나가라 하더군요. 장애인차별금지법에 의해 당신은 장애인이란 이유만으로 날 거부할 수

없다. 법보다 당신 가게 규정이 더 앞선단 말이냐 라고 따지긴 했습니다 만 참 슬프더군요. 하필이면 성탄절 이브에 왜 이런 일을 당해야 하나 싶어서요. 장애인 편의시설에 대해 누군가 우리나란 아직도 멀었다고 힐난할 때마다 저는 아니다 30년 전에 비하면 정말 많이 좋아졌다고 강변해왔습니다. 실제 각종 장애인 편의시설은 정말 많이 좋아졌습니다. 그분에 겐 아직 부족한 면이 눈에 먼저 들어온 거고 제겐 좋아진 면이 눈에 먼저 들어온 차이일 뿐이죠.

그런데 장애인에 대한 인식이 시설만큼 개선되었는가라고 묻는다면 선뜻 대답이 안 나옵니다. 특수학교가 자신의 동네에 들어서는 걸 극구 반대한 아파트 주민들 이야기나 어제 제가 경험한 취식거부나, 장애인에 대한 인식과 관련해서는 좋아진 면보단 부족한 면이 눈에 먼저 들어오네요. 대학 다닐 때 교내에 장애인 시설이 거의 없어 참 많이 힘들었습니다. 교양 수업을 듣던 건물엔 엘리베이터가 없었는데 그 건물 5층에서 수업을 들을 땐 과 동기들이 여럿 달려들어 제 휠체어를 들고 메고 해야 겨우 수업을 들을 수 있었죠. 저를 함께 수업을 들어야 할 클래스메이트이자 친구로 여겨준 과 동기들이 있었기에 가능했던 일입니다. 그때 전 이미 배울 수 있었습니다. 장애인에 대한 시설의 부족은 인식의 개선으로 극복 가능하지만, 인식의 부족은 시설의 개선으로 극복하기 어렵다는 사실을요. 메리 크리스마스.

현성운님 외 101명

👍 좋아요   💬 댓글   ↪ 공유하기

그의 글을 읽고 나는 생각에 잠겼다. 그제서야 비로소 디테일의 끝이자 서비스의 질적 완성도가 어디에서 결정되는지 깨닫게 되었다. 누구라도 그 공간에 머무는 동안 안전하고 편안하게 즐길 수

있다는 것 아닐까?

대한민국 헌법 제10조에는 '모든 국민은 인간으로서의 존엄과 가치, 행복을 추구할 권리가 있다.'고 명시되어 있다. 말로만 인간 중심의 선진화된 서비스를 제공한다고 하면 안 된다. 디테일의 끝이자 서비스의 질적 완성도는 사회적 약자에 대한 서비스 제공 완성에 있다. 예를 들어 청각 장애인 고객이 왔을 때 직원이 수어로 대화가 가능한지, 그게 어렵다면 응대하는 방법을 숙지하고 있는지가 디테일이다. 시각 장애인 고객이 왔을 때 주문 접수부터 식사를 마칠 때까지 안전하고 편안하게 식사를 즐길 수 있는 환경과 서비스가 준비되어 있어야 한다. 안내견과 함께 왔다면 안내견을 어디에 위치시킬지까지도 고려해야 한다.

이를 위해 서비스의 눈높이는 낮추고 질은 높여야 한다. 만일 관심이 없거나 준비가 되지 않았더라도 괜찮다. 그것은 인식의 개선으로부터 시작되며 지금부터 차근차근 알아가면 된다.

장애인 고객 배려 서비스

제천 가는 길, 휴게소에 들렀다. 허기를 채우고자 푸드코트에 갔는데 유독 눈에 띄는 좌석이 있었다. 장애인 배려석이었다. 거동이 불편한 휠체어 사용 고객을 위한 좌석이었는데. 휴게소 측의 세심한 배려가 느껴졌다.

파란색을 포인트로 멀리서도 쉽게 인지할 수 있도록 디자인했다. 장애인 배려석이라는 표시와 함께 이 자리에 거동이 불편한 고객이 착석할 수 있도록 협조해달라는 안내 문구를 부착했고, 휠체어 지정석이 제 기능을 할 수 있게 의자를 치워놓는 배려를 보여줬다. 그런데 이게 다가 아니었다. 그 위

푸드코트 내 장애인 고객을 배려한 좌석이다. 멀리서도 쉽게 인지가 가능하다.

치에서도 세심한 배려가 묻어났다. 푸드코트의 가장 첫 번째 줄이자 음식 나오는 곳과 가장 가까운 곳에 장애인 배려석의 위치를 지정한 게 아닌가? 그들은 장애인을 형식적으로 배려한 게 아니었다. 하나를 보면 열을 알 수 있듯 나는 이 휴게소의 서비스에 격이 있다고 느껴졌다.

장애인 지정석의 위치를 주목하라. 푸드코트의 가장 첫 번째 줄이다.

대전에 있는 내집식당은 출입문이 두 개나 있다. 일반 출입문과 휠체어 전용 출입문이다.

대전에 있는 내집식당은 특이하게도 출입문이 두 개나 있다. 하나는 일반 고객을 위한 출입문이고 다른 하나는 휠체어를 이용하는 고객을 위한 휠체어 전용 출입문이다. 휴게소처럼 대형 시설도 아니고 대전에 있는 작은 식당이 이렇게나 수준 높은 서비스를 제공한다는 사실에 나는 깜짝 놀랐다. 그 이유는 하나다. 자신의 집에 오는 모든 고객을 편안하게 모시겠다는 사장의 마음인 것이다. 이런 곳은 들어가보지 않아도 알 수 있다. 얼마나 따뜻하고 편안할지 말이다.

언택트 서비스untact service, 비대면 서비스가 점점 더 강세다. 고객의 개인화 성향과 기술 기반 환경의 영향, 인건비 상승, 코로나19 등의 전염병 확산까지 여러 이유를 들 수 있는데 그 결과 오프라인 매장에서 키오스크 같은 시스템 도입이 활성화되고 있다. 그런데 키오스크의 경우 고객이 서서 이용하는 형태로 디자인 되어 있어 휠체어를 이용하는 장애인들에게는 여간 불편한 게 아니었다. 하지만 맥도날드에서는 휠체어를 탄 장애인들이 불편 없이 키오스크를 사용할 수 있도록 눈높이 서비스를 제공하고 있다. 키오스크 화면에 휠체어 버튼을 누르면 휠체어에 앉은 고객 눈높이에 맞춰 화면이 축소, 이동하는 형태이다. 고객과 대면하지 않고도 감동시키는 방법이 바로 이러한 것이다.

지금까지는 환경이나 기술 기반의 장애인 편의시설 사례를 중심으로 다뤘다. 이는 배리어 프리barrier free라고도 하는데, 장애인뿐만 아니라 노약자 또한 어떠한 지역에 접근하거나 이동, 시설을 이용함에 있어 불편을 느끼지 않도록 물리적, 제도적 장벽을 허물자는 운동이다. 도입을 위해서는 비용 부담이 발생한다. 그런데 돈 들이지 않고도 장애인 고객을 배려하는 방법이 얼마든지 존재한다. 이와 관련해 감동적인 사례를 소개하고 싶다. 소아마비를 앓던 어린이와 그 가족에게 감동을 선사한 맥도날드 매장 직원의 이야기다.

이야기의 주인공은 맥도날드 제주노형점 이성민 매니저로, 2019년 5월 소아마비를 앓던 아들과 함께 제주탑동점을 찾은 고객이 고객센터에 감사인사를 전하며 알려지게 됐다. 이 고객은 소아마비를 앓던 아들에게 시간이 얼마 남지 않았음을 알고 가족여행을 떠나 맥도날드에 방문했다. 당시 아르바이트생이었던 이성민 매니저로부터 테이블 서비스를 제공하는 매장이 아님에도 불구하고 자리 안내에서부터 서빙까지 세심한 배려를 받았다고 한다. 딱딱한 의자에 앉지 못하는 아들을 위해 유아좌석과 소파좌석을 권해주고 장난감을 가져와 놀아주는 것은 물론, 음식을 테이블로 가져다주기까지 했다. 이외에도 휴대폰을 보겠다며 떼쓰는 아들에게 색연필과 종이를 가져와 그림을 그려주며 부모님이 편히 식사할 수 있도록 배려해 주었다고 한다. 소아마비가 있는 아들이 차별적인 시선을 받던 평소와는 달리 호텔에서도 받지 못한 특별한 환대 서비스에 감동을 받았다고 전했다. 현재 아들은 세상에 없지만 그날 이후 더 좋은 곳을 가더라도 늘 제주 바다의 맥도날드 이야기뿐이었다며 항상 가지고 다니던 맥도날드 장난감과 그림을 아들의 유골과 함께 보관했다고 감사를 전했다. 고객을 차별하지 않고 귀한 손님처럼 즐겁고 편안하게 모시겠다는 환대 서비스 정신을 발휘한 결과다.

조금 더 구체적으로 들어가보자. 우리 매장에 시각 장애인 고객이 방문했을 때는 어떻게 응대해야 할까? 고객의 이동 동선을 고려하여 최대한 입구와 가까운 테이블로 안내하는 게 좋다. 만일 안내견과 함께 왔다면 어떻게 해야 할까? 한 언론보도에 따르면 식당 여덟 곳 중 네 곳은 시각장애인과 안내견의 출입을 막는다고 한다. '털이 날리고 고객이 싫어한다.'는 등의 이유이다. 특히 일부 사장은 안내견 출입거부가 법에 어긋난다는 사실을 알고도 출입을 막았다. 장애인복지법에 따르면 시각장애인 안내견은 모든 공공장소와 대중교통 수단에 출입할 수 있다. 안내견 출입을 막을 경우에는 '장애인에 대한 부당한 차별'에 해당하여 300만 원의 과태료를 물게 된다. 따라서 이 경우에는 다른 고객들에게 피해 가지 않는 자리로 안내하는 게 좋을 것이다. 이와 같은 상황 발생 시 고객을 어느 좌석으로 안내할 것이며 안내견은 어디에 위치하게 할 것인지까지도 사전에 계획되어야 한다. 이때는 사장뿐만 아니라 고객의 인식 개선 또한 필요한 게 사실이다. 털 날리는 게 싫어도 우리는 인간의 존엄성을 추구해야 할 권리와 의무가 있지 않은가? 이외에도 점자 메뉴판이나 점자 표시판 등이 준비되어 있다면 시각 장애인 고객에게 큰 감동으로 다가올 것이다.

청각 장애인 고객 방문 시에는 어떻게 해야 할까? 마찬가지로 좌석 안내부터 신경 써야 한다. 직원과 글로 대화할 수 있기에 이왕이면 주변이 밝거나 조명이 위치한 곳으로 안내하는 것이 좋다. 메모지와 펜을 미리 준비해 가는 센스 또한 필요하다. 고객에게 글이나 말 중에 어떤 방법으로 소통하는 것이 편한지 확인 후 원하는 방향으로 서비스를 제공하는 게 좋다. 고객과 대화 시에는 대화에 앞서 주의를 환기시켜야 한다. 고객이 자신의 입 모양을 읽을 수 있게 고객을 바라보며 또박또박 말해야 한다. 주문을 받을 때는 주문 받은 내용에 대해 입으로 소리 내어 다시 한 번 정확히 확인하는 게 필요하다.

지금까지 장애인 고객을 위한 배려 서비스에 대해 알아봤다. 베리어 프리에 의한 물리적 장벽뿐만 아니라 인식의 개선을 통한 심리적 장벽 또한 허문다면 장애인 고객에게 더할 나위 없이 안전하고 안심되며 즐거운 시간을 보장해 줄 수 있을 것이다.

임산부 고객 배려 서비스

대한민국의 저출산 현상은 국가적 위기 상황에 도달했다. 2023년 기준 합계출산율은 0.72명에서 2024년에는 0.75명으로 소폭 상승했으나, 이는 여전히 경제협력개발기구(OECD) 회원국 중 최하위 수준이다. 비록 9년 만의 반등이라는 희소식이지만, OECD는 최근 한국의 저출산 실태와 대응 방안을 담은 책자를 통해 현 추세가 계속될 경우 한국 인구가 향후 60년간 절반으로 줄 것이라고 경고했다. 이처럼 OECD가 한국의 저출산 문제에 대해 정식 책자를 출간한 것은 이번이 처음으로, 문제의 심각성을 국제적으로도 인정받고 있는 상황이다.

저출산(低出産)이란 합계출산율이 인구 대체가 가능한 수준(평균 2.1명)을 밑돌게 되는 현상을 말한다. 이러한 상황은 단순한 인구 감소를 넘어 소비 시장 위축, 노동력 부족, 경제 성장 둔화, 복지 부담 증가 등 사회 전반에 광범위한 영향을 미치게 된다. 정부는 이 문제의 심각성을 인지하고 인구 국가 비상사태를 선언하며 2030년까지 합계출산율 1.0명 회복을 목표로 설정했다.이러한 저출산 위기는 외식업계에도 직접적인 영향을 미칠 것으로 예상된다. 가족 단위 고객의 감소와 아동 동반 외식 문화의 축소는 외식업계에 새로운 도전

과제가 될 것이다. 따라서 외식업을 비롯한 모든 산업 분야에서는 이러한 변화에 발맞춰 선제적인 대응 방안을 모색할 필요가 있다.

2년 전 성심당에서 진행된 외식서비스 전문가 과정을 준비하던 중 수천 개의 고객 리뷰를 분석하는 과정에서 주목할 만한 사례가 발견되었다. 해당 리뷰는 만삭 임신부를 동반한 고객이 성심당 직원의 자발적 배려로 대기 없이 입장했던 경험을 긍정적으로 평가한 내용이었다.

이 리뷰를 확인한 후, 해당 서비스가 좋은 서비스임에도 불구하고 비공식적으로 운영될 경우 불공정성의 문제가 발생할 수 있다는 점에 대한 고민이 제기되었다. 예컨대, 항공사에서는 임신부나 영유아 동반 고객의 우선 탑승이 공식적인 서비스로 정립되어 있으나 식당에서는 이러한 배려가 공식화되지 않을 경우 타 고객의 불만으로 이어질 가능성이 있다. 이에 성심당 측에 해당 리뷰를 공유하며 이러한 배려를 공식적인 서비스 정책으로 도입하는 방안을 제안하였다. 즉각적인 도입이 이루어지지는 않았으나 얼마 후 '임신부 프리패스' 서비스가 공식적으로 론칭되었다는 소식을 언론 보도를 통해 확인하게 되어 반가운 마음을 느꼈다. 성심당의 차별화된 접근이 돋보이는 대목이었다. 해당 서비스의 구체적인 혜택은 다음과 같이 구성되었다.

- 임신 확인증 또는 산모수첩을 제시하면 입장 줄을 서지 않고
  바로 입장 가능(동반 1인 포함)

- 현장 결제 시 5% 할인 제공

여기서 주목할 점은 이 서비스가 '임산부'가 아닌 '임신부'를 대상으로 한다는 명확한 구분이다. '임산부'는 현재 임신 중인 여성만을 지칭하는 반면, '임신부'는 출산 후 여성까지 포함하는 더 넓은 개념이다. 따라서 성심당의 서비스는 '임신부 프리패스'라는 표현이 정확하다.

성심당은 임신부를 위한 프리패스 서비스를 제공한다.
(이미지 출처: 성심당 인스타그램)

이 서비스의 도입 효과는 매우 긍정적이었다. 임신부 고객들은 이 특별한 배려에 깊은 감동을 표했고, 자연스럽게 좋은 평판이 형성되었다. 더욱 놀라운 점은 일반 고객들도 이 서비스를 불공정하다고 여기지 않았다는 것이다. 오히려 "임산부가 빵 사려다 쓰러졌다는 뉴스를 보고 싶지 않으면 충분히 배려할 만하다."라는 공감대가 형성되었다. 이는 고객의 필요를 정확히 파악하고 공식적인 서비스로 체계화했을 때 브랜드 가치가 높아질 수 있음을 보여주는 좋은 사례다.

꼭 성심당과 같은 대형 브랜드가 아니더라도, 일반 외식업장에서도 다양한 임신부 배려 서비스를 도입할 수 있다. 만삭 임신부나 영유아 동반 가족에게 우선 입장 기회를 제공하거나, 임산부를 위한 허리 쿠션 또는 방석을 자동으로 준비해 두고, 따뜻한 차 한 잔을 서비스하는 것만으로도 특별한 경험을 만들 수 있다. 임산부를 위한 작은 웰컴 서비스나 아이들을 위한 색연필과 스케치북 같은 간단한 준비물도 훌륭한 배려가 될 수 있다. 이런 서비스들은 큰 비용 없이도 매장이 세심한 배려를 제공한다는 인상을 남길 수 있다.

고객 충성도는 단순히 음식의 맛이나 품질만으로 형성되지 않는다. 고객의 특별한 상황을 이해하고 배려하는 문화, 임산부처럼 특별한 케어가 필요한 이들도 편안하게 방문할 수 있는 환경, 작은 디테일까지 신경 쓰는 브랜드 이미지가 쌓이면서 장기적인 고객 관계가 만들어진다. 이런 긍정적 경험은 자연스럽게 입소문을 타고 새로운 고객을 유치하는 데도 큰 도움이 된다. 훌륭한 고객 서비스는 거창한 시스템이나 큰 투자가 아닌, 고객의 필요를 정확히 파악하고 그에 맞는 세심한 배려에서 시작된다. 임산부를 위한 쿠션 하나, 우선 입장 제도와 같은 작은 실천이 매장의 가치를 크게 높일 수 있다.

저출산 시대, 외식업계가 나아갈 길은 분명하다. 단순히 매출만을 생각하는 것이 아니라, 사회적 약자와 배려가 필요한 고객층에 대한 진심 어린 관심을 보여주는 것이다. 임산부와 육아 가정을 배려하는 문화를 조성하는 것은 외식업계의 사회적 책임을 다하는 동시에, 차별화된 고객 경험을 통해 경쟁력을 높이는 전략이 될 수 있다. 오늘부터 우리 매장에서 작은 배려 하나를 실천해 보자. 그 작은 시작이 고객의 마음을 움직이고, 더 나아가 우리 사회의 저출산 문제 해결에 기여하는 긍정적인 문화를 만들어 갈 것이다.

어린이 고객 배려 서비스

나는 일 년에 한 번 건강 검진을 받는데, 가장 무서운 게 있다면 피 검사다. 뾰족한 주사 바늘로 혈관을 찌를 때마다 여간 두려운 게 아니다. 성인인 나도 이런데 어린이들은 또 얼마나 무서울까라는 생각을 종종 했다. 한 검진 날, 채혈에 앞서 주변을 둘러보니 벽면에 다양한 캐릭터 밴드가 준비되어 있었다. 선생님께 이유를 물어보니 어린이 고객이 채혈할 때 울지 않고 잘 참으면 포상으로 좋아하는 캐릭터 밴드를 붙여준다고 한다. 별거 아닌 것 같지만 그 효과가 매우 크다는데, 이를 어린이 고객을 위한 배려 서비스라고 할 수 있다.

그렇다면 음식점에서 할 수 있는 어린이 고객 배려 서비스는 무엇이 있을까? 가장 기본적인 것은 어린이 식기와 어린이 의자 등을 갖추는 것이다. 또한 어린이가 먹을 수 있는 메뉴가 필요하다. 중국 심천에 있는 외식 프랜차이즈 탄위探魚는 민물 생선 요리 전문점이다. 커다란 민물 생선을 통째로 구운 뒤 향신료와 각종 야채,

버섯 등을 곁들여 끓여 먹는 요리로 유명하다. 많은 고객에게 사랑 받는 메뉴지만 고추, 마늘 등을 양념으로 써서 음식이 자극적이고 매운 탓에 어린이 고객이 먹기에는 적합하지 않았다. 탄위는 이에 착안하여 어린이 메뉴를 출시하게 된다.

탄위의 어린이 메뉴이다.

예쁜 식기와 아이들이 좋아하는 돌고래 모양의 밥에 눈길이 간다. 영양소가 풍부한 덮밥하며 과일류의 디저트를 제공하는 등 메뉴를 다채롭게 구성했다. 이처럼 우리 매장에 어린이가 먹을 메뉴가 마땅치 않다면 어린이 메뉴 개발을 고민해보는 것도 좋은 방법이다. 추어탕 집에서 돈가스를 파는 것도 같은 이유다. 이외에도 어린이 메뉴 개발에 특화된 곳이 있다. 당산에 있는 김밥전문점 소정담은 어른 김밥 외에도 2~3세가 먹을 수 있는 아기 김밥과 4~6세가 먹을 수 있는 어린이 김밥을 개발해 아기가 성장하여 어른이 될 때까지 전 연령의 입맛을 사로잡고 있다.

이외에도 어린이 식기 전용 소독기를 마련하여 엄마들을 안심시키는 곳이 있는가 하면 엄마들이 집에서 싸온 이유식을 데워 먹일 수 있도록 매장 내 이유식 전용 전자레인지를 설치해 놓은 곳도 있다. 이러한 세심한 배려가 있다면 엄마들의 마음을 쉬이 얻을 수 있다. 마지막으로 강력한 방법이 하나 더 있는데 엄마들이 마음 편하게 식사할 수 있는 환경을 조성하는 것이다.

마산에 위치한 끝돈 댓거리점은 어린이 고객을 위해 특별한 키즈팩을 제공한다. 단순히 아이용 식기를 준비하는 것을 넘어 저염 김과 뽀로로 보리차를 제공하며, 유튜브 영상을 편하게 시청할 수 있도록 스마트폰 거치대까

끝돈 댓거리점에서 제공하는 키즈팩

지 마련해둔다. 이는 부모들이 원하는 음식을 여유롭게 즐길 수 있도록 배려하면서도 아이들의 편의를 세심하게 고려한 서비스다. 어린이를 위한 특별한 배려, 오랫동안 고객에게 사랑받는 브랜드는 다 이유가 있다.

초고령 사회에 필요한 시니어 친화적 서비스

대한민국은 빠르게 초고령 사회로 진입하고 있다. 통계청에 따르면, 2022년 기준 65세 이상 인구 비율은 17.4%였으며, 2025년에는 20.6%에 도달할 것으로 예상된다. 이는 UN 기준에 따른 초고령 사회로 분류된다. 이러한 고령화 추세는 계속되어 2045년에는 65세 이상 인구 비율이 37.0%, 2067년에는 46.5%까지 증가할 것으로 전망된다. 즉, 전체 인구의 절반 가까이가 시니어가 되는 시대가 머지않은 것이다.이런 인구 변화는 외식업계에 큰 도전이자 기회이다. 과거에는 젊은 세대 중심의 소비 패턴이 형성되었지만, 이제는 시니어가 주요 소비층으로 부상하고 있다. 특히 현재의 시니어들은 과거 세대와 달리 상당한 구매력을 갖추고 있으며, 경제활동 기간이 늘어나면서 소비 시장에서의 비중이 증가하고 있다.

그러나 많은 매장이 아직도 이러한 변화에 적응하지 못하고 있다. 작은 글씨로 만들어진 메뉴판, 불편하고 딱딱한 좌석, 나트륨이 높고 자극적인 음식, 디지털 소외 계층이 사용하기 어려운 키오스크 시스템 등이 시니어들의 외식 경험을 어렵게 만들고 있다. 여러 조사에서 시니어 고객들은 키오스크 주문 시스템의 복잡성과 메뉴판의 가독성 문제를 주요 불편 사항으로 지적하고 있다.일본의 외식 업체 와타미 그룹은 이러한 시장 변화를 일찍 포착하여 시니어를 위한 도시락 배달 서비스로 주목할 만한 성과를 거두었다. '부모를 위한 건강한 식사'라는 콘셉트로 브랜딩하여 자녀 세대까지 고객으로 끌어들인 것이다. 유기농 재료를 활용한 건강식과 "부모님께 좋은 식사를 선물하세요."라는 마케팅 메시지를 통해 시니어뿐만 아니라 그들의 자녀까지 고객으로 만드는 효과를 가져왔다. 와타미 그룹은 이 사업을 통해 '사회적 책임을 다하는 기업'이라는 브랜드로 이미지를 크게 개선했다.독일의 유통업체 에데카는 시니어를 배려한 매장 환경 조성으로 주목할 만한 변화를 이끌었다. 선반 높이를 낮추고, 계산대 높이를 개선했으며, 돋보기가 부착된 쇼핑 카트를 제공하는 등 시니어 고객들의 쇼핑 경험을 크게 만족시켰다. 매장 내 휴식 공간과 혈압 측정기 설치 같은 세심한 배려도 높은 평가를 받았다. 이러한 변화는 고객 만족도와 방문 빈도 증가라는 긍정적 결과로 이어졌다.국내에서도 일부 기업들이 시니어 친화적 서비스를 도입하기 시작했다. 대형 커피 프랜차이즈 중에는 시니어를 위한 특별 메뉴판을 제작하여 글씨 크기를 키우고, 메뉴 설명을 더 자세히 기재하는 등의 노력을 기울이고 있다.

외식업계에서 시니어 친화적 서비스를 도입하는 것은 거대한 설비 투자나 복잡한 시스템 변경을 요구하지 않는다. 오히려 고객의 필요를 이해하고 작은 배려를 실천하는 것에서 시작할 수 있다. 다음은 즉시 도입 가능한 시니어 친화적 서비스의 구체적 방안들이다.

1. 메뉴판 등 정보 제공 방식 개선
   큰 글씨의 메뉴판과 테이블마다 비치된 돋보기는 시니어 고객의 만족도를 높일 수 있다. 또한 메뉴 사진을 더 크고 선명하게 제공하여 건강 관련 정보를 쉽게 확인할 수 있도록 하는 것이 좋다.
2. 건강을 고려한 맞춤형 메뉴 확대
   저염·저당 옵션, 부드러운 식감의 음식, 소화를 돕는 발효 식품 등을 메뉴에 포함시키는 것이 효과적이다. 여러 외식 업체들은 시니어 전용 메뉴 개발 후 해당 고객층의 방문이 증가했다고 보고하고 있다.
3. 편안한 매장 환경 조성
   쿠션 의자, 충분한 조명, 미끄럽지 않은 바닥재, 화장실 접근성 개선 등 시니어의 신체적 특성을 고려한 공간 설계가 필요하다.
4. 주문 및 결제 시스템을 시니어 친화적으로 개선해야 한다.
   키오스크 화면의 글씨 크기를 키우고, 메뉴 구조를 단순화하는 동시에 디지털 기기 사용이 어려운 고객을 위해 대면 주문 옵션을 항상 유지하는 것이 중요하다.

5. 시니어를 위한 특별 서비스와 이벤트 기획

평일 오전이나 이른 저녁 시간대에 시니어 할인 혜택을 제공하거나, 생일 또는 기념일에 작은 선물을 증정하는 프로그램 등이 효과적이다.

이러한 시니어 친화적 서비스 도입은 다양한 비즈니스 효과를 가져온다. 시니어 고객층의 재방문율과 객단가 상승이라는 직접적인 효과가 있으며, '배려하는 매장'이라는 평판은 모든 연령층의 고객에게 긍정적으로 인식된다. 특히 부모님과 함께 방문하는 자녀 세대의 가족 고객 확보에 도움이 된다.

또한 시니어 친화적 서비스는 기업의 사회적 책임(CSR) 측면에서도 중요한 의미를 가진다. 초고령 사회에서 시니어들의 생활 편의를 증진시키는 것은 기업의 사회적 역할 중 하나로 인식되며, 이는 기업 이미지와 브랜드 가치 향상으로 이어진다.고령화는 피할 수 없는 현실이지만, 이것은 외식업계에게 위기가 아닌 새로운 기회가 될 수 있다. 모든 세대가 함께 즐길 수 있는 통합형 서비스 설계, 건강을 고려한 메뉴 개발, 디지털 취약 계층도 쉽게 이용할 수 있는 시스템 구축을 통해 더 넓은 고객층에게 다가갈 수 있다.앞으로의 외식업은 단순히 음식을 제공하는 것을 넘어, 모든 세대를 위한 경험과 가치를 창출하는 방향으로 발전해야 한다. 테이블에 돋보기 하나를 더 놓는 것, 메뉴판 글씨를 조금 더 크게 만드는 것, 시니어가 좋아하는 따뜻한 차 한 잔을 서비스하는 것 등의 작은 변화가 고객의 마음을 움직이고, 매장의 경쟁력을 높이는 첫걸음이 될 것이다. 시니어 친화적 서비스는 단기적인 트렌드가 아닌, 미래 비즈니스의 핵심 경쟁력이 되리라는 것을 명심해야 한다. 이러한 도전을 기회로 전환하려는 혁신적인 사고와 고객 중심의 접근법을 갖춘 기업들이 앞으로도 지속적인 성장을 이어나갈 수 있을 것이다.

반려견 배려 서비스

몇 년 새 펫코노미petconomy, 펫팸족pet+family족이란 신조어가 나타날 정도로 반려동물 시장이 급성장하고 있다. 농림축산식품부에 따르면 국내 반려동물 시장은 2022년 기준 약 8.5조 원으로 추산되며, 2032년에 약 21조 원에 이를 것으로 예측된다. 이에 따라 많은 기업들이 발 빠르게 대응하고 있는데 나는 이와 관련해 특별한 서비스를 경험했다.

퇴근 후 당 충전을 위해 버거킹에 들렀다. 키오스크로 아이스크림과 간식을 고른 후 결제하려는 순간이었다. '함께하면 더 맛있어지는 베스트 메뉴'라는 사이드 메뉴 추천 화면이 떴다. 마지막까지 객단가를 올리려고 잘도 만들었다며 무심코 화면을 넘기려는 순간, '독퍼(반려견 간식) 무료 0원'이라는 문구가 눈에 확 들어왔다. 버거킹에서 웬 반려견 간식? 게다가 0원이라고? 나는 의아해하면서도 집에 있는 쿤이, 미코 얼굴이 떠올라 얼른 선택 버튼을 눌렀다.

버거킹 독퍼 캠페인은 '집에서도 햄버거를 맘껏! 당신의 반려견을 위한 독퍼와 함께!'라는 슬로건 하에 고객이 버거킹 매장 방문 또는 딜리버리 주문 시 반려견용 간식을 무료 증정하는 행사였다. 반려견을 키우는 사람들은 알겠지만 배달 음식을 주문하면 옆에서 먹고 싶다고 장화 신은 고양이 표정을 한 아이들의 얼굴을 외면하기가 여간 어려운 게 아니

버거킹은 반려견을 위한 간식, 독퍼를 무료로 제공하는 이벤트를 실시했다.

다. 버거킹은 이런 반려인들의 마음을 헤아려 반려견 간식을 무료 제공하고 있었다.

독퍼는 반려견들에게 친숙한 뼈다귀 모양으로 만들어졌다. 반려견의 건강까지 생각해 알레르기 유발을 방지하는 가수분해 닭고기를 베이스로 소화 잘 되는 글루텐이 제거된 소맥분에 비타민, 미네랄, 칼슘까지 들어있다. 여기에 직화로 구운 와퍼 패티의 불향을 살려 반려견들도 주인이 먹는 와퍼와 비슷한 맛과 향을 즐길 수 있다는 게 가장 큰 특징이다. 반려견 간식임에도 비주얼, 건강, 맛, 향까지 어느것 하나 놓치지 않았다니 놀라웠다. 간식을 받고 난 후 나는 또 한 번 감탄했다. 하나만 들어있으면 서운했을 텐데 꽤 큼직한 사이즈의 간식이 두 개나 들어 있는 게 아닌가? 이와 관련해 SNS에 해당 인증샷이 5,000건 넘게 게재되었을 정도로 반려인들

사이에 큰 화제가 되었다고 한다. 반려동물 시장의 성장이라는 트렌드를 읽고, 트렌드에 발 빠르게 대응하고 반려인들의 상황적 속성까지도 고려한 버거킹의 시그니처 서비스가 대단하다는 말 밖에는 할 수 없었다.

반려견을 기르는 것은 아이를 기르는 것과 비슷하다. 보호자 없이 아무것도 할 수 없으니 때 되면 밥을 챙겨줘야 하고 아프면 병원에 데려가야 한다. 주인의 보살핌이 없다면 아무것도 할 수 없기에 반려견만 두고 멀리 나가는 것은 꿈도 꿀 수 없다. 함께 외출하더라도 문제는 발생한다. 가는 음식점마다 반려견 출입이 불가하니 견주가 굶거나 대충 때우는 일이 발생한다. 이러한 고충을 반영한 것이 반려견 동반 식당이다.

소노펫 클럽앤리조트 고양에 위치한 띵킹독은 반려견 메뉴부터 전용 식수대, 의자, 식탁, 포토존, 반려견 용품 코너까지 펫을 위한 모든 것을 준비해 놓았다. 특히 반려인과 펫이 함께 즐기는 펫프터눈티 세트가 반응이 아주 좋다. 보호자뿐만 아니라 반려견

띵킹독

에게는 다양한 간식과 함께 멍푸치노를 제공하는 등 맞춤 서비스를 제공하고 있다.

미국에서는 반려견을 위한 럭셔리 여객서비스를 제공하는 항공사도 나왔다. 기존 항공사들은 운항 시 반려견을 작은 케이지 안에 넣어 동승하거나 화물칸으로 보내야 했지만 바크에어는 주인과 반려견을 위한 스파, 기내식, 반려견 전용 샴페인과

바크에어

커피도 제공된다. 또 소음 제거를 위한 귀마개와 페로몬 함유 쿠션을 준비해 반려견의 불안감 완화를 돕는다. 해당 항공편은 편도 약 820만 원에 달할 정도로 고가이지만 전부 매진 중이라고 한다. 이러한 것들이 반려동물을 위한 소비를 아끼지 않는 펫팸족이 늘면서 나타난 현상이다.

이제는 반려견과 함께 갈 수 있거나 반려견 앞에서 음식을 당당하게 먹을 수 있는, 반려견이 원하는 음식점을 찾아가는 시대가 올 것이라 예상한다. 반려견을 배려하고 반려견 동반이 가능할수록 매출 또한 향상될 수 있다는 사실을 기억하자.

고객을 끝까지 케어하려면?

지금으로부터 20년 전, 내가 TGIF 서버로 일할 시절의 일이다. 당시에는 담당자별 테이블 책임 서비스제가 이뤄졌는데, 이를테면 한 명의 서버가 평균 여섯 개의 테이블을 맡아서 고객에게 풀 서비스full service하는 방식이었다.

현 검사의 Detail

풀 서비스를 위해서는 서버 외에도 테이블 정리를 도와주는 버서 busser 와 식음료를 전달하는 러너 runner 등의 업무가 철저히 분업화되어야만 가능하다.

내가 맡은 테이블에 고객이 착석하면 30초 안에 다가가 이렇게 인사했던 기억이 난다.

"안녕하세요. 테이블 담당 서버 티니입니다!"

당시에는 고객을 처음부터 끝까지 완벽히 케어하자는 신념을 가지고 있던 때였다. 그런데 일을 하다 보면 식사 교대나 퇴근 등의 이유로 서비스 중간에 자리를 비워야 하는 난감한 상황이 있었다.

어떻게 하면 이 문제를 잘 해결할 수 있을까를 고민하다 다음과 같이 했다.

1. 나를 대신할 직원에게 고객을 잘 부탁한다

추가로 챙겨야 할 사항이 있다면 꼼꼼하게 전달했다.

2. 그 직원과 함께 고객 테이블로 가서 이렇게 말한다

"실례합니다 고객님. 제가 식사 교대로 자리를 비울 예정입니다. 대신 제가 없는 동안 고객님이 마지막까지 편안하게 식사하실 수 있도록 ○○에게(닉네임을 알려주며 고객에게 소개한다) 잘 부탁해 놓았습니다. 식사 맛있게 하세요. 제가 다음에는 끝까지 책임 서비스하겠습니다."

별거 아니지만 이 말 한마디에 고객 얼굴에 환한 미소가 번졌던 기억이 난다. 자신을 특별한 존재로 대접한다고 느꼈기 때문이었을 것이다. 이런 게 바로 고객을 끝까지 케어하는 책임 서비스라고 할 수 있다.

* care: [명사] 돌봄, 보살핌
* 앞서 말한 배려와 같은 의미이다.

예약 고객이
헤매지 않게 하려면?

　나는 길치다. 운전할 때나 도보로 이동할 때 길을 잘못 들어 헤매기 일쑤다. 길도 헤매는데 다른 건 안 헤맬까? 이로 인해 대형 식당에만 가면 늘 발생하는 불편함이 있다. 바로 룸에서 식사할 때, 화장실에 다녀온 후 룸을 찾지 못해 헤매게 되는 것이다.

　단체 예약 고객이 선호하는 자리가 어디일까? 독립적으로 분리된 공간인 룸을 선호한다. 그런데 룸이 있는 식당은 대부분 대규모이고 각 룸의 외관이 동일하다 보니 나 같은 길치가 헤매기 딱 좋은 환경이다. 한참을 헤매다가 직원에게 문의해서 겨우 찾곤 하는데, 더 불편한 건 직원에게 문의해도 이를 확인하려면 예약 현황판이 있는 카운터로 함께 이동해야 한다는 사실이다. 이러한 불편함을 한 번에 해결할 수는 없을까?

고객이 예약하면 보통 테이블에는 '예약석' 팻말을 세워놓는다. 사실 예약 고객을 위한 것이라기보다는 매장 운영자 관점에서 예약 테이블을 미리 세팅해 놓고 해당 테이블에 다른 고객이 앉지 못하게 하려는 이유가 더 크다. 그런데 요즘에는 이런 걸 뛰어넘어 팻말을 세워놓는 것과 동시에 '고객의 이름과 특별한 메시지'로 고객에게 감동을 주는 곳도 있다.

한 식당에서 제공하는 예약 고객 서비스, 자리에 앉기 전부터 고객을 웃음 짓게 만든다.

하지만 룸 예약의 경우는 그마저 생략하니 답답한 노릇인데 이러한 문제를 해결하는 방법은 무엇이 있을까?

1. 룸 앞에 예약 고객의 이름을 부착한다

룸 앞에 예약 고객의 이름을 부착하는 방법이 있다. 보다 깔끔하게 부착하고 싶다면 문구용품점에서 판매하는 아크릴 케이스를 사서 부착한 뒤 예약이 있을 때마다 예약 고객 이름을 출력하여 교체하면 된다.

프리미엄 에스테틱 브랜드 에스테티아는 신발장과 옷장에 예약 고객의 이름을 부착해 놓는 특별한 서비스를 제공한다.

해당 아이디어는 윤곽관리로 유명한 에스테티아에서 얻었다. 예약하고 매장에 도착하니 내가 사용할 신발장과 옷장에 모두 내 이름이 부착되어 있었다. 이 경우 내가 특별한 존재로서 환영받는다는 인상과 함께 헤매지 않고도 내 자리를 찾을 수 있어 너무나도 편리하고 좋았다.

2. 층마다 전체 예약 현황판을 부착한다

사실 1번 문제가 해결된다면 2번은 자동 해결된다. 룸 앞에 예약 고객의 성함을 부착하면 고객이 스스로 룸을 찾을 수 있다. 그런데 더 규모가 크고 복잡한 복층 매장을 위한 운영 팁도 있다.

대전에 있는 바다황제는 복층으로 운영되며, 각층마다 전체 예약 현황판을 부착하여 관리하고 있다. 나 같으면 1층에만 전체 예약 현황을 부착하고 2층에는 2층 예약 현황만을 부착해 놓았을 텐데, 그 이유를 물어보니 다음과 같았다. 혹시나 1층 예약 고객이 2층으로 잘못 올라왔을 때 2층 근무 직원이 1층 카운터에 내려가지 않고도 고객에게 신속한 안내를 제공하고자 그렇게 하고 있단다. 무척 섬세한 배려다.

바다황제의 예약 고객 현황판이다. 1층과 2층에 같은 내용을 부착해 놓음으로써 신속한 고객 안내를 도울 수 있다.

72

정리하자면 다음과 같다.

▶ 우리 매장에 룸이 있다면?

혹시나 고객이 룸을 찾지 못 하는 일이 발생하지 않도록 룸 앞에
예약자명을 부착하자.

▶ 우리 매장에 룸이 있고 복층으로 운영 된다면?

고객에게 신속한 안내가 가능하도록 각층마다 전체 예약 현황판
을 부착하자.

고객은
기본이 충실한 매장을
선호한다

내게 딱 맞는 서비스 매뉴얼 만들기

\

겉보기와 달리 평소 덜렁대는 성격인 나는 스타벅스에서 음료를 몇 번 쏟은 적이 있다. 카페에서 고객이 음료를 쏟았을 때 직원은 어떻게 대처해야 할까? 스타벅스에서는 이렇게 응대했다. 상황을 파악한 직원이 내게 달려오더니 "고객님 많이 놀라셨죠? 다치지는 않으셨어요?"라고 물었다. 괜찮다는 내 말에 직원은 "여기는 제가 치우겠습니다. 편히 자리에 앉아 계시면 동일한 음료로 만들어서 가져다 드릴게요. 잠시만 기다리세요."라고 말했다. 처음에는 우연이라고 생각했는데, 몇 달 후 나는 다른 스타벅스 매장에서 또 한 번 음료를 엎는 실수를 하게 되었다. 역시나 직원이 내게 달려오더니 지난번과 똑같이 응대했다. '스타벅스 직원들이 친절한 이유는 개개인의 역량이 뛰어나서라기보다 서비스 매뉴얼에 의한 철저한 교육훈련 때문이었구나!'라는 사실을 깨닫는 순간이었다.

서비스 품질 관리는 고객 만족과 충성 고객 확보를 위해 매우 중요하다. 음식점에 방문할 때마다 음식 맛이 다르고 직원의 응대 방식이나 서비스 제공 수준이 다르다면 고객이 그곳을 신뢰할 수 없다. 고객에게 일관된 품질의 서비스를 제공하기 위해서 우리는 서비스를 시스템화해야 한다. 시스템화는 고객이 원하는 서비스 표준을 설정하고 업무를 매뉴얼로 정립하는 것에서부터 시작하며, 매뉴얼은 가급적 초등학생이 이해할 수 있을 정도로 쉽고 구체적으로 제작하여 직원들이 고객에게 만족스러운 서비스를 제공하도록 해야 한다.

내게 딱 맞는 매뉴얼을 설계하는 방법은 다음과 같다.

1. 콘셉트에 따른 중요 서비스 품질 속성 파악

고객이 인식하는 서비스 품질 속성의 중요도는 콘셉트에 따라 달라진다. 음식점을 예로 들면 제한된 메뉴를 저렴한 가격에 빠르고 간편하게 제공하는 패스트푸드의 경우 고객에게는 '신속', '편리'가 중요한 서비스 품질 속성 요소로써 작용한다. 패밀리 레스토랑의 경우에는 '내부 인테리어와 분위기', '메뉴의 다양성', '친절한 서비스' 등이 중요한 요소로써 작용할 것이다. 배달 중심의 음식점은 어떨까? 고객이 자신의 집으로 음식을 배달시켜 먹는 형태이기 때문에 내부 인테리어나 분위기보다는 '음식의 맛', '신속하고 정확한 배달'이 더 중요할 수 있다. 이렇듯 매뉴얼 제작에 앞서 콘셉트에 따라 중요하게 관리해야 할 서비스 품질 속성을 반드시 파악해야 한다. 그래야만 이를 중심으로 프로세스 설계가 가능하기 때문이다.

2. 업태와 환경에 맞는 서비스 수준 결정

두 번째는 업태와 매장 환경을 고려해 서비스 수준을 결정하는 단계이다. 이때는 모든 고객에게 동일한 서비스를 제공하는 표준화된 서비스를 제공할 것인지, 고객에 따라 차별화된 서비스를 제공하는 개인화된 서비스를 제공할 것인지를 결정해야 한다.

표준화된 서비스는 서비스를 단순화하고 키오스크 등의 기기나 시스템을 활용하며 셀프 서비스 방식으로 고객을 서비스에 참여시킨다. 인건비가 적게 드는 대신 판매 품목의 값이 저렴하다. 패스트푸드를 예로 들 수 있다.

개인화된 서비스는 인적 서비스를 강화하는 형태이기 때문에 인건비가 높은 반면 서비스의 품질을 높여 판매 품목의 값이 비싸다. 고객에게 높은 가격을 받고 고객 취향에 맞는 풀 서비스를 제공하는 파인다이닝을 예로 들 수 있다.

'똑같은 브랜드도 업태에 따라 서비스가 달라진다.' 스타벅스의 사례를 예로 들어보자.

저는 매일 아침을 스타벅스에서 시작합니다. 그곳에는 편안한 의자들과 멋진 조명들이 있습니다. 여기에 매일 와서 책을 읽기도 하고 바쁜 일상에서 벗어나 저 자신만의 공간을 나만의 커피 한 잔과 함께 찾았습니다. 제가 스타벅스를 갈 때마다 그들은 친근하게 대해줍니다.
"안녕하세요. ○○○씨 매번 드시는 것 드실 거죠?"

위 내용은 우리가 흔히 이용하는 스타벅스 로드샵 매장에서 추구하는 서비스 가치이다. 고객에게 제3의 공간을 제공한다는 그들의 철학에 맞게 고객에게 편안한 공간을 제공하고 직원들이 고객의 얼굴과 이름 취향까지 기억하길 원한다. 개인화된 서비스를 추구하는 것이다. 하지만 고객 편의를 위해 차에 탄 채로 쇼핑하는 드라이브 스루drive-through는 다르다. 스타벅스 드라이브 스루는 고객과 만나는 총 세 번의 접점이 있다. 첫 번째 접점에서는 광고용 모니터DID로 음료와 음식의 이미지를 보여준다. 두 번째 접점에서도 광고용 모니터로 음료와 어울리는 맛있는 음식 추천 이미지를 보여준다. 연속 두 번이나 강조되니 왠지 음료와 함께 푸드를 주문해야 할 것 같은 느낌이 든다. 게다가 메뉴 이름을 1번, 2번과 같은 숫자로 표기하는 전략을 구사했다. 이는 고객이 쉽게 주문할 수 있고 직원의 주문 접수 시간까지 단축시키는 효과가 있다. 곧이어 화면을 통해 신속히 주문을 마친 뒤 세 번째 접점에서야 비로소 직원과 마주한다. 스타벅스 드라이브 스루는 단 세 번의 접점으로 모든 게 끝난다. 실제 직원과 마주하는 접점도 단 한 번뿐이다. 하지만 이에 대한 나의 만족도는 매우 높았다. 그 비결은 무엇일까? 드라이브 스루의 중요 서비스 품질 속성이 '신속, 편리'이기에 접점 별 서비스 프로세스가 그에 맞춰 빠르고 편하게, 말로 설명하지 않아도 알 수 있게 물리적 증거로 드러나 있기 때문이었다.

3. 서비스 청사진 제작

세 번째는 서비스 청사진을 그리는 단계이다. 이에 앞서 MOT-Moment of truth에 대해 알아보자. 스웨덴의 경제학자인 리처드 노먼Richard Norman이 최초로 사용한 MOT는 '진실의 순간'이라고 하며 고객과 기업이 접촉하는 15초의 순간을 말한다. 이후 얀 칼슨Jan Carlzon이라는 스칸디나비아 항공사 사장에 의해 널리 퍼졌는데, 그는 스칸디나비아 항공사에서 일 년 동안 천만 명의 승객이 각각 다섯 명의 직원과 접촉했으며 1회 접촉 시간이 평균 15초라는 사실을 알게 된다. 그에 따르면 고객은 15초라는 짧은 시간 안에 재방문 여부를 결정하기 때문에 이 15초가 고객을 평생 단골로 만들 수 있는 진실의 순간이라고 강조했다.

그는 이러한 개념을 도입한 지 일 년 만에 스칸디나비아 항공사를 연 800만 달러의 적자에서 7,100만 달러의 흑자 기업으로 전환

시켰다. 여기서 중요한 사실은 고객은 직원을 대면하는 순간에만 서비스를 받는다고 느끼지 않는다는 것이다. 직원과 만나는 접점 뿐 아니라 자신이 경험하는 모든 과정을 서비스로 여긴다. MOT가 중요한 이유는 곱셈의 법칙이 적용되기 때문이다. 고객이 백 번 중 한 번 불만족을 느끼면 아흔아홉 번의 만족은 사라지고 만족도가 0이 되어버린다. 전체적으로 서비스가 좋았더라도 음식물에서 머리카락이 나오거나 직원이 불친절한 응대를 하는 등 하나라도 실수하게 되면 형편없는 서비스로 느낀다는 의미다. 따라서 우리는 진실의 순간인 15초를 고객이 기업의 직원뿐만 아니라 환경, 상품, 시스템 등에 접촉하는 모든 순간으로 확대해서 생각하고 마지막까지 주의 깊게 관리해야 한다. 그래야 고품질의 서비스를 제공할 수 있다.

이를 기반으로 고객이 입장해서 퇴장하기까지의 모든 접점을 나열한 뒤 서비스 청사진service blueprint을 그려야 한다. 서비스 청사진이란 고객, 서비스 제공자, 그 외 이해관계자들이 서비스 전달 과정에서 각각 수행하는 역할에 초점을 맞춰 서비스 전반을 이해하도록 시각화한 그림을 말한다. 서비스 프로세스 개선 및 혁신 서비스 개발을 위한 유용한 기법으로 서비스 프로세스를 검토해서 직원의 실수나 고객 불편이 발생하는 접점을 파악하고 문제해결, 고객만족도를 높이는 서비스 프로세스 디자인에 활용될 수 있다.

외식 프랜차이즈 B사의 서비스 청사진 사례를 살펴보자. 서비스란 눈에 보이지 않는 무형성이 특징이다. 이러한 무형성을 극복하고자 물리적 증거를 활용하는데, 음식점의 물리적 증거로는 실내 디자인이나 조명 환경, 유니폼 등이 이에 해당한다. 상호 작용선을 기준으로 고객 행동에 따른 홀, 주방 직원의 행동을 한눈에 볼 수 있고 고객 가시선을 기준으로 고객 눈에 보이는 것과 보이지 않는 것을 구분할 수 있다. B사의 경우 주방은 가시선을 벗어났기 때문에 고객 눈에 보이지 않는다는 것을 뜻한다.

고객 행동을 살펴보자. 고객이 입장하면 직원은 "어서 오세요. ○○입니다."라고 인사를 한다. 화살표의 방향이 행동의 주체를 나타내고 있다. 고객이 착석 후 직원은 메뉴판을 제공한다. 고객이 주문하면 직원은 주문을 접수 받고 이를 포스에 입력하면 주방에서 식사가 조리되는 형태다. 이렇게 서비스 청사진을 그리면 서비스가 고객에게 전달되는 상황을 한눈에 파악할 수 있다.

4. 접점 별 만족, 불만족 요인 확인

서비스 청사진을 그렸다면 접점 별 만족, 불만족 요인을 찾아야 한다. 이러한 요인들은 고객 설문이나 VOC 또는 SNS를 통한 고객 리뷰 등을 통해 확인할 수 있다. B사의 예를 들면 가맹점에서 이러한 문제들이 자주 발생했다.

√ 무응대 및 인사 없음: 쉽게 따라할 수 있는 인사로 변경 / 인사말 축소

√ 메뉴판 제공: 메뉴판 테이블 비치로 변경(가맹점: 동선 1회 축소, 고객: 메뉴판 즉시 접수)

| 물리적 증거 | 공통: 실내 디자인, 조명, 깨끗한 환경, 유니폼 착용, 직원 용모, 매장 내 음악 송출 | | | | | | | | |
| | 테이블, 의자형태 | | 메뉴판, 포스터 | | | | | 카운터, 바코드스티커 | |

| 고객 행동 | 입장 | 착석 | 메뉴판 접수 | 주문 | 식사 제공 | 식사 및 요청 | 후식 | 계산 | 퇴장 |

상호 작용선

| 홀 | 인사 | 자리 안내 | 메뉴판 제공 | 물 제공/ 주문 접수 | 식사/빌지 제공 | 리필 (물, 반찬) | 남은 죽 포장 등 | 후식 제공 | 포인트 적립 /계산 | 인사 |

| | | | | 주문 확인 포스 입력 | 상차림 | 1인상/2인상 | | | 고객 퇴장후 자리 정리 | |

| 6대 용어 | 어서오세요. 00입니다. | 네 알겠습니다. 잠시만 기다리세요. | 고객님, 주문하신 00 나왔습니다. | | | | | 고맙습니다. 또 오세요. | |

고객 가시선

| 주방 | | | 식사 조리 | | | | | 잔반 처리 설거지 | |

| 지원 프로세스 | 가맹점 음악 샵 캐스트 | | | | | | 포인트/ 지류, 모바일 상품권 결제 시스템 | |

B죽 서비스 청사진, 프로세스 개선 전이다.

√ 후식 미제공: 후식을 처음부터 제공(상차림에 포함)

√ 남은 죽 포장: B죽 알차게 즐기기 포스터 부착

√ 포인트 카드 적립 미안내: 포인트 카드 적립 관련 필수 용어 추가

5. 서비스 실패점 제거

다음은 고객 불만족 요인을 확인하고 서비스 실패점을 제거하는 단계이다. B죽의 경우 가맹점에 인사는 서비스의 기본인데 왜 인사를 하지 않느냐고 물었더니 인사말이 너무 길어서 못 한다는 답변을 받았다. 현장의 소리를 바탕으로 인사말을 수정했다. 그 전에는 고객 입장 시 인사말이 "어서 오세요. ○○입니다."였고 퇴장 시에는 "감사합니다. 또 뵙겠습니다."였다. 이를 입장 인사의 경우 "어서 오세요."로 축소시켰고 퇴장 인사는 비교적 입에서 쉽게 나올 수 있는 "고맙습니다. 안녕히 가세요."로 변경했다. 메뉴판을 제때 제공하지 않는 클레임을 줄이고자 메뉴판을 테이블 내 비치하는 것으로 변경했다. 이럴 경우 직원의 동선을 한 번 축소할 수 있고 고객은 메뉴판을 즉시 보게 되어 불만을 제거할 수 있다. 후식을 제공하지 않는 문제는 매뉴얼 자체에 있었다. 전에는 식사를 2/3가량 마쳤을 때 후식을 제공하는 것이 매뉴얼이었는데, 현장을 살펴보니 B죽 가맹점 사장님들은 홀과 주방을 함께 운영하는 형태가 많아 후식 제공 타이밍을 맞추는 게 쉽지 않다는 사실을 깨달았다. 그래서 후식을 처음부터 같이 제공하는 것으로 변경했다. 남은 죽

포장의 경우 말로 설명하지 않아도 고객이 알 수 있게 'B죽 알차게 즐기기' 포스터를 제작하였고 포인트 카드 적립 안내를 하지 않는 문제를 해결하고자 포인트 카드 관련 필수 용어를 추가했다.

6. 서비스 접점에 대한 표준화

마지막은 직원들이 가장 효과적이고 효율적으로 일하는 방법을 찾아서 표준화하는 것이다. 여기서 효과성은 적절한 일을 해서 목표를 달성하는 것을 말하고 효율성은 일을 적절하게 해서 생산성을 향상시키는 것을 말한다. 이를 위해서는 매장에서 직원들이 어떤 방법으로 일하는지를 관찰하는 것이 우선이다. 직원들이 서로 다른 방법으로 일한다면 각각의 시간을 재본 뒤, 모범 실무Best practice와 가장 효과적이고 효율적인 방법을 찾아 표준화해야 한다.

7. 그 내용을 사진, 도표, 글로 나타내면 매뉴얼 완성

포스 화면에 전화 응대 멘트가 부착되어 있다. 교육을 받지 않고도 정확한 응대가 가능하다.

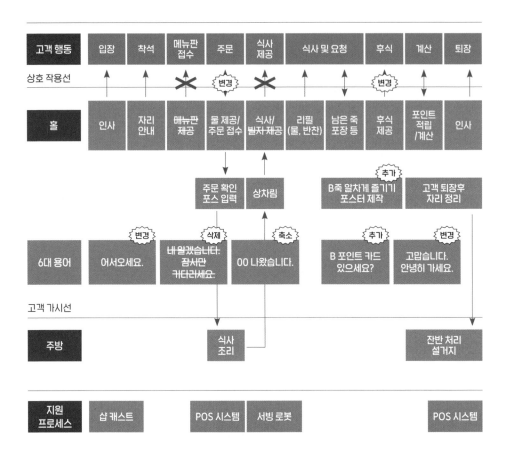

| 물리적 증거 | 공통: 매장 입구 음악, 직원 용모, 복장, 테이블, 의자, 조명, 메뉴판, 테이블 위 홍보물, 메뉴, 식기, 계산대, 출구, 주차장 |

| 고객 행동 | 입장 | 착석 | 메뉴판 접수 | 주문 | 식사 제공 | 식사 및 요청 | 후식 | 계산 | 퇴장 |

상호 작용선

변경

| 홀 | 인사 | 자리 안내 | 메뉴판 제공 | 물 제공/ 주문 접수 | 식사/ 발자 제공 | 리필 (물, 반찬) | 남은 죽 포장 등 | 후식 제공 | 포인트 적립 /계산 | 인사 |

| | | | | 주문 확인 포스 입력 | 상차림 | | | | B죽 알차게 즐기기 포스터 제작 | 고객 퇴장후 자리 정리 |

추가

| 6대 용어 | 어서오세요. | 내 알겠습니다. 잠시만 커타라세요. | OO 나왔습니다. | | | B 포인트 카드 있으세요? | 고맙습니다. 안녕히 가세요. |

변경 / 삭제 / 축소 / 추가 / 변경

고객 가시선

| 주방 | | | 식사 조리 | | | | 잔반 처리 설거지 |

| 지원 프로세스 | 샵 캐스트 | | POS 시스템 | 서빙 로봇 | | | POS 시스템 |

B죽 서비스 청사진, 프로세스 개선 후이다.

사진 한 장, 간단한 문구 하나만으로도 고객 클레임을 예방하고 고객을 만족시킬 수 있다. 매뉴얼을 만드는 것은 결코 어렵지 않다. 다만 주의할 점이 있다. 매뉴얼은 한 번 만들었다고 끝이 나는 것이 아니다. 살아 있는 생물과 같이 여겨야 한다. 지속적으로 현장을 관찰하고 고객의 소리에 귀 기울여 끊임없이 업데이트해야만 진짜 매뉴얼로서의 기능을 할 수 있을 것이다.

서비스 품질 관리가 안 되면 일어나는 일

＼

수작을 콘셉트로 꽤 인기가 있었던 모 주점 프랜차이즈를 5년 만에 다시 찾았다. 이곳은 안주가 요리 수준으로 훌륭한 곳이었는데 오늘 보니 이전 명성이 무색해 보였다. 안주로 주문한 떡볶이가 나왔는데 그 모양새가 정말 충격적이었기 때문이다. 일단 음식이 담긴 접시에 껌 같은 게 붙어있었다. 놀라서 손으로 만져보니 껌이 아니라 금이 간 접시를 땜질해놓은 것이었다. 가격이 2만 원에 가까운 떡볶이인데 얼마나 아낀다고 그릇 하나로 음식의 가치를 이리도 떨어뜨리는지 내 마음이 다 아팠다.

그런데 설상가상으로 음식도 맛이 없었다. 떡볶이에 양념이 전혀 배어있지 않아 재조리를 요청하고자 직원을 불렀다. 분명 내가 부르는 소리를 들은 것 같은데, 직원이 모른 척 그냥 지나갔다. 알

접시에 붙어있는 저것은 껌이 아니라 지점토였다.

고 보니 베트남 사람이라서 한국말을 잘 알아듣지 못하는 것이었다. 아! 나도 모르게 입에서 탄식이 흘러나왔다. 우여곡절 끝에 한국 직원에게 재 조리를 부탁할 수 있었고 몇 분 후 떡볶이가 다시 나왔다. 그런데 이상했다. 분명 새 접시에 나왔음에도 불구하고 접시에 똑같이 땜질이 되어있었다. 대부분의 접시가 저런 상태인 것일까?

해당 브랜드는 오래 전부터 '배려 서비스'를 타이틀로 서비스에 특화된 곳이었다. 화장실에 갔더니 '고객님을 위한 배려 서비스'라며 핸드크림과 생리대가 구비되어 있다는 문구가 벽에 붙어 있었다. 그런데 그곳은 오래 전부터 텅 비어 있는 듯했다. 바로 이런 이유로 '서비스 품질 관리'가 필요하다. 아무리 브랜딩을 잘해도 사람이 하는 일이다 보니 현장에서는 늘 차이가 발생하기 때문이다.

서비스 품질 관리는 우수한 서비스를 제공하고자 고객의 기대를 관리하려는 노력이라고 할 수 있다. 계획대로 현장에서 업무가 수행될 수 있도록 관리 수단을 만들어 문제를 예방하고, 품질을 보장하는 체계적인 방법이다. 서비스 품질을 철저하게 관리하면 모든 일을 처음부터 올바르게 함으로써 예상치 못한 비용이 발생하는 것을 예방할 수 있고, 고객이 우리 매장을 신뢰하게 만들어 재방문을 유도할 수 있다. 하지만 관리하지 않는다면 고객의 외면은 물론 브랜드 가치 또한 하락하기 마련이다.

서비스 품질을 측정하는 방법

서비스 품질은 주관적이고 고객 지향적인 관점에서 접근해야 한다. 미국의 파라슈라만, 자이사믈, 베리[PZB: Parasuraman, Zeithaml, Berry] 학자들의 연구에 따르면 서비스 품질이란 서비스의 우수성이나 우월성에 대한 고객의 전반적인 판단이나 태도로 정의한다. 또한 서비스 품질은 고객의 기대된 서비스[expected service]와 지각된 서비스[perceived service]의 비교에 의해 측정된다고 했다.

예를 들면, 크고 푸짐한 햄버거를 기대하고 주문했는데, 실제 제공된 햄버거가 작고 볼품없다면 고객은 어떻게 느낄까? 고객이 실제 제공받은 서비스가 사전의 기대에 미치지 못했기 때문에 해당 서비스 품질은 낮게 측정된다. 이처럼 서비스 품질에 대한 평가는 고객의 기대 수준에 근거하며 주관적으로 평가된다는 것을 알 수 있다.

그런데 우수한 서비스는 그 실체를 파악하는 게 쉽지 않다. 왜냐하면 고객이 서비스가 정말 좋았다고 평가할 때 그 이유를 물어보면 어떤 사람은 음식이 맛있어서, 어떤 사람은 직원이 친절해서, 또 어떤 사람은 분위기가 좋아서 등 서로 다른 이유를 말하기 때문이다. 문제는 고객마다 기대가 달라 감동하는 요소가 다르다는 점에 있다. 고객의 기대를 파악하지 못하는 것은 고객이 기대하는 서비스를 제공하지 못하는 원인이 되므로 우리는 고객의 기대를 파악하고 이해하려는 노력을 해야 한다.

'이름과 얼굴은 변한다. 하지만 품질은 변하지 않는다.'

고난과 실패, 전환기를 겪는 과정에서도 서비스와 품질에 대한 리츠칼튼 경영진의 신념은 결코 변하지 않았다. 재정적인 위기에 직면했을 때조차 리츠칼튼은 세계 각지에서 변함없는 서비스로 인정받았다. 경제적으로 위협을 받는 시기에는 비용을 절감하기 위해 제품과 서비스 수준을 낮추는 등 방어적인 태도를 취하는 리더가 많다. 하지만 리츠칼튼 경영진은 오히려 품질을 최우선으로 여기는 기업의 독특한 관행을 벤치마킹하기 위해 노력했다. 말콤 볼드리지 국가 품질상의 혁신 과정을 통해 품질을 평가하고 개선한 것이다. 이는 기업이 다른 유명한 세계 일류 리더들을 벤치마킹할 수 있도록 돕는 프로그램이다. 리츠칼튼 호텔 컴퍼니의 창립자 가운데 한 사람인 에드 스타로스Edward V. Staros는 다음과 같이 지적했다. "경제가 불안했던 1980년대 후반을 기억합니다. 다른 호텔들이 구강청정제를 없애거나 꽃 장식을 바꾸곤 했죠. 호스트 슐츠는 비용을 줄이면 장기적인 성공을 거둘 수 없다고 항상 주장했습니다. 경제가 어렵다고 해서 고객에게 구강청정제가 필요하지 않은 건 아니잖아요. 우리는 비용을 줄이기보다는 효율성을 높이고 통합적 품질 관리를 통해 제품을 개선하기 위해 노력했습니다."

리츠칼튼이 서비스의 대명사로 인정받는 최고의 호텔이 되기까지 서비스와 품질에 대한 변치 않는 신념이 가장 중요한 역할을 했다. 재정적인 어려움에 직면했을 때조차 품질 지향적인 기업의 독특한 방식을 벤치마킹하여 품질을 개선한 것이 핵심이라고 할 수 있다. 리츠칼튼과 같이 고객에게 우수한 서비스를 제공하기 위해서는 어떻게 해야 할까? 서비스 품질을 효과적으로 측정하고 이를 지속적으로 개선하려는 노력이 필요하다.

그런데 서비스 품질은 제조업 품질보다 평가하기 어렵다. 제조업 관점에서의 품질은 '요구 사항에 대한 일치'를 나타내며 기업이 정한 규격이나 표준에 일치한 제품이 우수한 품질로 평가 받기 때문에 비교적 측정이 용이하다. 반면 서비스 품질은 그렇지 않다. 무형의 서비스를 규격화하거나 표준화하는 게 쉽지 않고, 고객의 주관적 평가에 의해 측정되기 때문이다. 이 외에도 서비스의 결과 못지않게 서비스를 제공하는 과정을 중시하기 때문에 부가적인 서비스 또한 간과해서는 안 된다.

서비스 품질 측정을 위해서는 서비스 품질 평가 요인을 이해해야 한다. 서비스 품질이라고 하면 단순히 서비스에 대한 만족도만을 측정한다고 생각할 수 있는데 그렇지 않다. 고객이 우수한 서비스를 제공받았다고 평가했을 때 이에 영향을 미치는 모든 것이 평가 범위에 해당한다. PZB에 따르면 고객들은 서비스 품질을 평가하는데 유형성, 신뢰성, 반응성, 확신성, 공감성의 다섯 가지 요인을 활용한다고 하였다.

유형성(tangible)	외형적 요소에 대한 평가
신뢰성(reliability)	약속된 서비스를 정확히 수행할 수 있는 능력
반응성(responsiveness)	고객을 돕고 신속하고 적극적으로 서비스하려는 의지
확신성(assurance)	직원의 지식, 예의 바른 태도, 운영 안정성
공감성(empathy)	고객에 대한 배려, 개별적 관심을 보이는 자세

서비스 품질 평가 시 위의 다섯 가지 요인을 주로 활용한다.

유형성은 외형적 요소의 평가를 말하는데 그 예로 물리적 시설이나 장비, 내부 인테리어, 직원의 유니폼 등이 있다. 신뢰성은 약속된 서비스를 정확히 수행할 수 있는 능력을 말하는데 고객과의 약속을 잘 이행하고 시간을 엄수하는 것을 예로 들 수 있다. 반응성은 고객을 돕고 신속하고 적극적으로 서비스하려는 의지로 즉각적인 서비스, 요구사항 대처 등이 있다. 확신성은 확신을 주는 직원의 지식, 예의 바른 태도, 운영 안정성 등에 대한 평가를 말한다. 공감성은 고객에 대한 배려, 개별적 관심을 보이는 자세로 고객에 대한 충분한 이해와 관심, 원활한 의사소통 능력 등의 평가에 기초하고 있다.

서비스 품질 측정에 관한 연구들은 PZB가 발표한 서브퀄SERVQUAL 모형에 근거하여 고객의 기대 수준과 지각 수준의 비교를 통한 측정방법과 이들의 연구를 보완하는 관점에서 제안된 크로닌과 테일러Cronin&Taylor의 서브퍼프SERVPERF 모형이 있다. 이처럼 실제 고객이 지각한 수준을 바탕으로 서비스 품질을 측정하는 방법을 토대로 학자 별 연구의 대상과 특성에 맞춘 측정방법으로 다양하게 활용되어 오고 있다.

1) 서브퀄SERVQUAL

대표적인 서비스 품질 모형은 PZB가 제시한 서브퀄 모형이다. 서비스 품질이 유형성, 신뢰성, 반응성, 확신성, 공감성의 다섯 가지 차원으로 구성되어 있고 22개의 항목으로 구성되어 있다.

유형성	신뢰성	반응성	확신성	공감성
최신장비	약속 내용의 시간 내 처리	업무 처리 정확한 예고	직원 신뢰 가능	고객에게 개별적 관심
매력적인 시설	문제 발생 시 해결	즉각적인 서비스 제공	안심 거래 가능	고객에게 개인적인 관심
단정한 옷차림과 용모	믿고 의지 가능	자발적인 도움 제공	예의 바른 직원	진심으로 고객이익 고려
시설과 분위기의 적합성	약속 시간 내 서비스 제공	바빠도 신속 대응	답변 가능한 충분한 지식	고객의 필요사항 이해
	영업 시간 준수			
	정확한 업무 기록 유지			

SERVQUAL 5가지 차원 22개 항목 모형이다.

또한 서비스 품질의 인식 과정은 다섯 가지 차원의 성과와 기대 간의 차이에 의해서 결정된다고 했다. 하지만 서브퀄 모형이 발표된 이후 많은 학자들에 의해 다양한 연구에 적용되면서 문제점들이 드러났다.

2) 서브퍼프 SERVPERF

서브퀄 모형이 과정 품질 위주로 측정되거나 기대와 성과를 측정하는 도구로써 문제가 있다는 점이 지적되면서 크로닌과 테일러에 의해 후속 연구 모델이 제안되었다. 서브퍼프 모형은 서브퀄 모형의 5개 차원 22개 항목을 그대로 사용하되, 서브퀄에서 성과와 기

대의 차이로 서비스 품질을 측정한 것과 달리 '서비스 품질=성과'
라는 공식을 수립하여 서비스 성과만을 측정한다는 게 차이점이다.

3) 3차원 모형

브래디와 크로닌[Brady and Cronin]은 서브퀄과 서브퍼프 모형이 전체
적인 산업에 적용하여 서비스를 측정하기에 적합하지 않다는 것을
주장했으며 이를 위해 3차원으로 구성된 서비스 품질의 위계구조
모형을 제안했다. 러스트와 올리버[Rust and Oliver]의 3차원 모형과 다브
홀카 외의 연구진들[Dabholkar et al.]이 제안한 위계 구조 모형을 채택하
여 3차원으로 구성된 서비스 품질의 위계 구조 모형을 제시하였다.
이 모형은 서비스 품질의 3차원을 상호 작용 품질, 결과 품질, 물리
적 환경 품질로 들었고 상호 작용 품질의 하위 차원에는 직원의 태
도, 행동, 전문성을 포함시켰다. 또한 물리적 환경 품질에는 주변
환경, 디자인, 사회적 요소를 포함시켰으며, 결과 품질의 하위에는
대기시간, 유형성, 호감성을 포함시켰다.

많은 연구를 거쳐 나온 3차원 모형은 서비스 품질의 다면적 측
면을 모두 포함할 수 있는 추상적 개념으로서 직관적·실용적인 관
점에서 볼 때 매우 논리적이고, 포괄적인 모형으로 평가할 수 있
다. 이런 특성으로 최근의 연구에서는 3차원 모형을 사용하는 경향
이 높아지고 있다.

서비스 품질 측정을 위해서는 이런 모형을 기반으로 항목별 문항을 설계한 후, 고객 설문을 실시하는 방법이 있다. 3차원 모형을 기반으로 항목별 문항을 작성한다고 가정해보자. 각각의 품질 속성에 대한 측정이 가능하도록 설계해야 하는데, 상호 작용 품질은 직원의 태도나 행동, 전문성과 관련된 부분이고 물리적 환경 품질은 온도, 공기상태, 소음, 음악, 냄새 등의 주변 환경이나 디자인, 사회적 요소에 해당한다. 결과 품질이란 대기시간, 유형성, 호감성 등에 해당하는데 예를 들면 음식에 대한 품질이나 고객이 느끼는 전반적인 만족도 등을 묻는 게 이에 해당할 것이다.

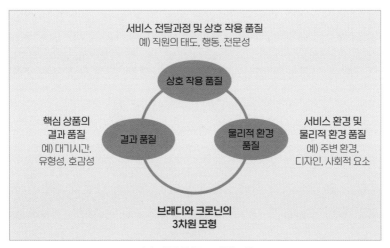

서비스 품질 위계구조 3차원 모형

상호 작용 품질 측정 설문의 예

1. 자발적이고 적극적으로 응대하였습니까?

2. 질문 시 정확한 답변을 해 주었습니까?

3. 음식을 취급하는 태도가 능숙했습니까?

4. 신속하고 정확하게 응대하였습니까?

5. 문제 발생 시 충분한 관심을 보였습니까?

6. 대기 시 적절한 응대를 하였습니까?

물리적 환경 품질 측정 설문의 예

1. 직원의 옷차림과 용모는 단정하였습니까?

2. 식사 공간은 편안했습니까?

3. 실내 인테리어는 조화로웠습니까?

4. 화장실이 청결하였습니까?

결과 품질 측정 설문의 예

1. 음식의 양이 적절했습니까?

2. 음식의 온도가 적절했습니까?

3. 음식의 신선도가 적절했습니까?

4. 음식의 담음새가 적절했습니까?

이 외에도 서비스 품질 측정을 위해 고객의 소리인 VOC^{voice of customer}를 활용해 지속적으로 고객의 의견을 모니터링하고 이것을 경영활동에 반영하는 방법이 있다. 또한 훈련된 전문 조사원이 고객으로 위장하여 매장을 방문 후 서비스 제공 과정과 절차 등을 모니터링하는 조사 기법인 미스터리 쇼핑^{Mystery Shopping} 등을 실시할 수 있다.

"측정할 수 없으면 관리할 수 없고 개선시킬 수도 없다."는 피터 드러커^{Peter Ferdinand Drucker}의 말처럼 이러한 서비스 품질 측정 도구를 활용해 고객의 기대를 파악하고 우수한 서비스를 제공하는 데 활용하길 바란다.

매장의 격을 높이는
서비스 품질

서비스의 '격'을 쌓아라

＼

일본에 사는 친구가 놀러 왔을 때 일이다. 한국 오면 간장게장을 먹고 싶다고 하기에, 간장게장을 제대로 하고 예약이 가능한 곳을 찾다가 한 매장을 선택하게 되었다. 워낙 유명하기도 하고 객단가도 높은 편이라 이곳에 대한 사전 기대치가 있었다. 그런데 나는 매장의 어떤 부분들에서 기대와는 다른 차이를 느꼈다.

먼저 예약석이 마음에 들지 않았다. 나는 비어 있는 창가 자리에 앉고 싶어서 직원에게 자리 변경을 요청했다. 처음 안내받은 자리에는 반찬이 차려진 상태였는데, 자리를 이동하니 직원이 반찬을 트레이에 2층으로 쌓은 뒤 우리 테이블에 그냥 두고 가버렸다. '나

보고 세팅하라는 뜻인가' 싶어 스스로 반찬을 세팅했다. 직원은 사복을 입고 있었고, 머리가 헝크러져 있었다. 사용하는 말투나 대화하는 것도 영 어색했다. 고객이 부르면 빈손으로 가서 접시를 손으로 달랑달랑 들고 왔고, 걸을 때는 동작이 흐느적거렸다. 게다가 공간이 좁은 탓에 고객들의 옷은 늘어져 바닥에 닿아 있었다. 분명 좋은 재료로 특별하게 만든 가치 있는 음식인데 우리는 이에 대한 아무런 설명도 아무런 케어도 받지 못했다.

주변 환경이나 형편에 자연스럽게 어울리는 분수나 품위를 '격'이라고 한다. 아무리 인테리어가 좋고 음식이 훌륭해도 그 음식을 만들고 서비스하는 사람이 격에 맞지 않거나 서비스 제공 기준이나 프로세스가 없으면 이처럼 부자연스럽기만 하다. 주인이 아무리 노력해도 음식점의 가치를 고객에게 오롯이 인정받기 어렵다.

아래의 주의점들을 보고, 우리 매장은 어떻게 하고 있는지 생각해보자.

- 서비스를 제공하는 직원이 누구인가?
- 용모가 단정한가?
- 복장이 통일되었는가?
- 동선이 통일되었는가?
- 대화의 룰이 있는가?

- 태도의 룰이 있는가?
- 고객이 부르시면 무엇을 지참해야 하는가?

    이처럼 작은 것들을 쌓아 올리고 비용을 투자해야만 비로소 남들이 넘볼 수 없는 격이 완성된다.

서비스 전달 과정,
상호 작용 품질을 높이는 법

인사말도 남다르게 하라

    미국의 경제학자인 시어도어 레빗^{Theodore Levit}은 "사람들은 드릴을 산 것이 아니라 그 드릴로 뚫을 구멍을 사간 것이다."라고 말했다. 이는 고객이 원하는 것은 제품 그 자체가 아니라 그 제품을 통해 얻고자 하는 가치라는 것이다. 그렇다면 카페가 고객에게 제공하는 가치는 무엇일까? 고객이 카페를 찾는 이유는 단순히 커피를 마시기 위함일 수도 있지만 누군가를 만나거나 책을 읽거나 공부를 하는 등 시간을 소비하며 머무를 수 있는 공간이 필요하기 때문이다. 통계청에 따르면 1인 가구 비율은 2000년 15%에서 2023년 35.5%로 증가했다. 이 말은 사람들이 정원은커녕 거실이 있는 집에서도 살기 어려운 시대라는 것을 의미한다. 그런데 집 근처 카페에 갔더니 맛있는 커피와 갓 구운 빵은 기본이요, 우리 집에 없는 거실과 근사한 정원까지 딸려있다면 어떨까? 그곳에 자꾸만 가고 싶고 머무르고 싶다는 생각이 들 것이다. 고객에 매력적인 '공간'이라는 가치를 제공하는 곳, 인천의 일광전구 라이트하우스가 바로 그런 곳이었다.

그런데 이곳은 직원들의 접객 태도와 인사말도 남달랐다. 방문했을 당시 나는 직원들과 함께 회사 로고가 적힌 단체티를 입고 갔는데 직원이 물었다.

"혹시 어떤 회사인지 여쭤봐도 될까요?"

"제가 커피 맛있게 드시는 방법 설명해 드릴게요."

직원들이 고객에게 개별적인 관심을 갖고 대화를 시도하거나 고객이 최상의 경험을 할 수 있도록 자신의 제품을 적극적으로 설명하는 모습이 꽤 인상적이었다. 기분 좋은 시간을 보낸 뒤 매장 문을 나서는 길, 나는 직원의 인사말에 발걸음을 멈췄다. 흔히 들던 인사말인 "안녕히 가세요."가 아니었다. "조심히 살펴 가세요."라는 말을 듣는 순간 나는 이 카페에 다시 오기로 결심했다. 마치 내가 특별한 사람으로 대접받은 것 같은 기분이 들었기 때문이다. 인사말 하나 바꾸는 것으로 고객의 발걸음을 멈추게 할 수 있다면 한번 해 볼만 하지 않은가?

인천의 일광전구 라이트하우스는 고객이 머무르며 시간을
소비할 수 있는 '공간'이라는 가치를 제공한다.

서비스 타이밍을 조절하라

회사 근처에 일본 음식점이 새로 문을 열었다. 호기심에 지인과
함께 방문하여 메뉴 두 개를 주문했다. 그런데 이곳 직원들, 처음
이라 그런지 모든 게 서툴렀다. 고객 응대부터 물 제공, 메뉴 제공
타이밍마저 늦었다. 20분이 돼서야 하나의 메뉴가 나왔다. 7분이
더 지났는데 나머지 하나는 감감무소식이었다. 결국 나는 지인의
음식이 나올 때까지 기다리느라 식은 밥을 먹어야 했다. 밥도 식고
내 마음도 식었다.

1인 상차림으로 제공하는 매장의 경우 서비스 제공 타이밍을 맞추지
못했을 때 별도의 숟가락, 젓가락 등의 챙김 서비스를 제공해야 한다.

이럴 때 식당에서는 어떻게 해야 할까? 조리 시간이 오래 걸리
는 메뉴 조리를 먼저 시작하여 두 개 메뉴의 제공 타이밍을 맞춰야
한다. 만일 메뉴 하나가 먼저 나온 상황이라면 고객에게 양해를 구
한 뒤 다른 메뉴가 나오는 동안 나눠 먹을 수 있게 숟가락, 젓가락,
개인 접시를 한 세트씩 더 제공하는 방법이 있다. 스킬이 부족하면
센스라도 있어야 한다.

**현 검사의
Detail**

코로나 엔데믹 이후 한국의 식문화가 달라졌다. 해당 바이러스가 침을 통
해 전파되고, 위생 안전에 더욱 민감해지며 사람들은 찌개뿐만 아니라 나눠 먹는
반찬에 젓가락 대는 것마저 꺼리기 때문이다. 이러한 이유로 1인 상차림이 더 선호
되고 있고, 음식을 나눠 먹기 위한 집게, 국자, 개인 접시 등을 제공하는 것이 당연
한 서비스가 되었다.

늦은 시간 여의도에 있는 포장마차에 갔다. 따끈한 어묵국물이 기본 서비스로 나오고 이어서 주문한 안주가 나왔다. 꼬들한 오돌뼈와 바삭한 김치전이었다. 안주를 내어주시며 사장님이 말씀 하셨다.

"맛있게 드시고 김치전 부족하시면 하나 더 부쳐 드릴게요!"

정말 하나를 다 먹어갈 때쯤 더 바삭하고 큰 걸로 갖다 주셨다.

"정말 주시네!" 나도 모르게 입에서 감탄사가 흘러나왔다.

[사장님 입장]

원래 그 가격에 김치전 두 개가 제공 되는 것이 맞는데, 두 개를 한 번에 부쳐내면 제공 시간이 오래 걸린다. 또한 먼저 부쳐 놓은 게 식게 되면 맛이 떨어지니 시간도 벌 겸 하나씩 제공하자.

[고객 입장]

처음부터 김치전 두 개가 제공되었다면 감흥이 없었을 텐데, 시간차를 두고 제공 받으니 기쁨도 두 배 맛도 두 배가 되는구나!

'시간차를 두고 제공하면 당연한 것도 특별한 서비스가 된다.'

서비스 제공 타이밍에 관한 두 가지 사례를 살펴보았다. 첫 번째 사례의 핵심은 고객이 인원수에 맞는 식사를 주문했다는 것이다. 이 때는 메뉴 제공 타이밍을 맞추는 게 핵심인데 그렇지 못해서 문제가 된 사례다. 두 번째는 안주 개념의 김치전 수량을 한 번에 제공하지 않고 의도적으로 제공 타이밍을 다르게 해서 고객이 당연한 서비스를 더욱 특별하게 느끼도록 한 사례다.

서비스는 타이밍이다. 단, 상황과 맥락을 파악하여 적절한 서비스 제공 타이밍을 맞추길 바란다.

말반찬을 더하라

고객 가치란 고객이 제품이나 서비스를 이용 후 지불하는 비용 대비 실제 얻게 되는 혜택의 정도를 말한다. 예를 들면 고객이 식당에서 삼만 원짜리 메뉴를 주문했는데 만 원만큼의 가치를 느꼈다면 어떨까? 고객은 이에 실망하고 그 이상의 가치를 느끼게 해주는 경쟁사로 떠나게 될 것이다. 반대로 가격 이상의 가치를 느꼈다면 기꺼이 재방문하게 될 것이다. 고객에게 그런 가치를 납득시키는 것을 '프리미엄화'라고 하는데 지금부터 몇 가지 사례를 통해 서비스를 프리미엄화하는 방법을 알아보자.

최강금돈까스

서울 합정동에는 '최강금돈까스'라는 곳이 있다. 탄탄한 내공으로 많은 고객에게 알려진 돈가스 전문점이다. 식당을 오픈키친으로 만들어 앞의 카운터를 식탁으로 삼아 메뉴를 제공하는 카운터 서비스 식당이다. 음식을 미리 만들어 놓지 않고 주문과 동시에 조리하며 고객이 음식을 기다리는 동안 조리 과정을 지켜볼 수 있어 특별한 경험이 더해지는 곳이다.

이곳에는 특별한 콘셉트가 있다. 바로 '지리산'이다. 그들은 지리산 향을 접시에 담는 사람들이라 자칭하며 모든 식재료를 지리산에서 공수해온다. 지리산에서 자라는 우리나라 순수 혈통 흑돼지인 '버크셔 K'를 사용하고 마시는 물부터 먹는 밥과 반찬까지 지리산품종 식재료를 고수한다. 그런데 이러한 사실을 벽에 써 붙여 놓은들 고객에게 각인시키는 게 쉽지 않을 텐데 이곳은 달랐다. 모든 행동에 직원의 말반찬이 더해졌기 때문이다.

(물을 제공하며) "차는 지리산 박하차 준비해드리겠습니다."

(밥, 국을 제공하며) "식사는 삼광쌀로 지은 밥과 지리산 집된장으로 만든 시래기 된장국 올려드리겠습니다. 드시다가 밥이나 국 더 필요하시면 말씀하시고요."

(반찬 제공하며) "지리산 장아찌 올려드립니다."

(돈가스 맛있게 먹는 법을 보여주며) "앞쪽에 돈가스 맛있게 드시는 법 준비해 드렸습니다. 접시 나오면 그대로 올려 드시면 됩니다. 잠시만 기다려주세요."

말반찬이 더해지니 자연스레 지리산 스토리텔링이 된다. 모든 것이 귀해진다. 물이 '차'가 되고 밥, 국이 '식사'가 된다. 자신들이 정성스레 만든 음식 재료의 특장점부터 맛있게 먹는 방법까지 세심하게 알려주어 고객이 느끼고 경험하는 음식의 가치를 한껏 높인다. 1만 원대 가격의 돈가스를 먹는데 마치 고급 음식점에 왔다는 착각을 불러일으킨다.

남다른감자탕

대구에서 시작하여 전국에 매장이 있는 '남다른감자탕'에도 말반찬이란 특별한 고객 서비스가 있다. 고객에게 김치 한쪽을 제공하더라도 그것이 어떤 김치인지 스토리를 만들어 고객에게 전하는 방법이다. 이와 관련된 한 가지 일화가 있다.

남다른감자탕에서는 기본 찬으로 양파, 고추, 잘 익은 총각무김치가 제공된다.
(이미지 출처: 남다른감자탕 인스타그램)

남다른감자탕에서는 얼마 전 양파 가격 폭락으로 어려움을 겪고 있는 양파 재배 농가를 돕고자 양파를 대량 구매하여 고객들이 부담 없이 먹을 수 있게 안내한 적이 있다. 그런데 생각보다 고객들이 양파를 잘 먹지 않는다는 사실을 발견한 뒤 응대를 이렇게 바꿨다고 한다.

(양파를 제공하며) "이번에 농사지은 햇양파라서 더 아삭하고 단맛이 좋습니다. 한번 드셔 보세요."

그러자 고객들이 너도 나도 양파를 먹는 통에 양파 리필 현상까지 발생했다고 한다. 음식 가치를 높여 고객이 우리 매장을 고급 음식점으로 느끼게 하고 안 먹던 양파를 리필하게 만드는 힘! 이게 바로 우리가 고객에게 말반찬을 더해야 하는 이유이다.

만일 우리 매장이 고급 음식점이 아니고 인력이 많지 않아 모든 것을 다 적용하기 어렵다면 어떻게 해야 할까? 매장의 특장점, 가치 등을 드러내는 물리적 증거physical evidence인 포스터와 안내문 부착과 더불어 메인 음식을 제공할 때만이라도 말반찬을 선택 적용해 보자. 그것만으로도 고객이 느끼는 가치는 배가 될 것이다.

고객의 이름, 취향까지도 기억하라

충성loyalty이란 어떤 사물 또는 사람에 대한 굽히지 않는 충성, 그러한 충성심, 충성하는 상태 또는 충성의 행위를 일컫는다. 선호

preference란 어떤 사물 또는 사람을 가장 높은 순위에 두고 우선적으로 선택하는 것을 말한다.

항공사의 로열티 프로그램을 살펴보자. 우리가 특정 항공사의 여객기를 일 년에 3회 이상 이용한다면 별 문제 없이 충성 고객이 될 수 있다. 여객기를 탈 때마다 마일리지가 쌓이고 나중에 현금처럼 쓸 수 있다면 자연스레 그 항공사를 다시 찾게 된다. 그런데 항공사와는 달리 식당은 경쟁이 매우 치열하다. 인구 83명 당 한 개 꼴로 주변에 식당이 있는 오늘날, 사람들이 어느 한 식당만 이용한다는 것은 불가능한 일이다. 때문에 고객에게 최우선적으로 선택되는 곳이 되도록 노력해야 한다. 이 말은 더 이상 고객에게 로열티를 기대하기 어렵다는 뜻이기도 하다. 많은 선택지가 있어 이전의 충성도는 선호도로 대체되었다.

만족satisfactory이란 고객의 바람이나 필요 또는 요구사항이 충족됨을 의미한다. 탁월excellence이란 고객의 기대 이상을 실현하는 것을 말한다. 이제는 단지 괜찮다, 좋다는 것만으로는 충분하지 않다. 고객은 때에 따라 기분에 따라 만나는 사람에 따라 다른 선택을 하며 선택지 또한 넘쳐나기 때문에 우리는 계속적으로 고객 만족을 넘어 탁월함을 창출해야 하는 것이다. 그래야만 고객에게 최우선으로 혹은 빈번하게 선택받을 수 있다.

그렇다면 고객에게 탁월한 경험을 제공하려면 어떻게 해야 할까? 직원의 행동, 태도 등 서비스 전달 과정과 관련된 품질인 상호 작용 품질을 예로 들어 보자. 고객에게 자신이 진심으로 환대 받고 있다는 느낌, 특별한 사람으로서 대우 받고 있다는 느낌이 들도록 해야 한다. 이를 위해서는 고객의 이름을 기억하고, 고객 한 분 한 분의 기호를 반영한 서비스를 제공해야 한다.

〈백종원의 골목식당〉을 보면 공릉동 찌개백반집, '경복식당'이 나온다. 따뜻한 밥, 넉넉한 정이 오가는 정겨운 분위기의 이곳은 전희자 사장님과 딸 이미란 씨가 함께 운영 중이다. 이곳 고객들은 대부분 백반정식을 주문하는데, 이 정식은 단돈 8,000원에 고봉밥과 국을 제외하고도 여덟 가지 반찬이 제공된다. 심지어 반찬이 매일 달라진다. 메뉴에 해당하는 결과 품질 그 자체만으로도 기대 이상을 실현하는 곳인데 이보다 더 놀라운 접객 비밀이 숨어 있었다.

먼저 고객 테이블마다 제공되는 반찬 수가 달랐다. 사장님이 배추김치를 안 먹는 사람, 돼지고기에 알레르기가 있는 사람, 면 종류를 좋아하는 사람, 카레 안 먹는 사람 등 고객의 선호 반찬을 정확하게 파악해서 좋아하는 것 위주로 제공하기 때문이었다.

이런 서비스가 가능한 비결은 바로 고객 관찰에 있다. 마치 아이가 뭘 잘 먹는지 엄마가 정성껏 살피듯, 사장님이 식사하는 고객을 관찰하며 이 손님이 뭘 좋아하는지 파악하고 다음에 또 챙겨주려 기억하는 것이 비결이었다. 게다가 고객 한 분 한 분을 기억하고자 그들만의 암호로 고객 호칭을 정하고 고객의 특징과 취향을 장부에 꼼꼼히 기록한 뒤 완벽하게 암기하는 놀라운 모습을 보여준다. 그래서일까 이 곳을 찾는 사람의 십중팔구는 단골 고객이라고 한다.

추가적인 제안을 하자면 사람의 이름을 기억하고 불러주는 것만큼 감동적인 것은 없기에 고객의 이름까지 확인하여 불러준다면 더 좋겠지만 사실 이 자체만으로도 무척 훌륭하다. 나를 알아주고 취향까지 기억해 주는 식당, 당신이 고객이라면 이 식당을 사랑하지 않겠는가? 단골 고객을 넘어 충성고객이 되는 것은 시간문제다.

이게 바로 우리가 고객의 이름, 취향까지 기억해야 하는 이유이다.

음식의 맛, 결과 품질을 높이는 법

\

음식의 단계

음식점에서 가장 중요한 경쟁력은 무엇일까? 훌륭한 음식의 맛이라고 할 수 있다. 음식점에 있어 맛은 가장 기본이자 충족되어야 할 최고의 가치이지만 이제는 음식의 맛만으로는 승부가 어려운 시대가 되었다. 시간적, 경제적으로 여유가 생기고 메뉴의 선택지가 많아지면서 음식에 대한 고객의 욕구 주소지가 점점 상향 이동하고 있기 때문이다. '음식의 단계'를 통해 살펴보면 다음과 같다.

1. 식욕의 단계(생존성)

원초적 본능의 하나인 식욕은 인간의 생존을 위한 가장 절대적인 욕구이다. 원시시대, 전쟁, 보릿고개 등 어려운 시절에 음식이란 살기 위해 배를 채우는 수단이었다.

2. 미각의 단계(다양성)

인간에게 시간적, 경제적 여유가 생기면서 다양한 음식들을 찾기 시작했다. 다른 지역, 외국 등의 원거리 음식들을 접하게 되며 입맛이 다양해진 것이다. 다양한 입맛은 더 다양한 음식을 창조하는 계기가 되었다. 치킨을 보라. 어린 시절 아버지가 월급날 사오시던 통닭 한 마리가 수십 가지의 치킨들로 다양화되지 않았는가? 이처럼 경제적 성장은 인간의 욕구 주소지를 배에서 입으로 한 단계 이동시켰다.

3. 시각의 단계(예술성)

마이클 잭슨의 '문워크'가 듣는 음악에서 보는 음악으로 음악 세계를 한 단계 더 혁신한 것처럼 요즘은 음식이 입에서 눈으로 빠르게 이동하고 있다. 요즘 세대들은 SNS 등을 통해 음식을 기록하며 내가 먹는 음식이 곧 나라고 소통하고 있다. 그 한 장을 찍어 올리기 위해 더 멋지고 더 있어 보이는 것을 찾아 헤맨다. 이제 음식은 맛만을 위해 존재하는 것이 아니라 예술적 경지까지 요구하는 시대이고 SNS라는 환경으로 인해 음식이 화려한 옷을 입기 시작했다. 음식이 맛에서 멋으로 이동하고 있는 것이다.

4. 정신의 단계(상징성)

사람은 기억하고 추억하는 동물이다. 뱃속에서 나는 꼬르륵 소리, 혀 속의 달콤함, 코로 맡은 구수한 냄새, 눈으로 보이는 먹음직한 음식 등 이 모든 기억들은 사실 뇌에서 지배하고 조정한다. 즉 우리는 뇌에 의해서 음식을 이해하고 발전시키고 있는 것이다. 더불어 음식에 대한 색다르거나 좋은 경험은 우리에게 잊지 못할 기억을 남긴다.

이 모든 가치가 병존하면서 더 높은 가치로 의미가 변화되고 있다. 이제 음식은 배(허기)·혀(맛)·눈(멋)·뇌(기억)로 주소지를 옮겨 가며 인간과 함께하고 있는 변화무쌍한 존재가 되었다. 맛있고 멋있는 음식을 넘어 고객이 그 음식을 경험하고 느끼는 것에 집중해야 할 때라는 것을 시사한다.

계란찜은 있는데 계란은 없는 식당?

작년 봄 대전에 있는 횟집에 갔다. 곁들임 찬으로 계란찜이 나오는 집이었다. 일행 중 한 명이 돈을 따로 지불할테니 계란 프라이 두세 개만 해서 가져다줄 수 있냐고 직원에게 물었다. 그러자 직원이 펄쩍 뛰며 계란이 없어서 계란 프라이를 해줄 수가 없다고 했다. 아니 계란찜은 있는데 계란이 없다니? 직원이 귀찮아서 거짓말하는 줄 알았지만 그것은 사실이었다.

그 집은 실제 계란이 아닌 계란물을 공급받아 장사하는 곳이었다. 계란 껍데기가 깨져 판매가 어렵거나 신선도가 떨어지는 계란을 이용해 만든 계란물을 매우 싸게 공급받는 것이다. 물론 사장 입장에선 가격 싸고 편하니 좋을 수도 있겠지만, 고객 입장에서는 과연 어떤 경로로 공급받는 계란물일지 생각하니 소름이 돋았다. 그리고 계란물이 아닌 계란을 사용하는 식당은 이를 알리면 오히려 경쟁력이 될 수 있겠다는 생각이 들었다. 그 뒤로 나는 계란 그 자체로 조리하는 식당에 관심이 생겼고 그러한 곳을 찾아다니기 시작했다. 그러다 토스트 전문점 토스트럭을 발견하게 되었다.

주변에 알려진 몇몇 개의 토스트 프랜차이즈가 있다. 관찰 결과 다른 집들은 계란물을 사용해 지단을 만든다. 그런데 토스트럭은 지단을 만들어도 남다르게 한다는 걸 알게 되었다. 모형 틀에 계란을 깨서 지단을 만들었고, 계란 프라이 추가라는 사이드 메뉴 또한 있었다.

"계란물보다 계란 가격이 더 비싼데, 그럼에도 불구하고 계란을 사용하는 이유가 무엇입니까?" 내가 토스트럭의 배은 대표에게 물었다. 그러자 그가 말했다.

토스트럭은 계란을 사용해서 지단을 만든다.

"일단 신선도가 떨어집니다. 그리고 향과 식감이 다릅니다. 완전히 달라요. 그리고 폐기가 없습니다. 마지막으로 점주가 이익을 더 남기고자 계란물에 물을 타는 행위를 미연에 방지할 수 있습니다."

이것이 계란물보다 계란 가격이 30~40% 비싸더라도 그들이 계란 사용을 고집하는 이유다. 이는 고객에 대한 일종의 서비스 보증이기도 하다. 대한민국 식당은 계란물을 쓰는 곳과 계란을 쓰는 곳으로 구분된다. 당신이 고객이라면 어떤 곳을 찾겠는가?

프랜차이즈 가맹점에서 한결 같은 맛을 유지하려면?

〈백종원의 골목식당〉에 나온 이대 백반집은 방송 당시 백종원 씨와 요리 대결을 펼치며 화제를 모았고 제육볶음과 순두부찌개, 카레 순두부 등의 메뉴에 대해 솔루션을 받은 매장이다. 그런데 일 년 반 뒤에 방송된 긴급 점검 편을 보니 음식 맛이 완전히 변해있었다. 식당은 맛이 있는 것도 중요하지만 맛이 한결같은 것도 중요하다. 이를 위해서는 레시피를 철저히 준수해야 하며 일관된 재료 사용과 정량 계량이 뒷받침되어야 한다. 그래야만 맛 품질이 유지된다. 그런데 제아무리 백종원 씨에게 교육받고 확실한 솔루션을 받았더라도 사람이 하는 일이다 보니 현장에서는 늘 차이가 발생한다. 그래서 지속적인 품질 점검과 교육이 필요하다. 방송에서 이대 백반집이 보인 모습은 뻔뻔함 그 자체였다. 임의로 신메뉴를 개발한 뒤 고객에게 백종원 씨에게 받은 레시피라며 거짓말을 했다. 자신의 주관대로 맛을 변질시키고는 백대표의 것보다 자신의 조리법이 더 맛있다고 말했다. 나는 방송을 보며 이런 생각이 들었다. 식당에 메뉴 솔루션에 앞서 음식을 다루기 위한 마음가짐을 먼저 가르쳤다면 어떨까 하고. 이와 관련된 나의 에피소드가 하나 있다.

모 외식기업의 교육팀장으로 근무할 때였다. 언제부턴가 '가맹점마다 맛이 다르다.', '맛이 없다.', '양이 적다.'와 같은 맛 관련 클레임이 증가하기 시작했다. 처음에는 대수롭지 않게 받아들였다. '전국에 가맹점이 1,500개나 있는데 그럴 수도 있지.'라고 생각했다. 하지만 좀처럼 맛 클레임은 줄지 않았다. '음식점의 기본이 맛인데 맛조차 제대로 관리하지 못한다면 나는 이곳에 필요 없는 사람이 겠구나!' 갑자기 마음이 급해졌다.

[왜(Why)]

원인이 무엇일까를 고민하던 중 나는 대다수의 가맹점 사장님이 매장에 상주하지 않고 직원들에게 조리를 전적으로 맡겨서 이런 일이 발생한다는 사실을 알게 되었다. '가맹점 사장님을 교육해야 할까? 사장님은 어차피 매장에 안 계신데 직원들을 교육해야 할까? 그러다 혹시라도 우리의 지적 자산이 외부로 유출되면 어쩌지?' 오만 가지 생각이 들었다. 그러던 중 나는 과감히 결정했다. '지적 자산 유출 두려워하다 소 잃고 외양간 고치겠다. 차라리 주방 실장들을 대상으로 조리 실장 인증제를 도입하자!'

[어떻게(HOW TO)]

나는 조리 실장을 대상으로 한 조리 아카데미 기획안을 작성했다. 이후 가맹점을 찾아다니며 현장의 요구와 욕구를 파악하기 시작했다. 내가 외식 현장에서 5년, 프랜차이즈 본사에서 10년 이상 근무하며 깨달은 지론이 있다. 아무리 좋은 교육이라도 그들의 수준에 맞지 않거나 필요로 하지 않는다면 무용지물이다. 현장에서

잔뼈 굵은 사장님들을 상대하려면 그들을 살피고 현장에서 답을 찾아야만 한다. 그래서 난 여러 가맹점을 찾아다니며 다음과 같은 질문을 했다. '이러이러한 취지로 당신의 조리 실장을 본사에서 교육하려고 한다. 조리 실장 인증제를 도입하려 하는데 필요성을 느끼는지, 교육비를 지불하며 본사로 조리 실장을 교육 보낼 의사가 있는지, 기타 추가적인 의견이 있는지' 등을 여쭤봤다. 그러던 어느 날 해당 브랜드 매장을 8년째 운영 중인 모 사장님께 소름 돋는 이야기를 듣게 되었다. "본사에서 조리 실장을 교육해주신다니 너무나 감사한 마음입니다. 하지만 그에 앞서 더 중요한 것이 있는데요."라고 말씀하신 뒤 잠시 후 어디선가 낡은 수첩을 꺼내오셨다.

수첩에는 8년 전 ○○○ 소장님(브랜드 창업주)께 배운 내용이 적혀 있었는데, 해이해질 때마다 이 수첩을 펼쳐보며 마음을 다잡고 있다고 사장님이 말씀하셨다. 본사에서 처음 교육받을 때 소장님께서 이런 말씀을 하셨다고 한다.

"우리 음식은 아픈 환자들이 먹고 어린 아기들이 먹는 음식입니다. 그만큼 더 주의해야 하고 좋은 재료로 온 정성을 다해 조리해야 합니다. 한 그릇의 죽에는 고객에 대한 정성과 사랑 그리고 건강이 담겨 있습니다. 사장님 양 줄이지 마세요. 간 잘 맞추세요. 한 그릇 한 그릇 온 마음과 정성을 다해야 합니다."

이는 최초 교육 시 실시하는 가맹점주에 대한 정신교육(가치관 교육) 내용이었다. 이어서 가맹점 사장님께서 말씀하셨다.

"직원들을 교육한다면 레시피에 앞서 이 음식을 먹는 사람이 누구인지 어떤 마음으로 조리해야 하는지에 대한 정신교육을 확실히 시켜주시면 좋겠고 직원에 앞서 가맹점 사장들을 먼저 교육했으면 합니다."

이유인즉 직원들은 월급 주는 사람의 말을 듣는다는 것이었다. 직원이 본사에서 배운 대로 조리하려는데 월급 주는 사장이 "아니 실장님, 남은 재료 다시 사용하세요. 재료 양 반으로 줄이세요. 가뜩이나 남는 것도 없는데…."라고 면박을 준다면 어떻게 될까? 이야기를 듣고 나 자신이 너무나 부끄러웠다. 추진 중이던 조리 아카데미 프로젝트를 과감히 중단했다. 가맹점의 맛을 표준화시키기 위해 무엇을 먼저 해야 하는지를 깨달았기 때문이다.

1. 직원에 앞서 사장 먼저 교육하라. 결국 직원은 월급 주는 사장 말을 듣는다.
2. 레시피 교육에 앞서 음식을 다루기 위한 마음가짐부터 교육하라.
3. 대표의 경영철학(가치관)을 가맹점과 지속적으로 공유하라. 그렇지 않으면 전국 가맹점의 맛 표준화는 불가능하다.

이것이 내가 현장에서 깨달은 교훈이었다. 그 길로 나는 가맹점 사장님을 대상으로 가치관 교육을 먼저 실시했다는 후문이다.

한결같은 맛을 유지하고 싶다면 이것만은 꼭 기억하자.

1. 조리교육에 앞서 음식을 다루기 위한 마음가짐부터
2. 철저한 레시피 준수(레시피, 재료, 양의 일관성 유지)
3. 지속적인 점검과 교육이 필요

뜨거운 음식은 뜨겁게 차가운 음식은 차갑게 제공하라

TGIF 키친 매니저 시절, 메뉴 품질 관련하여 내가 가장 강조했던 두 가지가 있었다. 하나는 '뜨거운 것은 뜨겁게, 차가운 것은 차갑게 제공하라.'이고, 다른 하나는 '윈도우에 음식을 방치해 죽이지 말라.'이다.

메뉴를 만든 후 고객에게 제공되기까지 이러한 과정을 거친다.

1. 주방에서 음식이 완성되면 윈도우Window에 올린다.
2. 엑스포Expo, 음식을 최종 점검하는 직원가 가니쉬Garnish, 음식을 돋보이게 하고자 장식을 올리는 것를 한 뒤 티켓을 뺀다.
3. 러너가 고객에게 음식을 신속하게 제공한다.

윈도우란 주방과 홀의 경계이자 고객에게 음식이 제공되기 직전에 최종 점검을 하는 곳이다. 음식의 온도 유지가 생명이기에 차가

빕스는 컵 칠링 전용 냉장고를 사용 중이다.

운 음식은 차가운 곳에 뜨거운 음식은 열선이 놓인 곳에 올려 둔
다. 또한 음식을 윈도우에 방치하게 되면 음식 표면이 마르거나 품
질이 떨어지기 때문에 신속하게 티켓을 빼는 것이 중요하다. 참고
로 차가운 음식을 차갑게 제공하기 위해서는 접시나 컵, 포크 등을
시원하게 칠링Chlling 시켜 놓으면 고객이 느끼는 맛은 배가 된다.

평소 자주 가는 베이커리 카페가 있다. 빵도 좋지만 커피까지 잘
해서 나는 그 집에 가면 늘 카페라테를 마시곤 했다. 그런데 그제
는 뭔가 달랐다. 라테아트가 평소보다 어설펐다. 그러려니 하고 넘
겼는데 커피 온도까지 유독 차갑게 느껴지는 게 아닌가? 나만 그

런가 싶어 커피 프랜차이즈 근무 경력이 있는 외식인 동료에게 마셔보라고 했다. 그랬더니 나와 똑같은 평을 했다. 이에 용기를 얻어 당당하게 커피를 들고 1층으로 내려갔다. 보통 고객에게 이 같은 상황이 발생하면 "불편 드려서 죄송합니다."라고 직원이 한 마디 해주면 좋은데 "저희는 원래 카페라테를 뜨겁게 만들지 않습니다. 단백질이 파괴되기 때문입니다."라는 대답이 돌아왔다. 그래서 나는 이렇게 말했다. "저는 여기 오면 늘 카페라테를 마시는 사람인데 오늘따라 유독 차갑게 느껴져서 내려왔습니다." 그랬더니 직원은 금방 태도를 바꿔 다시 만들어 주겠다고 했다.

새로 만든 카페라테가 나왔고, 커피를 한 입 마신 순간 나도 모르게 입에서 이런 말이 튀어 나왔다. "그래 바로 이 맛이야! 아까와는 완전히 다르잖아." 커피의 온도는 전과 동일했다. 다른 게 하나 있다면 커피 잔이 데워져 있느냐 그렇지 않으냐의 차이였을 뿐. 이처럼 작고 사소한 것이 전체를 결정짓기 때문에 외식업을 디테일 비즈니스라고도 한다. 음식에 온도와 같은 세심한 배려가 더해졌을 때 최상의 맛을 낼 수 있다는 사실을 명심하고 실천해보자.

보이는 모든 것,
물리적 환경 품질을 높이는 법

\

젓가락의 무게 중심까지 고려하라

"신은 디테일에 있다God is in the details."라는 말은 독일의 유명 건축가인 미스 반 데어 로에Mies van der Rohe가 성공 비결에 관한 질문을 받을 때마다 내놓던 대답이다. 아무리 거대한 건축물이라도 사소한 부분에서 완성된 품격을 지니지 않으면 결코 명작이 될 수 없다는 뜻이다. 디테일의 사전적 의미를 살펴보면 1. (작고 덜 중요한) 세부 사항, 2. (전반적인) 세부 사항들이라고 기록되어 있다. 하지만 이로써 디테일의 의미를 전부 설명하기에는 역부족이다. 나의 언어로 표현하자면 '디테일이란 고객을 배려하고자 작고 사소한 것까지 세심하게 신경쓰는 것'을 말한다. 디테일은 비단 건축업에서만 해당되는 이야기가 아니다. 많은 외식업 대표 또한 이러한 디테일의 중요성을 알고 자신의 매장에 적용하는 사례가 많은데 하나는 알고 둘은 모르는 경우가 태반이다. 몇 년 전 베트남에서 겪은 경험을 예시로 들고자 한다.

베트남 하면 떠오르는 메뉴가 무엇일까? 바로 쌀국수다. 내가 아는 쌀국수는 하나같이 면기에 담겨 있었다. 국수 위에 뜨거운 육수를 붓고 토핑을 올려 제공하는 형태가 일반적인데 내가 방문했던 쌀국수 매장은 그렇지 않았다. 그릇부터 다른 가게와는 달랐다. 스톤 소재 뚝배기에 펄펄 끓는 국물이 담겨있고, 고기, 야채 등이 마치 샤브샤브와 같이 사이드로 제공되었다. 똑같은 메뉴라도 담는 용기, 제공 방법이 다르니 새로운 메뉴로 느껴졌고 일반 쌀국수에 비해 세 배 이상이나 비싼 가격을 받아도 그 가치가 충분히 느껴지는 곳이었다. 그뿐만이 아니었다. 베트남 로컬 식당은 대체로 위생에 있어 취약한 편이지만 이곳은 아니었다.

자신들의 쌀국수가 고객에게 비싼 가격으로 인지되지 않도록 재료의 특장점, 만들어지는 과정, 수상 경력 등을 매장에 써 붙여 놓은 것도 모자라 메뉴 만드는 장면을 고객이 직접 볼 수 있게 했다. 일종의 쇼 비즈니스show business인 셈이다. 숟가락, 젓가락 케이스에 뚜껑이 있어 위생적으로 느껴졌고, 더위를 잘 타는 관광객을 위해 2층에 에어컨 시설을 설치해 놓는 등 고객의 입장에서 꽤나 많이 고민한 흔적, 디테일이 느껴졌다. 그런데 한 가지 아쉬운 점이 발견되었다.

나는 쌀국수를 먹을 때 사용했던 젓가락을 테이블 위에 올려놓지 않는다. 수저 받침대가 있지 않은 이상 위생적이지 않기 때문이다. 보통 젓가락을 그릇 위에 올려놓거나 걸쳐놓는데 시간이 지날수록 불편함이 느껴졌다. 틈만 나면 젓가락이 그릇 밖으로 떨어졌기 때문이다. 한 번에 이어 두 번이나 떨어지니 급기야 쌀국수를 먹는데 집중해야 할 나의 온 신경이 젓가락에 쏠리기 시작했다. 그런데 결국 사건이 터졌다. 젓가락이 세 번째 떨어지면서 그릇 안에 있던 국수와 국물 일부가 테이블 밖으로 튀는 사고가 발생한 것이다. 하마터면 옆 사람에게까지 튀는 등의 민망한 상황이 연출될 뻔했다. 그 순간 이곳에서 느낀 좋았던 경험이 짜증으로 바뀌었다.

왜 이런 결과가 나타났을까? 쌀국수집이 눈에 보이는 디테일만을 추구했기 때문이다. 우리 매장이 더욱 차별점을 갖기 위해서는 고객의 눈에 보이는 영역을 넘어 눈에 보이지 않는 영역까지도 디테일을 추구해야 한다. 젓가락의 소재, 디자인도 물론 중요하지만 젓가락의 길이, 무게중심까지도 고려할 수 있는 관찰력과 통찰력이 필요한 것이다. 이를 위해서는 자신의 경험과 시각에만 의존하지 말고 직접 고객이 되어 고객의 불편함을 찾아내고 개선할 수 있도록 끊임없이 관찰하고 연구해야 한다. 아주 작고 사소한 부분까지 말이다. 이런 게 바로 진정한 디테일이다.

쌀국수집 젓가락을 실제 촬영했다.
젓가락 손잡이에 무게 중심이
실려 있는 것을 볼 수 있다.

잊지 말자.

"오늘의 디테일은 더한 내일의 디테일을 만든다."

프로와 아마추어는 신발에서 갈린다

외식 기업을 컨설팅하며 공통적으로 느끼는 몇 가지 아쉬움이 있다. 그 중 하나가 바로 유니폼 스탠다드 uniform standard에 관한 것이다. 유니폼 스탠다드란 직원들의 용모와 복장에 대한 기준을 말하며 서비스의 기본이라고 할 수 있을 정도로 매우 중요하다. 서비스업에 종사하는 사람인데 머리를 풀어헤치거나 손톱이 길고 때가 끼어 있거나 옷은 꾸깃하고 지저분한 신발을 신고 있는 사람들을 만날 때면 이런 생각이 든다. '자신의 몸가짐조차 제대로 관리 못하는데 매장 관리는 오죽 할까?' 이처럼 당연한 것을 철저하게 지키는 것이 서비스의 기본이자 고객에게 신뢰를 얻는 길이라 할 수 있다.

호텔 웨이터의 복장을 방불케 하는 쌀국수집의
유니폼이다. 복장에서부터 전문성이 묻어난다.

복장을 갖추는 것이 서비스의 기본이기 때문에 많은 외식기업에서 유니폼 디자인에 매우 신경 쓴다. 그런데 유독 신발을 놓치는 경향이 있다. 사람마다 워낙 신발 사이즈도 다르고 개별 지급하는 데 비용 부담이 있어 직원에게 자율권을 주기 때문이다(최근에는 위생·안전상의 이유로 주방 안전화는 개별 지급하는 추세이다).

그래서일까? 음식점에 가면 이런 느낌이 들 때가 있다. 매장 분위기가 고급스럽고 직원이 유니폼도 착용했는데 매장과 직원이 어울리지 않는 느낌. 이때 자세히 보면 직원들이 십중팔구 유니폼과 어울리지 않는 색깔의 신발이나 슬리퍼를 신고 있다. 물론 다 나름의 이유가 있다.

'직원에게 신발을 따로 사줄 수 없으니 컬러나 디자인까지 터치하기 어려워요.', '우리는 룸이 있기 때문에 직원들이 서빙 시 슬리퍼를 신어야만 수시로 신고 벗는 게 편합니다.' 그럼에도 불구하고 유니폼과 신발 디자인 조화, 업무 시 안전까지 생각해야 하므로 신발 색이나 종류를 통일하는 등의 기준을 정하는 게 좋다. 예를 들자면 홀은 앞이 막힌 검정색 단화를 착용하고, 주방의 경우 안전화를 착용하는 것이다.

좌식 형태의 매장에서 고객들은 맨발인 반면 직원들은 슬리퍼를 신고 있는 경우가 있다. 하루 종일 홀을 누비며 일하는 직원들의 발바닥이 아픈 건 이해되지만 그래도 고객의 입장에서는 썩 유쾌하지만은 않다. 이에 대한 해결 방법이 있다. 요즘 고객이 줄 서는 대박집에 가면 직원들이 슬리퍼가 아닌 기능성 홀서빙 쿠션실내화를 착용하고 있으니 참고하길 바란다.

직원의 업무 환경도 개선하고 직원만 착용해도
고객에게 실례가 되지 않는 좋은 케이스이다.

위생 측면에서도 출근화와 근무화는 반드시 구분해서 신는 게 필요하다. 직원들이 빳빳하게 다려진 유니폼을 입었더라도 신발이 때묻고 지저분하다면 고객에게 결코 좋은 인상을 주기 어렵기 때문이다. 직원의 입장에서도 가게에서 출근화를 신고 근무한다면 비싼 신발일 경우 빨리 망가질 수 있고 교차오염 또한 피할 수 없으니, 직원들이 출근화와 근무화를 구분해서 착용토록 권장하는 게 좋다.

결국 디테일, 작은 차이가 서비스의 격을 만든다.
프로와 아마추어가 이러한 한 끗 차이로 갈린다는 사실을 명심하고, 서비스 프로답게 머리에서부터 발끝까지 유니폼 스탠다드를 철저히 준수하기를 바란다.

테이블을 깨끗이 닦은 후에 고객을 맞이하라

얼마 전 식당에 갔다가 한 고객이 열심히 테이블을 닦는 장면을 목격한 적이 있다. 직원도 아니고 고객인데 왜 테이블을 닦을까 생각할 수도 있겠지만 이유는 간단했다. 테이블이 더러웠기 때문이다. 당시 매장은 바쁜 상황이었다. 빈 자리가 나는 족족 테이블 세팅해서 고객을 맞이해야 하니 직원들이 정신없었을 것이다.

이처럼 매장이 바빠지면 직원들은 기본적인 것들을 놓치게 된다. 예를 들면 테이블 닦는 행주는 위생·청결상의 이유로 시간대 별로 교체해야 하는데(예: 두 시간에 한 번씩 교체) 바쁘다 보니 교체 타이밍을 놓치게 된다. 그렇게 냄새 나고 물기가 흥건한 행주로 테이블을 닦으면 물기가 남아 고객이 이런 행동을 하게 되는 것이다.

테이블은 고객의 점유 공간이다. 그런데 테이블을 제대로 닦지 않은 상태에서 고객을 맞이하게 되면 고객은 매장에 대한 첫인상이 좋지 않을 것이다. 더러운 테이블을 보고 매장 전체의 청결도를 의심하게 되고 이는 좋지 않은 경험으로 연결된다. 음식점에서 위생·청결 관리는 기본 중에 기본이다. 또한 사람의 신체 중 가장 예민한 촉각 부위가 입술과 손이기 때문에 음식점에서는 고객의 입술과 손에 닿는 것(테이블, 숟가락, 젓가락, 컵, 식기 등)들을 더욱 세심하게 관리해야 한다. 사장의 입장에서는 어떨까? 고객이 좋지 않은 경험을 하게 되면 재방문 하지 않을 확률이 높아지고 이로 인해 마케팅 비용을 지출해야 하는 등의 비용 증가로 연결된다. 게다가 고객이 더러운 테이블을 닦기 위해 냅킨을 많이 사용하는 것 또한 비용의 증가 아니겠는가? 고객과 사장 관점 모두에서 마이너스가 된다. 이게 바로 우리가 테이블을 깨끗이 닦은 후에 고객을 맞이해야 하는 이유이다.

그렇다면 테이블은 어떻게 닦아야 할까? 테이블 닦는 것도 요령이 있다. 준비물로는 젖은 행주, 마른 행주, 위생 용액이 필요하다. 행주는 서로 다른 색으로 구분(젖은 행주는 파란색, 마른 행주는 노란색 등)하여 사용 하는 게 관리 측면에서 용이하다.

테이블 세팅 방법

1. (테이블 위 빈 그릇과 휴지 등을 제거한 뒤)테이블 위에 위생용액을 전체적으로 3회 도포한다.
2. 젖은 행주로 테이블 위를 깨끗하게 닦아준다.
   (얼룩, 이물질은 바닥으로 떨어지지 않도록 한 곳으로 모은 뒤 제거한다)
3. 젖은 행주로 테이블 측면을 닦는다.
4. 마른 행주로 테이블 윗면과 측면을 닦아 물기를 완전히 제거한다.
5. 바닥, 의자에 떨어진 이물질을 제거한다.
   (의자, 바닥에 이물질이 없는지 확인, 제거 시에는 별도의 청소 도구 사용 할 것)
6. 테이블 줄을 맞춘 뒤 의자를 정돈한다.
7. 인원수에 맞게 테이블을 세팅한다.

남다른감자탕에서는 스팀청소기를 이용하여
추가적인 테이블 세척 과정을 거친다.

    고품질의 서비스를 제공하는 곳에서는 직원들이 휴식하고 영업을 재정비하는 브레이크 타임에 스팀 청소기를 이용하여 추가적인 테이블 세척 과정을 거친다.

    잊지 말자. 테이블이 청결하지 않으면 고객도 손해 사장도 손해다. 테이블을 깨끗하게 닦은 뒤 고객을 맞이할 수 있도록 꼭 실천하길 바란다.

실수를
고객 감동의 경험으로
탈바꿈하라

고객 불만의 유형과 원인

＼

중국 춘추전국시대, 송나라 어느 주막에 술을 만들어 파는 장 씨라는 사람이 있었다. 그는 되를 속이지 않았고 친절했으며 술 빚는 실력 또한 훌륭했다. 게다가 멀리서도 주막이란 것을 한눈에 알 수 있게 깃발까지 높이 세워 가시성을 확보했다. 그럼에도 불구하고 술은 팔리지 않았고 늘 쉬어서 버리기를 반복했다. 하지만 그는 포기하지 않았다.

"그래 내가 술을 더 맛있게 빚으면 분명 고객이 알아줄 거야!"라며 더욱 정성스럽게 술을 빚었지만 결과는 달라지지 않았다. 그는 너무 답답한 나머지 마을에서 지혜롭기로 유명한 어르신 양천을 찾아가 그 까닭을 물었다. 그가 알려준 원인은 바로 자신이 기르던 개였다. 사나운 개가 주막 앞을 지키고 있으니 술을 사러 간 고객들이 개가 무서워 도저히 안으로 들어갈 수 없었던 것이었다. 이는 한비자《외저설우》에 나오는 구맹주산狗猛酒酸에 얽힌 이야기이다.

이와 관련한 에피소드가 있다. 얼마 전 지인에게 오랜 전통이 있는 유명 맛집을 추천한 적이 있다. 업계에 오래 있다 보니 늘 주변에 검증된 곳을 추천하고 있는데 의외로 그곳을 다녀온 지인의 평이 좋지 않았다. 이유를 묻자 그가 말했다.

"음식은 둘째 치고 처음부터 기분이 너무 상해서 음식 맛까지 별로였어요. 음식점에 도착해 주차하려는데 나이 지긋한 주차 직원이 지금 주차 공간이 만석이니 유료 주차장에 차를 세우라고 명령조로 말하는 거예요. 건너편에 공영주차장이 있는데 거기가 만차인지 아닌지는 잘 모르겠다. 거기서 발생하는 주차비는 우리가 낼 수 없다며 어찌나 격양된 목소리로 말하는지 기분이 확 상해서 음식 맛까지 별로더라고요. 그 집 다시는 안 갈 거예요."

그리고 며칠 뒤 나에게도 그런 일이 닥쳤다. 주차장이 있는 대형 음식점을 방문하게 됐는데 워낙 대박집이다보니 주차장이 만차인 상황이었다. 잠시 후 주차 직원이 내게 다가왔다. 마치 화가 난 듯 주차 안내봉을 사방으로 휘두르더니 지금 주차장이 만차라고 말했다. '저 사람 화났나? 내가 뭐 잘못한 게 있나'라는 생각이 들었다.

기분이 매우 상했다. 그런데 나뿐만이 아니었다. 내 앞에 있는 고객도 "어머 뭐 저런 식으로 말하니? 기분 나빠서 안 되겠다. 다른 데 가자!"라며 핸들을 돌리는 것이 아닌가?

불친절한 주차 직원으로 인해 고객의 첫인상에 '이 집은 불친절한 곳이다.'라는 사실이 각인되면 음식의 맛뿐만 아니라 총체적 경험에까지 부정적인 영향을 미친다. 그래서 다음번에 재방문하지 않거나 심지어 왔다가 그냥 돌아가는 경우도 생긴다. 위의 구맹주산과 같은 격이라 할 수 있다.

만일 우리 매장에 딱히 고객 불만이 있는 것도 아닌데 단골이 많지 않다면 겉으로 드러나지 않는 고객 불만 요인이 있는지를 검토해야 한다. 일반적으로 우리는 '어떻게 하면 고객을 더욱 만족시킬 수 있을까'를 신경써왔지 '어떤 것들이 고객을 불만족스럽게 만드는지'에 대해선 관심이 없었다. 어떤 부분에서 고객들이 불만을 느끼는지 찾아내기가 쉽지 않은 것 또한 현실이다. 따라서 고객들이 느끼는 불만 요인을 파악할 수 있는 장치를 마련해 고객을 잃지 않도록 해야 한다. 예를 들어 고객 불만을 접수할 수 있는 홈페이지나 고객의 소리, 영수증을 통한 설문 등을 운영해 고객들이 불만을 해소할 장치를 마련하는 것이다. 잊지 말자. 불만보다 더 무서운 게 불만이 없는 것이라는 사실을!

고객 불만의 유형

미국 펜실베니아대 와튼스쿨Wharton School이 캐나다 컨설팅 기업인 베르데그룹Verde Group과 공동 조사한 '2006 불만고객 연구보고서'에 따르면 불만족 고객 중 단 6%의 고객만이 기업에 직접 불만을 토로한다고 한다.

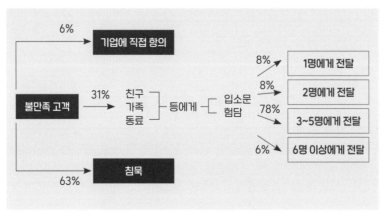

고객 불만의 확산경로, 단위(%) ⓒ2006 불만고객 연구보고서

불만을 직접 토로하지 않는 94%의 불만족 고객 중 63%는 침묵하고 31%는 친구나 가족 동료 등에게 부정적인 입소문을 널리 퍼뜨린다. 여기서 중요한 사실은 불만을 직접 토로하지 않은 불만족 고객의 재구매율이 9%인 반면 불만을 직접 토로한 불만족 고객의 경우 진지하게 응대한 경우 이들의 54%가 다시 해당 기업의 제품과 서비스를 이용한다는 점이다. 따라서 우리는 불만 고객을 적극

적으로 응대하여 충성 고객으로 만들 필요가 있다. 이외에도 침묵한 고객의 불만 사항을 어떻게 접수하여 해결할 수 있는지 불만족한 고객이 부정적인 입소문을 퍼뜨리는 것을 어떻게 예방할 수 있는지에 대한 방법 또한 고려해야 한다.

고객 불만의 원인

그렇다면 고객 불만의 원인은 무엇일까? 크게 세 가지로 구분할 수 있는데 첫째 기업의 문제, 둘째 직원의 문제, 셋째 고객의 문제에 해당한다.

1. 기업 문제: 서비스 프로세스 부재나 서비스 장애, 교환, 환불, A/S 이용의 불편 등 기업의 제품 또는 서비스 프로세스 관련
2. 직원 문제: 직원의 응대 태도, 청결하지 않은 용모·복장, 미숙한 업무 처리, 약속 불이행, 책임 회피 등 서비스 접점 직원의 제공 서비스 관련
3. 고객 문제: 고객의 기대가 너무 높거나 고객의 착각 또는 부주의 등으로 인한 불만 등 고객 자체가 문제인 경우

미국 품질 관리 학회American Society for Quality Control에 따르면 고객 이탈 사유 1위는 '고객 접점에서의 서비스'문제였다. 무려 68%에 해당한다. 고객 불만은 대개 제품 관련 문제로 시작되나 고객 불만을 해

결하는 과정에서 서비스 접점에 있는 직원의 잘못된 응대로 더 큰 문제가 발생한다. 따라서 기업과 고객뿐만 아니라 고객과의 접점에서 서비스를 담당하는 직원들 간의 긍정적 연쇄 반응을 유도할 수 있도록 고객의 불만 사항을 적극적으로 수집, 분석하여 서비스 개선의 기회로 삼는 장치인 고객 불만 관리consumer complaint management를 통해 선순환 구조를 만드는 것이 중요하다.

실수했을 때가
고객을 감동시킬 기회다

\

서비스 회복service recovery이란 서비스 실패로 인해 잃어버린 고객의 신뢰를 서비스 제공 이전의 상태 또는 그 이상의 감동적인 서비스로 전환하는 것을 말한다. 서비스 실패는 고객 불만족, 부정적 구전 전달 등에 영향을 미치므로 적절한 서비스 회복이 이루어지지 않을 경우 기존 고객뿐만 아니라 잠재 고객까지 잃을 수 있는 위험성을 가지고 있다. 또한 서비스 실패의 신속한 회복은 불만 고객을 충성 고객으로 전환할 수 있는 중요한 수단으로 작용하기에 매우 중요하다.

그런데 서비스 실패는 실수나 착오에 의한 것이 아닌 필연일 수도 있다. 서비스의 특성(무형성, 이질성, 비분리성, 소멸성)으로 완벽한 품질 관리가 어렵고 고객마다 차이가 있어 100% 고객의 취향을 만족시킨다는 것이 불가능하기 때문이다. 따라서 서비스 실패가 일어날 경우를 대비해 서비스 회복 프로세스를 잘 구축하는 것이 오히려 효과적일 수 있다. 몇 가지 사례를 통해 알아보자.

얼마 전 나는 점심 식사하러 식당에 갔다. 메뉴가 솥밥 정식이었는데 처음부터 불안한 마음이 들었다. 평소 옷에 뭔가를 잘 흘리는 편인데 그날따라 옅은 색상의 옷을 입었기 때문이었다. 설마 했는데 찌개가 나오자마자 국물이 옷에 튄 게 아닌가? 나는 더 큰 사고를 예방하고자 직원에게 앞치마 제공을 요청했다. 직원이 신속히 앞치마를 가져다주었고 나는 직원에게 하소연했다.

"벌써 옷에 찌개 국물이 튀었어요."

그러자 직원이 물티슈에 퐁퐁을 묻혀 갖다 주며 이렇게 말했다.

"고객님 많이 속상하시죠? 긴급처방으로 이걸로 살살 문지르면 얼룩이 지워질 거예요. 한 번 해보세요. 그리고 다음부터는 제가 앞치마 미리 챙겨 드릴게요."

센스 있는 직원 덕에 나는 옷에 묻은 얼룩을 쉽게 지울 수 있었다. 게다가 앞치마를 착용했으니 이제 옷에 국물 튈 일이 없었고 앞치마까지 청결하니 기분이 좋아졌다. 만일 직원이 센스 있게 대처하지 않았다면, 앞치마가 없거나 청결하지 않았다면 어땠을까? 결과적으로 나는 이 집의 단골이 되었다.

1. 흰색 또는 옅은 색 옷을 입은 고객에게는 처음부터 청결한 앞치마를 제공하는 것을 매뉴얼로 한다.
2. 옷에 음식물이 튄 고객에게는 물티슈에 퐁퐁을 묻혀서 제공하거나 의류용 얼룩 제거제를 제공한다.

만일 음식을 포장해 간 고객이 식중독에 걸렸다고 연락이 오면 어떻게 할까? 이런 경우에는 사과는 물론이고 고객의 건강 상태를 염려하고, 현재 상황을 정확히 파악하는 게 최우선이다.

"고객님, 저희 음식을 드시고 편찮으셨다는 말씀이시죠? 무엇보다 고객님의 건강이 가장 중요한데 피해를 끼쳐 진심으로 죄송합니다."

그다음으로는 고객에게 구매 정보를 확인한 뒤, 주방 위생을 점검하고 재발 방지를 위해 노력할 것을 전한다. "죄송합니다, 고객님. 먼저 원인 파악을 위해 구입하신 메뉴와 주문하신 시간을 여쭤보겠습니다. (포스기의 주문 내역을 확인하며) 구입했던 메뉴가 김밥이고요, 구입하셨던 시간 확인이 가능하십니까?"

"오늘 고객님 외에도 김밥을 주문하신 고객님이 열 분 이상 되시는 데, 아직 다른 분들에게 이상이 있다는 연락을 받지 못했습니다. 혹시나 저희 주방 위생이나 식자재 관리에 소홀함은 없었는지 반드시 점검하고 교육하겠습니다." 그다음은 고객에게 병원 진료를 먼저 받은 뒤, 다시 연락해줄 것을 요청한다. "고객님의 건강이 최우선이니 병원에 다녀오신 뒤에 저희에게 다시 한 번 연락을 주시겠습니까?" 만일 고객이 치료비를 문의하거나 요구하는 경우에는 다음과 같이 응대한다. "병원 진료에 관한 비용이라 말씀드리기 죄송합니다만, 부득이하게 절차를 안내해드립니다. 저희 매장의 음식으로 인한 발병을 확인할 수 있는 진단서와 치료비 영수증, 교통비 영수증을 첨부해주시면 이에 관한 모든 비용을 지급해드립니다. 진단서 및 관련 서류를 준비해야 하는 점에 대해 양해 부탁드리겠습니다. 치료 잘 받으시고 연락 주시면 감사하겠습니다."

음식을 먹은 직후가 아닌 며칠이 지나 식중독이 발생했다면, 원인을 정확하게 파악하기가 쉽지 않다. 그렇다 하더라도 매장에 미칠 영향을 생각해 무작정 책임을 회피해서는 안 된다. 매장을 찾아준 고객에 대한 감사와 도의적 책임을 느끼고, 일정 금액이라도 보상하는 편이 좋다. 이것이 고객에 대한 손님의 신뢰를 회복하는 길이다.

지금까지 서비스 회복에 대해 알아봤다. 서비스 실패는 서비스의 특성상 발생할 수밖에 없다고 했다. 따라서 서비스 실패가 발생했을 때 이를 회복하는 프로세스를 잘 구축하는 것이 현명한 방법이며 같은 문제가 자주 발생할 경우에는 이러한 문제를 미연에 방지할 방법을 매뉴얼로 만들 것을 권장한다. 흰색 또는 옅은 색 옷을 입은 고객에게 음식물이 튀는 것을 예방하고자 처음부터 청결한 앞치마를 제공하는 것처럼 말이다.

고객 불만 관리 포인트

1. 전화 등을 통해 고객의 불만이 접수되면 무조건 그들의 말을 경청한 뒤 정중히 사과해야 한다. 그 다음으로는 고객의 구매 정보를 확인하고, 이후의 조치 사항에 대해 자세히 안내해야 한다. 고객의 구매 정보를 확인해야 하는 이유는 여러 매장을 돌며 메뉴를 구매한 뒤 고의로 민원을 제기해 과도한 보상금을 요구하는 블랙컨슈머black consumer일 수도 있기 때문이다. 현장에서 이런 일이 많이 발생하는 것이 사실이다. 따라서 고객에게 구입한 메뉴와 구입 일자, 시간 등을 묻고, 실제 고객이 맞는지 확인하는 절차가 반드시 필요하다.

2. 식중독은 짧으면 여섯 시간 이내, 길면 하루에서 일주일 정도 잠복기를 거쳐 집단으로 발병한다. 모르면 당황할 수 있다. 따라서 클레임 고객 응대에 앞서 식중독, 장염, 알레르기 등의 원인과 증상을 숙지한다면 응대가 더욱 용이해진다.

3. 만일의 사태에 대비해 음식물 책임 배상 보험은 반드시 가입하는 게 좋다.

식중독

1. 원인
병원성 세균(식중독균)에 오염된 음식을 섭취한 후 발생하는 질환(식품위생법 제2조 14호 정의)

2. 증상
복통, 설사, 구토, 발열, 두통 등의 증상, 두드러기 증상 없다.

3. 특징
음식을 섭취한 뒤 바로 나타나는 증세가 아니라 짧으면 6시간 이내 길면 1~7일까지 잠복기를 거침. 2~3일이 지나면 몸 속의 독소 및 세균을 모두 배출해 내고 증세가 호전.

장염

1. 원인
음식이 아니더라도 물이나 손에 세균, 바이러스 등이 묻어 이를 섭취한 뒤 발생되거나 주변에서 전염되어 발생하는 질환.

2. 증상
두드러기 증상을 수반한다.

3. 특징
장내 환경이 좋아질 때까지 설사가 오래될 수 있다.

배달 플랫폼
불만 리뷰 관리법

호랑이는 죽어서 가죽을 남기고 고객은 배달 앱 주문 후 리뷰를 남긴다. 그리고 반드시 확인한다. 내가 남긴 리뷰에 사장님이 댓글 달았는지 안 달았는지 내용에 성의가 있는지 없는지 오타가 있지는 않은지 말이다. 따라서 고객이 남긴 모든 리뷰에는 성의 있게 댓글 달아야 하고 특히나 불만 리뷰의 경우 더욱 세심하게 댓글을 남겨야 한다.

배달 외식업 사장님들을 위한 강의를 준비하기 위해 불만 리뷰 관련 데이터를 확보하던 중 나는 아주 매력적인 족발집 사장님을 발견했다. 리뷰 답변 속 진정성과 센스가 느껴져 온 마음을 뺏겼는데 그 사례를 한 번 살펴보자.

첫 번째는 고객이 매운 족발을 시켰는데, 뼈만 남은 족발에 양념만 묻힌 것처럼 기분 나쁘고 찝찝하게 왔고 족발 아닌 퍽퍽살 고깃덩어리가 네모반듯하게 와서 불만을 표출한 사례다. 결국 매장에서 족발을 새로 만들어서 반 정도 다시 보내줬는데 고객은 이미 상한 기분에 입맛이 돌아오지 않아 다 버렸다는 내용이다. 고객이 "족발을 시켰으면 족발이 와야죠."라고 글을 남겼더니 사장님은 죄송하다며 자신의 욕심이 지나쳤음을 인정한다고 말했다. 자신들은 불족발의 양이 부족하면 덧살로 보쌈고기에서 나오는 고기를 넣어 드리고 있었다고 사실을 인정하며 다시는 덧살을 쓰지 않겠다는 다짐을 한다. 그리고 환불 또한 해드릴 것을 말씀 드렸다. 나는 이 리뷰를 읽고 사장님의 진정성을 느껴 마음이 찡할 정도였다.

두 번째는 배달 직원이 벨도 안 누르고 문 앞에 치킨을 두고 간 탓에 고객이 1시간 30분을 기다리다 문을 열었더니 문 앞에 치킨이 있매운족발 시킨 건지… 매운 돼지뻑살 볶음을 시킨 건지… 족발 뼈는 남이 먹고 뼈만 남은 거에 양념 묻힌 것처럼 진짜 기분 나쁘고 찝찝하게 왔고요 퍽퍽살 고깃덩이를 네모반듯하게 잘라서 보내주셨는데… 전 불족발을 시켰거든요… 34,000원이 너무 아깝네요.
사정 얘기하니 다시 보내주신다 하셔서 반 정도 다시 보내주시긴 했는데 이미 상한 기분 입맛은 변함이 없어 다 버렸습니다….
족발을 시켰으면 족발이 와야죠….

ㄴ **사장님**
고객님! 다시 가져다 드렸어도 상한 기분을 풀어드리지 못했네요. 정말 죄송하다는 말씀을 올립니다. 저희가 욕심이 지나쳤음을 인정합니다. 불족발의 양이 부족하면 덧살로 보쌈고기에서 나오는 고기를 넣어 드리고 있습니다. 고객님의 리뷰를 읽고 반성과 다짐을 해 봅니다. 이후부터는 절대로 족발고기 이외에는 덧살을 쓰지 않겠습니다. 고객님이 맞는 말씀을 하셨습니다. "족발을 시켰으면 족발이 와야죠." 다시 한 번 고개 숙여 죄송합니다. 정직하게 장사하겠습니다. 매장으로 연락주시면 환불해드리겠습니다. 늘 건강하시고 행복하세요

VS

문 앞에 둬달라고 하긴 했는데 벨도 안 눌러주시고 문도 안 두드려주시고 아무 연락도 안 주시고… 덕분에 1시간 30분 동안 기다리다가 왜 안 오지 하고 문 열어보니까 복도에서 차갑게 식은 치킨 전자레인지에 돌려 먹었습니다.
이제 여기 안 시킬게요. 너무 합니다.

ㄴ **사장님**
하… 단단히 말하겠습니다.

실제 현장에서 발생하고 있는 불만리뷰 응대 사례이다.

더라는 내용이다. 덕분에 다 식은 치킨을 전자레인지에 돌려먹었다는 고객의 말에 사장님이 답했다. "하…. 단단히 말하겠습니다." 책임회피도 아니고 내가 고객이라면 화가 머리끝까지 났을 것이다. 이것

이 바로 우리가 리뷰 관리 교육을 제대로 받아야 하는 이유이다.

그렇다면 불만 리뷰 관리는 어떻게 해야 할까? 불만 리뷰 관리 6단계를 알면 누구나 쉽게 문제 해결이 가능하다.

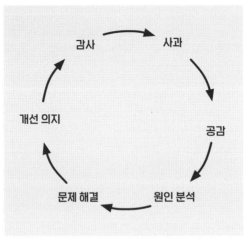

불만 리뷰 관리 6단계 프로세스이다.

사과, 공감, 원인 분석, 문제 해결, 개선 의지, 감사의 6단계이며 사안에 따라 순서가 변경될 수 있다. 사과보다 공감이 먼저 나올 수 있고 문제 해결에 앞서 개선 의지가 먼저 나올 수도 있다. 또한 문제 해결 과정에서 보상이 필요한 경우가 있다. 이물질, 변질, 상해 등을 예로 들 수 있다. 주의가 필요한 사항으로는 고객님께 진심으로 사과한다는 이유로 연락처를 알아내서 무턱대고 전화하거나 집에 찾아가서는 절대 안 된다는 것이다. 요즘 고객들이 앱을 통해 주문하는 이유가 익명성 또는 비대면성을 선호하기 때문이다. 그런데 협의되지 않은 상태에서 무작정 사장님이 찾아가면 더 큰 문제가 될 수 있으니 주의해야 한다.

불만 리뷰 관리 실전 사례

불만 리뷰 답변 작성의 공식인 사과, 공감, 원인 분석, 문제 해결, 개선 의지, 감사 중에 어떤 게 포함되어 있는지 살펴보고 빠진 것들을 보완해 보자.

불만 내용을 보면 평소에 자주 주문해 드셨던 고객인데 이날 따라 보쌈을 시켰더니 고기가 다 말라서 왔고 퍽퍽하고 갈라져서 아쉽다는 내용이다. 답변을 살펴보면 우선 '죄송한 말씀 올립니다.'라고 사과했다. '아마도 전날 삶아놓은 재고로 음식이 나간 것 같습니다.'는 원인 분석에 해당한다. '리뷰의 말씀을 읽고 재고판매에 대해 많은 생각을 해봅니다.'라는 부분은 꼭 개선하지 않더라도 개선에 대한 의지 표현은 하고 있다. 또한 리뷰의 고수들은 이러한 리뷰를 모든 고객이 본다는 가정하에 작성한다. "저희 매장을 이용하신 고객님께 다시 한 번 죄송한 말씀을 올립니다."라고 이야기하는 것을 보면 알 수 있다. 또한 "매장으로 연락해 주시면 환불해 드리겠습니다."라고 문제 해결 방안 또한 제시하고 있다. 마지막으로 "늘 건강하시고 행복하세요."라고 끝맺음을 했는데 전반적으로 핑

Case Study

ㄴ. **사장님**

단골고객님! 리뷰의 말씀 잘 들었습니다.

<u>우선 죄송한 말씀을 올립니다.</u>   사과

<u>아마도, 전날 삶아 놓은 재고로 음식이 나간 것 같습니다.</u>   원인 분석

새로 삶은 보쌈이 만들어지는 시간은 평일 오후 5시 경이고,

주말·공휴일에는 오후 3시쯤입니다.

전일 재고가 남았을 때엔 진공포장을 하고 있습니다.

그래도 바로 삶은 고기가 당연히 부드럽고 향과 맛도 좋습니다.

<u>리뷰의 말씀을 읽고 재고판매에 대해서 많은 생각을 해봅니다.</u>   개선 의지

저희 매장을 애용하고 계신 고객님께 다시 한 번 죄송한 말씀을 올립니다.

<u>매장으로 연락 주시면 환불해드리겠습니다.</u>   문제 해결

늘 건강하시고 행복하세요.

고객 리뷰와 사장님 답변 사례

장히 잘 쓴 답변이라고 할 수 있다. 하지만 여기에 빠져있는 것 두
가지인 공감과 감사를 보완하여 답변을 작성한다면 다음과 같다.

무엇을 보완하면 좋을까요?

공감

늘 믿고 주문해주셨는데 보쌈이 평소와 달라 아쉽고 속상하셨을 것 같습니다.

감사

고객님의 소중한 말씀 잘 새겨듣겠습니다. 감사합니다.

먼저 공감이다.

"늘 믿고 주문해주셨는데 보쌈이 평소와 달라 아쉽고 속상하셨을 것 같습니다." 같은 공감 멘트의 요령은 고객이 했던 말을 다시 한 번 되짚어 주는 것이다. 내가 당신의 마음을 충분히 이해한다는 표현이기도 하다. 감사 답변 작성에 앞서 우리가 고객에 왜 감사해야 하는지 의미를 먼저 알아보자. 그 이유는 우리가 모르고 지나쳤을 문제를 고객이 알려주고 개선할 수 있게 도와준 것에 감사드리는 의미이다. 그러한 마음을 함축적으로 담아서 이럴 땐 이렇게 표현하면 좋다. "고객님의 소중한 말씀 잘 새겨듣겠습니다. 감사합니다. 늘 건강하시고 행복하세요." 시대에 따라 고객에 따라 서비스하는 방식 또한 달라져야 하는데, 배달 앱을 주로 이용하는 20~30대 고객들은 길고 복잡한 것을 좋아하지 않는다는 특징이 있다. 때문에 리뷰 답변이 너무 길지 않도록 주의해야 한다.

Case Study

> 신메뉴 시켰는데 제 취향은 아니에요. 다리가 하나밖에 안 와 속상하지만, 서비스 새우튀김이 맛있어서 괜찮아요.

┗ 사장님
죄송합니다.   사과
다리 날라다니는 거 어디집이지 했는데 고객님 집이었네요…ㅜㅜ 원인 분석
대신 제가 약속합니다. 담번에 주문 시 새우튀김 더블로 드립니다. 문제 해결 HOW?
약속합니다! 죄송합니다!

"신메뉴 시켰는데 제 취향은 아니에요 다리가 하나밖에 안 와 속상하지만 서비스 새우튀김이 맛있어서 괜찮아요." 굉장히 이해심이 많은 고객이다. 그러자 사장님이 말했다. "죄송합니다. 다리 날라다니는 거 어디 집이지 했는데 고객님 집이었네요." 나름의 원인 분석이나 적합한 표현은 아니다. "대신 제가 약속합니다. 담 번 주문 시 튀김 더블로 드립니다."는 부분은 문제 해결 같은데 어떻게 두 배로 드릴지에 대한 구체적인 방법은 나와 있지 않다. 이러한 내용을 보완하자면 다음과 같다.

무엇을 보완하면 좋을까요?

사과
고객님 불편 드려 죄송합니다.

공감
신메뉴가 취향에 맞지 않고 닭다리도 하나밖에 안 와 속상하셨다니 제가 더 마음이 쓰입니다.

원인 분석
그렇지 않아도 닭다리 하나가 남아 있어 걱정했는데 포장하는 과정에서 실수로 빠뜨린 것 같습니다.

문제 해결
대신 다음 번 주문 시 요청사항에 '새우튀김 더블'이라고 입력해주시면 제가 고객님 기억해서 꼭 챙겨드리겠습니다.

개선 의지
앞으로 같은 실수가 반복되지 않도록 주의하겠습니다.

감사
그럼에도 불구하고 리뷰 약속 지켜주셔서 감사드리며, 다음번에는 별 5개를 받을 수 있게 만반의 준비를 하고 고객님을 기다리겠습니다. 감사합니다.

마지막으로 중요 포인트를 짚어보자.

고객 불만을 잘 해결하기 위해서는 이에 대한 피해보상 또는 재서비스를 신속하게 이행하는 것이 중요하다. 하지만 소규모 매장은 고객 불만에 따른 피해보상 기준이 정해지지 않은 경우가 많아서 상황에 따라 혹은 고객의 강성 유형에 따라 그때그때 다르게 응대하는 경우가 발생한다. 이 경우에는 불만이 훨씬 더 커질 수가 있다. 따라서 고객 불만 유형별 대응 방법 및 피해보상 기준을 수립하고 누구나 일관된 응대를 할 수 있도록 노력하는 것이 필요하다.

예를 들면 맛 품질에 대한 불만 '짜다', '싱겁다', '냄새 난다', '맛없다' 등의 고객 불만에 대해서는 맛은 개인에 다른 기호 차가 있기 때문에 고객의 요구가 있지 않은 이상은 보상을 필요로 하지는 않는다. 다만 진심 어린 사과와 공감, 원인 분석, 문제 해결을 위한 개선 의지 등은 필요하다. 음식의 양의 경우에는 정량이 정해져 있지만, 고객님이 다음 번 주문 시 요청하시면 넉넉히 챙겨드릴 수 있다고 응대하는 것이다. 다만 이물질 등은 반드시 교환 또는 환불 절차가 필요하니 어떻게 보상해야 한다는 기준이 있다면 늘 일관된 응대를 할 수 있다.

고객이 음식을 먹고
두드러기가 났어요!
—

수제버거 매장에 엄마와 초등학생 아이가 방문했다. 엄마가 햄버거를 주문하며 직원에게 물었다. "아이가 계란 알레르기가 있는데 햄버거에 계란이 들어가나요?" 그러자 직원이 말했다. "아니요. 계란을 추가하지 않는 이상 들어가지 않습니다."

그런데 30분 정도 지났을까. 놀란 엄마가 아이와 함께 카운터로 달려왔다. 햄버거를 먹은 아이의 온몸에 두드러기가 났다는 것이다. 분명 계란이 안 들어갔다고 해서 주문했는데 이게 어찌된 일이냐며 언성을 높였다. 직원도 당황스럽긴 마찬가지였다. 알고 보니 매장에서 사용하는 쇠고기 패티를 만들 때 계란 흰자가 들어갔다. 주방에 근무하는 직원은 이러한 사실을 알고 있었지만, 홀에 근무하는 직원은 알지 못했던 것이었다.

이럴 땐 어떻게 해야 할까?

1. 관리자의 재빠른 대응

알레르기 종류는 즉시형 알레르기(수분 내 반응)와 지연형 알레르기(수 시간에서 수일 내 반응)가 있다.

즉시형 알레르기의 경우 처음에는 두드러기가 몸 일부에 나타나지만, 시간이 지날수록 온몸으로 퍼지게 된다. 또한 의식을 잃을 수도 있다. 이때는 관리자가 진심으로 사죄하고 환자가 응급진료를 받을 수 있도록 곧바로 병원으로 연락해야 한다

2. 보호자 혹은 의료진에게 정보 전달

의사 진료 시 알 수 있게 무엇을, 얼마만큼 먹었는지, 식사 경과 시간 등을 메모하여 전달한다.

3. 상태를 걱정하고 신경 쓰며 응대

고객이 확인했음에도 불구하고 내부 잘못으로 발생한 일이기에 매장에 책임이 있다는 것을 고객에게 알리고 병원비 부담 및 성의를 표현한다.

문제가 발생했을 때 해결하는 것도 중요하지만 사전에 예방하는 것 또한 중요하다. 이를 위해서는 어떻게 해야 할까?

1. 고객의 식재료 사용과 관련된 질문은 반드시 확인한다

식재료의 사용은 메뉴를 겉으로 본 것만으로는 알 수 없는 경우가 많다. 응대한 직원이 잘 모른다면, 질문받았을 때 조리에 사용하고 있는 식재료를 주방에 물어 철저히 확인해야 한다.

2. 알레르기 유발 식재료 목록을 숙지 및 매장 내 게시한다

* 한국인에게 발생 빈도가 높은 21종의 알레르기 유발 식품은?
  난류(가금류에 한함), 우유, 땅콩, 호두, 밀, 메밀, 대두, 새우, 게, 고등어, 오징어, 조개류(굴, 전복, 홍합 포함), 돼지고기, 닭고기, 소고기, 복숭아, 토마토, 아황산류 등

> **알레르기 유발식품 표시제**
>
> 알레르기 유발식품 표시제란 어린이들이 좋아하거나 자주 먹는 제과, 제빵, 햄버거, 피자, 아이스크림을 판매, 조리·판매하는 업체 중 대형 프랜차이즈 업체(점포 수 100개 이상)를 대상으로 판매하는 식품에 알레르기 유발 성분·원료가 포함된 경우 그 원재료명을 식품안전처장이 정하는 표시 기준 및 방법에 따라 표시하는 것을 의무화한 제도를 말한다.
>
> 위반 시 회당 100만 원 /200만 원/300만 원 과태료 부과
> * 관련 법령 '어린이 식생활안전관리 특별법'(제11조의2)

알레르기 유발 식품 표시제에 따라 오프라인 매장은 메뉴 게시판, 메뉴북, 네임태그, 책자나 포스터 등에 이를 일괄 표시하고 온라인 배달점은 홈페이지, 배달앱 내 메뉴 소개 페이지에 해당 원재료명을 기재해야 한다. 전화 주문 배달점은 해당 원재료명이 표시된 리플렛, 스티커를 제공하는 게 원칙이니 점포 수 100개 이상의 대형 프랜차이즈라면 이에 대비하도록 해야 한다.

도미노피자 홈페이지의 예.

추가적으로 안내하자면 포장 식품의 경우 '식품 등의 표시기준'에 따라 판매하는 제품의 최소 판매 단위별 용기와 포장에 알레르기 유발 물질을 표시해야 한다. 비포장식품의 경우 '어린이 기호식품 등의 알레르기 유발 식품 표시기준 및 방법'에 따라 지난 2017년 5월 30일부터 어린이 기호식품을 조리·판매하는 식품접객영업자를 대상으로 '알레르기 유발 식품 표시제'를 시행하고 있다. 그러나 커피전문점은 '주로 어린이 기호식품을 조리·판매하는 업소'로 분류되지 않아 '비포장 식품(제과·제빵류 등)'에 알레르기 유발 식품 표시를 해야 할 의무가 없는 실정이다. 하지만 한국 소비자원의 권고에 따라 2019년부터는 알레르기 관련 정보를 자발적으로 제공하고 있으니 참고하길 바란다.

고객의 경험까지
디자인하라

고객 경험 관리가 필요한 이유

＼

점심에 반계탕을 주문했다. 양 많고 맛도 좋았지만 먹고 난 뼈를 버릴 곳이 없어 난감했다. 결국 나는 뼈를 트레이 한편에 버렸다. 왠지 지저분하게 먹은 것 같아서 마음이 불편했다. 식사를 하는 도중 뼈나 껍데기가 나오는 음식은 별도로 버릴 곳이 필요하다.

스타벅스에서는 고객이 차 종류를 주문하면 작은 종이컵을 함께 제공한다. 티백을 우려낸 뒤 버리는 용도이다. 아! 이런 것까지 계산하다니 역시 스타벅스라는 생각이 들었다. 음식점에서 음식을 맛있게 만들고 먹음직스럽게 담는 것은 중요하다. 하지만 고객이 음식을 먹는 과정에서의 경험을 고려하지 않는다면 고객에게 특별한 경험은커녕 불편을 초래하여 좋지 않은 기억만을 남길 것이다.

이제는 고객 만족 경영^{CSM, Customer Satisfaction Management}을 넘어 고객 경험 관리^{CEM, Customer Experience Management}의 시대라고 할 수 있다. 고객이 제품과 서비스 구매 시 반드시 관련된 경험을 함께 구매하기 때문이다. 고객에게 만족스러운 경험으로 기억된다면 재구매는 물론 그러한 경험을 잊지 못해 두고두고 주변에 이야기할 것이다.

같은 이유로 많은 기업에서 고객 경험 관리를 시도하고 있다. 하지만 고객 경험 관리가 무엇인지 제대로 알고 시도하는 곳은 많지 않다. 이 둘의 차이점을 비교하자면, '고객 만족 경영'이란 고객의 제품 구매부터 사용, 사후 관리에 이르기까지 만족스러운 제품이나 서비스를 제공해 전반적인 고객 만족도를 높이는 것을 말한다. 이를 통해 고객이 반복적으로 구매하게 하고 추천을 통해 다른 고객의 구매를 유도하는 경영을 말한다. '고객 경험 관리'는 제품 탐색에서부터 구매, 사용, 사후 관리에 이르기까지 전 과정에 대해 고객이 느낄 수 있는 만족감, 편리함. 불편함 등의 포괄적 분석과 개선을 통해 긍정적인 고객 경험을 제공토록 관리하는 것을 말한다. 우리 제품과 서비스를 구매해 보지 않은 잠재 고객까지 유인해 경영성과를 높이는 고객 관리 프로세스라고 할 수 있다. 고객을 대상으로 만족스러운 경험을 제공해 재구매와 추천 구매를 유도한다는 목적은 같지만, 고객 경험 관리는 기존 고객뿐만 아니라 우리 제품과 서비스를 한 번도 구매해보지 않은 고객들에게도 기업과 접촉하여 만족스런 경험을 하게 함으로써 구매에 영향을 미치도록 노력하는 것이다.

고객은 더는 제품의 특징이나 편익만으로 돈을 지불하려고 하지 않는다. 해당 제품을 통해 얻을 수 있는 특별한 경험이 핵심 구매 요인이 되고 있다. 그런데 그 경험이 즐겁거나 특별하기는커녕 오히려 불편하다면 어떨까? 고객에게 외면당하는 것은 시간문제일 것이다. 특히나 최근의 서비스 트렌드가 특별한 경험으로 고객의 마음을 얻는 것으로 바뀌고 있으니 이에 더욱 신경 써야 한다.

당신은 어떤 고객 경험을 제공하고 있는가?

특별한 고객 경험이 재방문을 부른다

고객의 경험 소비에 대한 욕구가 커짐에 따라 많은 기업이 고객에게 제품과 서비스 차원을 넘어 경험을 팔기 위해 노력하고 있다. 이는 고객에게 단순히 경험만을 판매하는 것만으로는 차별화되기 어려워졌다는 것을 뜻하기도 한다. 경험을 판매하는 것을 넘어 경험을 관리해야 하는 이때! 고객에게 특별한 경험을 제공하려면 어떻게 해야 할까?

작년 봄 방콕에 다녀왔다. 평소 누적된 피로를 풀고자 출국 전 스파 몇 곳을 예약해두었는데 그중에서 유독 내 기억에 남았던 디바나 버츄 스파^{divana virtue spa}를 소개하려고 한다. 이곳에 도착한 순간 나는 마치 공주가 된 것만 같았다. 전 직원이 무릎 꿇고 서비스하며 웰컴 드링크로 환영하고 관리에 앞서 아로마 향을 시향하게 해준다. 고객이 향을 고르면 마사지 강도 및 집중적으로 관리받고 싶은 신체 부위를 확인한다. 서비스에서 고객은 자신에게 통제력이 있다고 느낄 때 만족도가 높아지는데, 선택을 통한 통제력으로 만족도를 높였고 고객의 취향까지 고려한 개인화된 서비스를 제공한다는 게 이 스파의 특징이다. 게다가 전 직원이 영어로 말한다. 심지어 테라피스트까지도.

이어서 관리실로 안내받았다. 직원이 나에게 이용 시설, 옷 갈아입는 방법을 설명했다. 관리받을 때마다 늘 불안한 게 옷 갈아입는 도중에 직원이 들어오면 어쩌나 하는 것이었는데 설명을 듣자 불안함이 사라졌다. 나에게 옷을 다 갈아입으면 종을 흔들란다. 옷을 갈아입은 후 종을 흔드니 직원이 자명종 시계를 들고 와서 내 앞에 놓는다. 관리 시간 두 시간을 꽉 채우겠단 물리적 증거이다. 눈에 보이지 않는 무형의 서비스를 유형화한 좋은 사례라고 할 수 있다. 족욕물에는 꽃이 띄워져 있었다. 관리 중에는 조도가 다른 조명, 기분 좋은 향, 분위기에 맞는 음악과 온도, 바람 그리고 테라피스트의 세심한 손길로 배려를 한몸에 받았다. 이런 게 바로 오감만족 서비스 아닌가? 관리가 끝난 후 직원이 브랜드 로고가 새겨진 과일과 차를 내온다. 마치 유명 카페에 온 기분이 들었다. 이어서 추후 사용 가능한 바우처와 핸드크림을 선물로 주며 고객의 만족도를 확인한다. 가장 감동적이었던 건 마지막이었다. 직원이 그 넓은 정원을 지나 대문 밖까지 환송해주었다! 오늘 나는 이 스파에서는 공주님이었다.

디바나 버츄를 경험하면 마치 공주님처럼 대접받는 느낌이다.

디바나 버츄 스파 사례를 보면 고객의 입장부터 퇴장까지 모든 접점이 고객에게 즐겁고 특별한 경험으로 남을 수 있게 설계되어 있다는 것을 알 수 있다.

고객 경험 관리란 고객이 만족할 때까지 고객 경험을 체계적으로 관리하는 프로세스를 말하며 그 핵심이 고객 접점에 있다. 고객이 중요하게 여기는 접점에서 기업과 고객이 긴밀한 유대관계를 맺는 방법을 설계하는 것이다. 이를 위해서는 고객의 입장부터 퇴장까지 모든 접점을 분석하고, 불편함을 제거하고, 차별적 경험을 디자인하려는 노력이 필요하다. 서비스의 기본은 고객을 불편하게 하지 않는 것이란 사실을 유념하고 이 문제를 먼저 해결한 뒤에 고객에게 특별한 경험을 제공할 수 있도록 접점을 설계해야 한다는 뜻이다. 고객을 불편하지 않게 하는 경험은 고객이 옷 갈아입는 도중에 직원이 들어오는 일이 없도록 종을 설치해 놓은 것을 예로 들 수 있다.

토끼정 신세계 대구점에 포스기 앞에는 우산을 두고 가는 고객을 위한 '아~ 맞다 우산!!'이라는 배려 문구가 부착되어 있다.

앞의 사진은 대구에 있는 토끼정이다. 비오는 날이면 우산 두고 가시는 고객이 많아 포스기 옆에 '아 맞다 우산!!'이라는 문구를 부착해 놓았더니 우산 분실물이 현저하게 줄었다고 한다. 이 또한 고객의 불편을 제거하는 좋은 예라고 할 수 있다.

그렇다면 고객에게 특별한 경험을 줄 수 있는 예로는 어떤 것이 있을까?

다음 사진은 상해에 있는 치민마켓이다. 중국식 샤브샤브인 훠궈를 전문으로 한다. '농장에서 직접 기른 신선한 농작물을 테이블까지 바로 전달한다.'라는 사명 하에 합성조미료^{MSG}를 첨가하지 않으며, 유기농 식재료를 사용한다. 이곳은 고객에게 건강한 음식을 제공하는 것을 넘어 건강한 라이프스타일을 제안한다. 매장 입구에는

메뉴를 주문 시 버섯과 가위,
비닐장갑 등을 제공하여
고객이 버섯을 직접 채취하는
경험을 누리게 한다.

자신들이 사용하는 유기농 식재료를 진열하고 매장 안쪽에는 식품 코너를 마련하여 고객이 유기농 식재료나 기획 상품 등을 구입할 수 있게 공간을 구성해 놓았다. 이것은 고객에게 자신들이 유기농 식재료를 사용하는 곳이라는 인식을 주고 휘궈를 먹을 때뿐만 아니라 유기농 식재료를 구매할 때도 매장을 방문하도록 고객을 유인하는 역할을 한다. 또한 고객 대기 상황에도 식품 코너를 둘러보게 함으로써 고객의 심리적 대기 시간을 줄이는 효과를 발휘한다.

그런데 이곳의 가장 특별한 경험은 고객이 버섯 등을 직접 채취해 먹는 것이라 할 수 있다. 메뉴를 주문하면 직원이 나무토막에 붙어 있는 버섯과 가위, 비닐장갑 등을 가져다준다. 그 이유는 고객이 유기농의 신선한 재료를 눈으로 확인하는 것과 동시에 직접 채취하는 특별한 경험을 할 수 있게 하기 위함이다. 대부분 도시에서 자라 이러한 경험이 없을 터, 이 얼마나 특별한 경험이겠는가? 그래서인지 이곳을 다녀온 고객들은 모두가 채취의 즐거움을 이야기한다.

연남동에 있는 몽중식은 모던 스타일의 중식 코스요리 전문점이다. 고대소설이나 영화를 주제로 개발된 창작 메뉴에 스토리텔링을 더해 고객에게 잊지 못할 감각 경험을 제공하는 곳이다. 추가금을 내면 각 메뉴에 어울리는 백주 페어링을 즐길 수 있는 것으로도 유명하다. 주제는 일정 주기에 따라 변경되는데 구운몽, 첨밀밀 등을 거쳐 현재는 양조위, 장만옥 주연의 화양연화花樣年華를 다루고 있

몽중식은 스토리가 있는 이색적인 중식 코스요리 전문점이다.

다. 화양연화란 인생에서 가장 아름답고 행복한 순간이라는 의미를 담고 있는데 주제에 따라 메뉴뿐만 아니라 건물 외관부터 인테리어와 식기 하나까지 탈바꿈을 한다. 영화를 미리 보면 감각 경험이 배가 된다는 이유로 많은 고객이 방문 전 영화를 보고 간다는 후문이 있다.

지금까지 특별한 고객 경험을 제공하는 방법을 알아봤다. 이를 통해 고객과 마주하는 모든 접점마다 특별한 고객 경험을 제안하고 실행하여 고객에게 더욱 사랑받길 바란다.

기억에 남는 고객 경험을
설계하는 방법

\

 몇 해 전 있었던 일이다. 밤 10시, 불 꺼진 송정집을 찾았다. 송정집의 장석관 회장님은 대기석 출입문 위에 달린 난로를 가리키며 내게 말씀하셨다. "내가 직원들에게 늘 강조하는 게 있어요. 마지막 고객이 나가실 때까지 난로에 작은 불이라도 꼭 켜놓으라고 당부합니다. 고객의 마음속에 마지막까지 송정집이 따뜻한 곳으로 기억되길 바라는 마음에서입니다." 그 순간 나는 온몸에 전율을 느꼈다.

 노벨경제학상 수상자인 대니얼 카너먼$^{Daniel Kahneman}$ 팀은 환자 154명을 대상으로 대장 내시경의 체감 고통에 관한 연구를 실시했다. 연구 결과 대장 내시경에 대한 전반적 느낌은 고통이 가장 컸을 때와 마지막 3분 동안 느낀 고통의 평균치에 의해 좌우된다는 것을 알게 됐다. 이를 사람들이 과거의 경험을 평가할 때 전체를 종합적으로 평가하기보다 감정이 가장 고조되었을 때^{peak}와 가장 최근의 경험^{end}을 중심으로 평가하는 피크엔드$^{peak-end}$ 효과라고 한다. 마찬가지로 고객은 모든 순간을 기억하지 못한다. 하지만 몇 가지 중요한 순간만큼은 생생하게 기억한다. 처음보다 마지막 기억이 더욱 강하기에 초기 서비스 강도는 약하게 하고 점차적으로 서비스 강도를 높여야 고객에게 더 기억에 남는 경험을 선사할 수 있다.

 기억에 남는 고객 경험을 설계하고 싶다면 마무리를 강하게 해보자. 고객의 마음속에 마지막까지 따뜻하게 기억되길 바라는 마음에 난로에 작은 불을 켜두는 송정집처럼 말이다. 여기에 한 가지 더! 서둘러 마감하느라 고객을 등한시 여기는 모습이 아니라 진심 어린 배웅과 함께 말이다.

고객 경험 관리 실천 사례

프리미엄 에스테틱 브랜드인 에스테티아를 대상으로 특강을 진행한 적이 있다. 보다 실질적인 팁을 드리고픈 마음에 강의에 앞서 미스터리 쇼퍼를 자처했는데, 직접 경험한 사례를 녹여서 강의한 덕에 감사하게도 반응이 좋았다. 강의가 끝난 후 수강생 몇 분으로부터 사후 관리 신청을 받았는데, 모두가 꼭 한 번 자신의 매장을 들러 달라는 내용이었다. 나는 이런 분들을 돕고 싶은 마음이 크기 때문에 모두는 어렵지만 내가 미스터리 쇼퍼로 방문했던 에스테티아 부천 심곡1호점 원장님을 대상으로 지속적인 코칭을 하게 되었다. 비록 메신저를 통한 코칭이었지만 즉시 실천하는 원장님의 모습이 아름다웠다. 내 한마디로 매장이 훨씬 간결하게 변했다. 브랜드의 일관성을 해쳤던 침대 밑 레이스를 제거했다. 화장실의 향 관리를 위해 방향제가 준비되었고 거울에 비친 고객에게 보였던 상자들을 제거했다. 내가 뷰티에 관심이 많은터라 다른 곳에서 경험했던 좋은 사례를 말씀드리면 원장님은 즉시 실행하신 뒤 내게 피드백을 주셨다.

그리고 몇 개월이 지났다. 활발하게 활동하시는 원장님의 소식을 평소 인스타그램을 통해 접해왔는데 책을 읽다가 에스테틱 관련 매출향상 팁을 보고 오랜만에 원장님 생각이 나서 문자를 보냈다. 일전에 락커를 이용하며 경험했던 불편사항을 원장님께 말씀드린 적이 있었다. 락커 세로 길이가 짧아서 코트나 원피스를 반으로 접지 않고서는 안에 넣을 수가 없었다. 그래서 옷이 구겨지고 보관에 불편하다는 내 말에 원장님은 그 즉시 락커 측면에 옷걸이를 설치하여 불편함을 해소하려는 노력을 보이셨다.

락커 세로 길이가 짧아서 긴 옷을 걸 수가 없었다. 1차 대안으로 락커 측면에 옷걸이를 걸 수 있게 보완했다.

그런데 최근에는 락커를 새로 교체하셨단다. 락커를 잠근 뒤 열쇠를 주머니에 보관하기 번거롭다는 내 말을 기억하여 자동 잠금장치를 세팅했고, 관리받기 전 옷 갈아입는 도중에 직원이 불쑥 들어올까 봐 불안하니 고객이 옷을 다 입은 뒤에 직원을 호출하는 벨이 있으면 좋겠다는 내 말을 기억하고 벨을 설치하셨다.

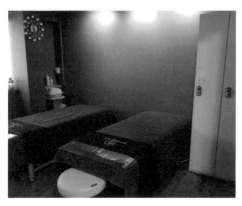

락커를 세로가 긴 형태로 새로 짰다.
고객이 옷 갈아입고 열쇠를 보관하지
않아도 되는 자동잠금장치와 벨까지
부착했다.

　또한 직장인의 경우 평일에 관리를 받으려면 저녁 식사를 거르
고 부랴부랴 오는 경우가 많다. 다이어트에 좋은 맥반석 계란 등을
간식으로 제공하면 좋겠다는 의견을 드렸더니 고객을 위한 간식마
저 준비해놓으셨다. SNS 후기를 보면 이러한 세심한 배려에 고객
이 감동받는다는 것을 알 수 있다.

　내가 그러한 실행력을 칭찬해드리자 원장님이 말씀하셨다.

　"저는 어떻게 하면 우리 고객님들이 편하고 좋으실까를 매일 연
구합니다."

　이런 게 바로 고객 경험 관리의 좋은 실천 사례라고 할 수 있다.

　날마다 매출이 오르고 관리 예약이 마감되는 데는 이유가 있다.
고객을 배려하는 마음과 그 마음을 표현하기 위한 끊임없는 연구

와 실행을 반복하는 힘이 바로 그 이유가 아닐까? 고객을 위해 노력하는 모든 매장이 날로 더 번창하길 바란다.

식사를 거르고 오신 고객을 배려한 간식 바구니가 준비되어 있다.
(이미지 출처: 어라운드수 블로그)

초개인화, 고객 경험의 새로운 기준

오늘날 소비자는 과거 어느 때보다 개인화된 경험을 요구하고 있다. 스마트폰을 열면 사용자 취향을 반영한 콘텐츠가 제공되고, 온라인 쇼핑몰에서는 구매 이력을 바탕으로 맞춤형 추천이 이루어진다. 그렇다면 외식 서비스에서는 어떨까?

기존의 개인화 마케팅은 고객의 과거 주문 기록을 바탕으로 동일한 할인 쿠폰을 발송했다면, 초개인화 마케팅은 같은 고객이라도 상황과 맥락에 따라 다른 쿠폰을 제공한다. 평일 점심시간 직장 근처에서 앱을 열었을 때는 '오늘 회의가 많은 당신을 위한 15분 내 픽업 가능한 샐러드 20% 할인', 주말 오후 키즈카페 근처에서 앱을 열었을 때는 '아이와 함께하는 주말, 키즈 메뉴 무료 제공 패밀리 세트' 쿠폰을 발행하는 식이다. 이처럼 단순 개인화를 넘어 실시간 맥락과 다양한 데이터를 통합 분석하는 초개인화(Hyper-personalization) 서비스가 인공지능(AI), 빅데이터, 사물인터넷(IoT) 기술의 발전으로 현실화되고 있으며, 이는 고객 경험의 새로운 기준이 될 것이다.

초개인화란 무엇인가?

초개인화란 고객의 단순한 기본 정보(이름, 성별, 연령대)를 활용하는 기존의 개인화 서비스와 달리, 실시간 행동 데이터, 맥락, 감정 상태까지 고려하여 맞춤형 경험을 제공하는 것을 의미한다. 이를 가능하게 하는 핵심 기술은 AI 기반 데이터 분석, 머신러닝, 사물인터넷(IoT) 등이며, 이를 통해 개별 고객의 선호도를 더욱 정교하게 예측할 수 있다.

기존의 개인화와 초개인화의 본질적 차이는 데이터의 깊이와 활용 방식에 있다. 개인화가 "당신은 지난번에 이 메뉴를 주문했으니 이번에도 좋아할 것입니다."라는 정적인 접근이라면, 초개인화는

"오늘 비가 오고, 당신의 회의가 취소되었으며, 심박수가 평소보다 높은 것을 보니 스트레스를 받았군요. 이런 날에는 당신이 좋아하는 이 레스토랑의 편안한 분위기와 따뜻한 수프가 도움이 될 것입니다."와 같이 실시간 상황과 맥락을 깊이 이해하는 방식이다.

기존 개인화는 정적인 정보(구매 이력, 성별 등)를 활용하는 반면, 초개인화는 고객이 처한 환경과 실시간 데이터를 반영하여 더욱 정밀한 맞춤 서비스를 제공한다는 점에서 차별화된다. 개인화가 과거 이력을 기반으로 정적인 추천을 제공하고 CRM과 단순 알고리즘을 활용한다면, 초개인화는 실시간 맥락을 반영한 동적인 추천을 제공하며 AI, 빅데이터, 머신러닝, IoT 기술을 통합적으로 활용한다.

초개인화가 외식 서비스에 미치는 영향

초개인화 서비스는 외식 산업 전반에 걸쳐 다양한 변화를 가져오고 있다. 고객 경험을 극대화하는 맞춤형 추천 서비스뿐만 아니라, 주방 운영, 마케팅 전략, 고객 응대 방식까지 혁신적인 변화를 이끌어내고 있다.

AI 기반 맞춤형 메뉴 추천

초개인화 서비스의 대표적인 사례로는 AI 기반 맞춤형 메뉴 추천이 있다. 고객이 앱을 통해 레스토랑에 방문하기 전에, 기존 주문 이력뿐만 아니라 현재 위치, 날씨, 건강 상태, 심지어 최근 SNS 검색 기록까지 분석하여 적절한 메뉴를 추천하는 방식이다. 스타벅스는 AI 알고리즘을 활용하여 고객이 가장 선호할 가능성이 높은 음료를 앱에서 추천한다. 고객이 한여름 오후에 앱을 실행하면 아이스 음료를, 추운 날씨에는 따뜻한 음료를 추천하는 식으로, 이러한 기술은 고객의 만족도를 높이는 동시에 매출 증대에도 기여하고 있다.

개인 맞춤형 프로모션 및 로열티 프로그램

기존의 쿠폰 및 포인트 적립 서비스는 전 고객에게 동일한 혜택을 제공하는 방식이었다. 그러나 초개인화 기술을 활용하면 고객별 맞춤형 프로모션 제공이 가능해진다. 맥도날드는 AI 기반 드라이브 스루 시스템을 도입하여 차량 번호판과 고객의 과거 구매 이력을 분석한 후, 실시간으로 맞춤형 추천을 제공하고 있다. 고객이 아침 시간에 방문하면 아침 메뉴를, 저녁 시간에는 인기 있는 야식 메뉴를 추천하는 식이다.

실시간 주방 및 운영 최적화

초개인화 기술은 고객 경험뿐만 아니라 주방 운영에도 큰 영향을 미치고 있다. 주문 패턴을 분석하여 특정 시간대에 인기 있는 메뉴를 미리 준비하거나, AI가 원재료 소비량을 예측하여 폐기율을 줄이는 등의 방식으로 활용된다. 이러한 데이터 기반 운영 최적화는 식재료 낭비를 줄이고 원가 절감 효과를 가져오며, 환경적 측면에서도 지속 가능성을 높이는 중요한 요소가 된다.

글로벌 브랜드의 초개인화 성공 전략

스타벅스는 AI 기술 '딥 브루(Deep Brew)'를 활용하여 개별 고객에게 맞춤형 경험을 제공하고 있다. 이 기술은 고객의 구매 패턴을 분석하여 개인화된 추천 메뉴를 제공하고, 고객별 맞춤형 할인 쿠폰과 특별 프로모션을 자동으로 발송한다. 또한 고객의 리워드 적립 및 사용 패턴을 분석하여 재방문을 유도하는 전략을 구사한다. 딥 브루 기술은 단순한 추천을 넘어 고객의 구매 이력, 날씨, 시간 등 다양한 요소를 고려하여 최적의 제안을 제공한다.

더 나아가 스타벅스는 딥 브루 기술을 매장 운영에도 적용하고 있다. AI를 활용한 수요 예측 및 재고 관리 시스템을 통해 날씨, 요일, 시간대별 주문 패턴을 분석하여 재료 수급을 조절하고, AI 분석을 활용한 프로모션을 기획하여 매출을 증대시키며, 특정 음료나 재료의 수요 변화를 실시간으로 모니터링하여 재고 손실을 최소화하고 있다. 이러한 초개인화 전략은 고객 만족도를 높이는 동시에 운영 비용 절감에도 기여하고 있다.

치폴레(Chipotle)는 모바일 앱을 통해 고객에게 맞춤형 서비스를 제공하는 외식 브랜드의 또 다른 사례이다. 특히 주목할 만한 것은

'Lifestyle Bowl' 프로그램으로, 이는 Keto, Whole30®, Paleo, 고단
백, 채식주의자, 비건 등 다양한 식이 요구사항과 영양 목표에 맞
춘 메뉴 구성을 제안한다. 이 서비스는 고객이 자신의 식단 선호도
와 건강 목표를 앱에 등록하면 그에 맞는 최적의 메뉴 조합을 제안
하는 방식으로, 단순한 메뉴 추천을 넘어 고객의 라이프스타일까
지 고려한 초개인화 접근법을 보여준다. 치폴레 앱은 또한 저장된
식사와 최근 주문 기록을 바탕으로 빠른 재주문 기능, 무제한 메뉴
커스터마이징 옵션을 제공하여 고객 경험을 향상시키고 있다.

초개인화의 미래는 어디로 향하는가?

초개인화 서비스는 AI 기술의 발전과 함께 더욱 정교화될 것으
로 전망된다. 향후에는 스마트워치 등 웨어러블 기기와 연동하여
개인 건강 데이터 기반 식단을 추천하고, 음성 AI 및 챗봇 서비스
를 확대하여 고객과의 대화를 통해 실시간으로 맞춤형 추천을 제공
하며, 가상현실(VR) 및 증강현실(AR)을 적용하여 매장 방문 전 가상
으로 음식과 좌석을 선택하는 시스템이 도입될 것으로 예상된다.

초개인화는 선택이 아닌 필수다

초개인화는 단순한 트렌드가 아니라, 향후 모든 서비스 산업의
필수적인 전략이 될 것이다. 고객의 기대치는 점점 더 높아지고 있
으며, 기술의 발전 속도도 빠르다. 이에 대응하지 못하는 기업들은

경쟁에서 도태될 가능성이 크다.

다양한 산업군에서 보듯이, 초개인화를 통해 고객에게 맞춤형 경험을 제공하는 기업은 고객 만족도와 충성도를 높이고, 운영 효율성을 극대화하는 동시에 새로운 비즈니스 기회를 창출할 수 있다. 특히 외식업은 고객의 취향, 건강 상태, 그리고 다양한 상황 요인이 복합적으로 작용하는 분야이기에 초개인화의 잠재력이 더욱 크다.

이제는 초개인화를 단순한 기술적 도입이 아니라, 고객 경험의 혁신적 변화로 인식해야 할 때이다. 미래의 경쟁력은 얼마나 많은 고객을 확보하느냐가 아니라, 얼마나 깊이 개별 고객을 이해하고 그들에게 의미 있는 경험을 제공하느냐에 달려 있을 것이다.

2장

유니콘 직원이
가게를 살린다

오래, 열심히, 잘하는 직원을 만드는 법

서비스업이란 무엇일까? 서비스업은 본질적으로 상대방을 기쁘게 해서 돈을 버는 구조로 이루어져 있다. 그렇다면 사장이 기쁘게 해야 할 대상은 누구일까? 크게 두 부류로 나누어 외부에 있는 '고객'과 내부에 있는 '직원'을 들 수 있다. 고객, 즉 외부 고객을 만족시키면 점차 가게를 찾는 사람의 수가 늘어나고 이는 곧 가게의 이익으로 연결된다. 그리고 이러한 외부 고객을 만족시키고 다시 찾게 만드는 사람이 내부 고객, 즉 직원인 셈이다.

이러한 외부 고객과 내부 고객 간의 관계 구조를 이해한다면, 왜 사장이 내부 고객을 우선적으로 만족시켜야 하는지 그 이유를 깨달을 수 있을 것이다. 내부 고객인 직원을 먼저 배려해야 매장을 찾은 고객들이 서비스에 만족하고, 고객이 만족감을 느껴야 비로소 이익이 창출되기 때문이다.

다시 말해 이익을 창출하기 위해 사장이 제일 먼저 해야 할 일은 직원들이 고객에게 좋은 품질의 서비스를 제공할 수 있도록 적극적으로 돕고 지원하는 것이다. 더불어 직원 교육에 투자해야 한다. 교육을 통해 직원의 이직률을 감소시키고 생산성을 높일 수 있다. 또한 교육은 직원이 고객에게 탁월한 서비스를 가능하게 만들어 고객 재방문을 유도하고 충성 고객을 확보하게끔 한다. 이러한 것들이 매장의 성공과도 직결된다.

친절한 직원을
만드는 방법

'왜'를 강조하라

＼

같은 상권, 바로 옆자리에 두 개의 떡볶이 가게가 있었다. 규모나 분위기, 직원 수 그리고 판매하는 메뉴마저 별다를 게 없는데 A 가게는 손님이 유독 많았고 B 가게는 파리 날리기 일쑤였다. 왜 그럴까? 이유를 알아보니 B 가게는 떡볶이를 팔고 있는 반면, A 가게는 조금 다른 것을 함께 팔고 있었기 때문이었다.

A 가게 사장님은 늘 이렇게 강조했다. "우리는 무엇을 팝니까? 우리는 떡볶이를 파는 사람이 아닙니다. 우리는 고객의 삶의 가치를 높여줄 새로운 즐거움을 선사하는 사람들입니다." 단순히 떡볶이를 판다고 생각하는 직원과 고객에게 새로운 즐거움을 선사한다

고 생각하는 직원은 일을 대하는 자세부터 다를 것이다. 떡볶이를 판다고 생각하는 직원은 자신의 일을 생계를 위한 수단이라 여기지만, 고객에게 새로운 즐거움을 선사한다고 생각하는 직원은 자신의 일을 가치 있는 일이라 여길 것이다. 따라서 자연스레 일에 자부심이 생기고 매너리즘에 빠질 틈이 없다. 어떻게 하면 고객에게 새로운 즐거움을 줄 수 있을까를 끊임없이 연구하며 즐거움을 찾기 때문이다.

가치관 경영이란 구성원 모두와 가치관, 즉 경영철학을 공유해 일관된 방향으로 나아가는 것을 말한다. 직원들은 이를 통해 일의 진정한 의미를 깨닫고 흔들림 없는 의사결정이 가능해진다. 회사를 단순히 돈 버는 장소가 아닌 자신의 가치를 실현하는 곳으로 인식하게 되어 더욱 성과를 낼 수 있다.

가치관은 사명mission, 비전vision, 핵심가치core value로 구성되어 있다. 이 중 사명은 일의 의미와 조직의 존재 이유를 나타내는 '왜why'에 해당하는데 죠스떡볶이, 바르다김선생으로 유명한 ㈜죠스푸드의 경우 '고객과 임직원에게 삶의 가치를 높여줄 새로운 즐거움을 선사한다.'는 것이 사명이다. 이러한 사명이 브랜드 곳곳에 녹아 있는데 예를 들면 이렇다. 기존의 떡볶이 가게는 조리할 때 대형 철판을 사용했다. 떡볶이를 대량으로 조리하고 떡볶이가 얼마 남지 않았을 때 기존에 조리한 떡볶이에 양념장과 어묵 국물 등을 부어 재조리에 들어간다. 이는 위생이나 맛 품질 측면에서 좋지 않다. 또한 떡볶이에 간이 밸 때까지 기다리는 과정에서 고객을 기다리게 하거나 놓칠 수도 있으니 고객이나 사장 모두에게 불편함이 존재하는 방식이다.

죠스푸드 나상균 대표는 이러한 단점을 극복하고 차별화하기 위해 철판을 작은 크기로 제작해 총 네 개를 세팅했다. 기존의 남은 떡볶이와 섞어서 조리했던 재탕 방식에서 탈피한 것이다. 1번 철판의 떡볶이가 얼마 남지 않으면 옆에 있는 2번 철판에서 떡볶이를 새로 조리한다. 이어서 3번에서 4번까지 총 네 개의 철판을 순환하게 만들어 고객들이 항상 위생적이고 갓 만든 떡볶이를 즐길 수 있도록 품질을 향상시켰다. 여기서 그치지 않고 개발을 통해 고객의 품위까지 유지했다. 예전의 떡볶이는 길이가 긴 탓에 입으로 한 번 끊어 먹어야 했다. 이로 인해 옷에 흘리거나 여성 고객의 립스틱이 지워지는 일이 다반사였다. 나상균 대표는 이러한 불편함에 주목해 한입에 쏙 들어가는 크기인 3.5cm를 죠스떡볶이 떡의 표준 크기로 정했다. 이는 '고객과 임직원들에게 삶의 가치를 높여 줄 새로운 즐거움을 선사한다.'는 사명을 실천했기에 가능한 일이었다.

하지만 이보다 더 중요한 점이 있다. 아무리 좋은 가치관이더라도 체화되지 않아 직원들이 실행하지 않는다면 그것은 액자 속의 그림과 같을 것이다. 따라서 경영자가 이를 계속 강조하여 직원들에게 공감을 얻고 이에 가치를 느끼며 실천할 수 있도록 독려해야 한다.

5분 만에 동기부여 하는 방법

＼

내가 외식업 대표들과 관리자를 교육할 때 항상 강조하는 게 있다. 직원들에게 업무를 지시할 때는 '어떻게'에 앞서 '왜'를 먼저 이야기해줘야 한다는 것이다. "이렇게 하세요."라고 말하기 이전에 우리가 왜 이 일을 하는지 의미와 목적을 설명해야 한다. 그 이유는 무엇일까? 의미와 목적의 인식이 태도의 차이를 만들기 때문이다. 단순한 업무라 해도 어떠한 의미가 담겨 있는지 어떤 업무와 연결되었는지를 이해하면 시야가 넓어지고 더욱 주의를 기울이게 된다. 머리로 이해가 되면 행동으로도 쉽게 연결된다.

펜실베이니아대학의 교수 애덤 그랜트[Adam Grant]의 연구에 따르면 동기부여를 단 5분 만에 할 수 있다고 한다. 그 방법은 바로 자신이 해야 하는 일의 '의미'를 깨닫게 하는 것이다. 그에 따르면 5분을 투자해서 일의 의미를 깨닫게 하면 내적 동기가 높아지고, 그결과 성과가 적어도 171%가 좋아진다고 한다. 의미를 깨닫게 하는 방법은 두 가지로 구분되는데, 첫째는 일의 시작과 끝을 알게 하고, 둘째는 가치를 스스로 알게 하는 것이다. 애덤 그랜트는 장학금 모금 업무를 하는 콜센터 직원들을 대상으로 실험을 했다.

동기부여 수준이 낮은 사람들을 대상으로 일의 시작과 끝을 알게 하고 가치를 스스로 알게 했을 때 성과 변화를 측정하고자 했다. 직원들을 A, B, C 세 개 그룹으로 나눈 뒤 A 그룹은 장학금을 받은 학생들을 직접 만나 5분간 대화하며 자신들이 모금한 장학금이 누구에게 가고, 또 장학금을 받은 학생들의 삶이 어떻게 변했는지를 알게 했다. B 그룹은 장학금을 받은 학생들로부터 편지를 받게 했고, C 그룹은 원래대로 장학금 모금 업무를 진행하게 했다. 그 결과 A 그룹은 장학금을 받은 학생들과 단 5분을 만났을 뿐인데 성과가 171%나 상승했다. 같은 연구를 스포츠센터 직원들, 구조요원들, 엔지니어들에게 확장해서 진행했을 때도 결과는 같았다. 5분 정도 간단하게 업무의 중요성을 알려주고, 누구를 위해 하는 일인지, 어떤 영향을 주는지 등에 대해 알려줬더니 성과가 무려 300%나 증가했다.

이것을 외식업 현장에 적용해보면 어떨까? 매일 업무 시작 전에 직원들과 5분~10분간 미팅을 실시하는 것이다. 점장이 서비스의 의미를 다음과 같이 주지시키는 것이다.

점장: 오늘의 서비스 미션은 '고객에게 밝게 인사하기'입니다. 우리가 고객에게 인사하는 이유는 첫째, 고객을 인지했다는 신호이고 둘째, 많은 음식점 중에 저희 가게를 선택해 주셔서 감사하다는 마음을 고객에게 전달하기 위함입니다. 사람은 처음과 끝을 가장 오래 기억하기 때문에 인사만 잘해도 친절하다는 인상을 남길 수 있습니다. 그래서 더욱 정성을 들여야 합니다. 인사의 방법은 다음과 같습니다.

먼저 고객의 눈을 바라봅니다. 고객의 눈을 바라보는 이유는 '당신의 존재를 인식하고 있습니다.'라는 마음을 전달하는 것입니다. 그다음 은 웃는 얼굴로 바라보아야 합니다. 웃는 얼굴을 통해 '저희 가게는 기분 좋은 서비스를 하는 곳입니다.'라는 인상을 고객에게 전달하는 것이지요. 마지막으로는 고개를 숙여서 인사합니다. 고개를 숙이는 이유는 '고객에게 감사의 마음을 전하는 것'입니다.

다 같이 의미를 되새기며 "안녕하세요 ○○○입니다."라고 인사해볼 까요?

이렇게 단 5분을 투자해서 성과가 300%가 증가할 수 있다. 돈이 드는 일도 아니니 즉시 시작해보는 건 어떨까?

교육을 통한 목표를 부여하라

\

이 세상에 현존하는 수만 가지 직업 중 최대의 노동집약 산업은 무엇일까? 바로 외식업이라 할 수 있다. 대부분이 사람 손으로 이 뤄지기 때문이다. 외식업의 본질은 사람이다. 그렇기에 우리는 '사 람을 어떻게 동기부여하고 성장시켜 유지하는가?'를 고민해야 한 다. 그래야만 지속적인 경영이 가능하다.

동기부여를 경영심리학자 허즈버그[Frederick Herzberg]의 '2요인 이론'

으로 살펴보면 조직이 부여하는 인센티브를 위생요인과 동기부여요인으로 구분할 수 있다. 위생요인이란 특별히 만족감을 높이는 요인은 아니지만, 없으면 불만을 느끼는 것으로 '회사의 정책과 관리, 감독, 작업조건, 대인관계, 금전, 지위신분, 안정' 등이 포함된다. 시급 또는 월급 인상, 인센티브 지급 등을 예로 들 수 있다. 동기부여요인은 성장하고 싶다는 욕구를 만족시키는 것으로 '높은 업적의 달성, 다른 사람으로부터의 평가, 고도의 일, 책임, 승진' 등이 있다. 허즈버그에 따르면 직원을 만족시키고 적극성을 높이기 위해서는 동기부여요인을 주어야 하는데 나 또한 이에 공감한다. 이 중에서 사람을 지속적으로 동기부여 시킬 수 있는 가장 효과적인 방법을 꼽으라면 '교육'이라 할 수 있다.

교육이란 무형의 자산이다. 단번에 가시적인 성과가 드러나지 않는다. 하지만 직원의 연봉을 올려준다면 효과가 몇 달밖에 지속되지 않지만, 교육을 통한 동기부여는 다음과 같은 과정을 통해 수년 이상 유지된다.

교육이란 '배운다 → 성장한다 → 승진한다 → 전문가가 된다'는 것을 상대방이 느낄 수 있게 하는 것이다. 하나를 배워야 그다음 단계를 배울 수 있고 시험에 통과해야만 승진할 수 있다. 일 년에 한 단계씩 올라가면 삼 년이 걸리고 그런 게 몇 번 반복되면 십 년이 된다. 이렇게 성장해야 월급이 올라가고 내가 전문가가 되는 경험을 할 수 있다. 이 경험을 해본 사람만이 동기부여 효과가 얼마나 큰지 알 수 있다.

나는 패밀리레스토랑 TGIF에서 최연소의 나이로 최단기에 점장이 되었다. 그때 당시, 평택에서 여의도까지 기차로 출퇴근을 했다. 온종일 홀을 뛰어다녀 삼 개월마다 신발굽을 교체해야 했다. 적은 월급을 받으면서 하루에도 몇 번씩 그만두고 싶은 마음이 들었지만 내가 버틸 수 있었던 힘이 바로 교육과정에서 오는 성취감이었다. '코치-캡틴-서비스 매니저-키친 매니저-점장'이 될 수 있는 길이 있었고 교육을 받으며 그 길이 펼쳐졌기 때문이다.

직급	과정명		학습 내용				
점장	점장 양성과정		점장의 역할과 업무	트렌드분석 동종업계 벤치마킹	상권분석 시스템의 이해와 활용	온라인 마케팅 관리	경영계획 수립
매니저	매니저 양성과정		매니저의 역할과 업무	매장 인력 관리	스케줄표 작성	손익관리	매장 마케팅 관리
트레이너	트레이너 양성과정		트레이너의 역할과 업무	커뮤니케이션	식자재 관리	매장 시간대별 업무 관리	
정직원	QSC 스킬 업 과정	조리 스킬업 과정	매장 위생 관리	레시피 포인트 교육	조리실습	레시피 테스트	
		서비스 스킬업 과정	고객 서비스	메뉴 추천 판매	불만 고객 응대법	실기 테스트	
수습사원	입문 과정	기초 과정	기업 개요	OOO WAY	직무의 이해	인사규정	하우스룰
		OJT	7일간 매장 자체적으로 실시				

직급별 교육훈련 프로그램의 예이다. 해당 직급에 맞는 교육 과정을 수료하고 테스트를 통과 해야만 다음 단계로 승격될 수 있다. 이를 위해 인사와 교육이 연계되는 시스템을 구축하는 것이 좋다.

배움과 성장을 통해 직원들에게 동기를 부여하는 곳이 있다. 바로 커피 문화와 전문성을 중시하는 '테라로사(Terra Rosa)'다. 이곳은 단순한 카페가 아니라, 직접 원두를 선별하고 로스팅하며 깊이 있는 커피 문화를 만들어가는 브랜드로 유명하다.

테라로사는 직원들에게 전문적인 성장 기회를 제공한다. 모든 직원을 정규직으로 채용하고, 자녀 학자금 지원, 숙소 제공, MBA 및 대학원 진학 지원 등의 직원 복지 프로그램을 운영한다. 또한, 연간 약 150명의 직원이 해외 연수를 떠나는 글로벌 프로그램을 운영해 직원들이 브라질·에티오피아의 커피 농장을 방문하고, 미국·영국·프랑스의 유명 카페와 미술관을 탐방하며 다양한 커피 문화를 경험할 기회를 제공한다. 직원들의 짧은 연수가 단순한 견학을 넘어, 자신을 돌아보고 더 큰 꿈을 그려보는 계기가 되길 바란다는 것이 테라로사 김용덕 대표의 철학이다.

이곳에서는 실무 교육과 함께 지속적인 배움을 장려한다. 직원들은 원두의 생산 과정, 로스팅 기술, 추출 방식 등을 직접 익히며, 커피 전문가로 성장하기 위한 기본기를 탄탄하게 다진다. 그뿐만 아니라, 커피 산업의 트렌드, 경영 지식 등 보다 넓은 시야를 키울 수 있도록 다양한 학습 기회를 제공한다.

그래서일까? 테라로사의 막내 직원들은 지금 하는 일이 힘들어도 부당하다고 생각하지 않는다. 조금만 참고 견디면 나도 선배들처럼 성장할 수 있다는 확신이 있기 때문이다. 이런 것들이 직원들의 성장을 이끄는 원동력이자 비전으로 작용한다.

접시를 세 개 드는 직원과
네 개 드는 직원을 다르게 대우하라

＼

나는 TGIF에서 서버로 근무하며 업무의 원칙을 배웠다. FIFO하면 무엇이 떠오르는가? 대부분은 First in, First out(먼저 들어온 것을 먼저 사용한다)이 떠오를 것이다. 하지만 아니다. 내가 말하는 FIFO는 Full Hands in Full Hands out(양손 가득 채워서 들어가고 양손 가득 채워서 나와라)이다. 홀에서 서비스하다 주방에 들어갈 일이 생기면 빈 그릇을 정리해서라도 두 손 가득 채워 주방으로 들어가고, 주방에서 나올 때도 남는 손이 있다면 준비된 음식을 들고 나가야 한다. 즉, 놀리는 손이 없도록 하라는 뜻이다. 음식을 서빙할 때도 방법이 있다. 숙련된 직원은 한 손에 접시를 세 개 들고 다른 한 손에는 접시를 한 개 들어 총 네 개의 음식 서빙이 가능하다. 하지만 그렇지 않은 직원은 한 손에 두 개 다른 한 손에 한 개를 들어 총 세 개만 가능하다.

똑같은 일을 해도 잘하는 직원과 못하는 직원이 있다. 그런데 이에 대한 '평가'와 '보상'이 없다면 어떨까? 열심히 일하는 직원은 왠지 손해 보는 느낌이 들어 의욕이 상실될 것이다. 반대로 열심히 일하지 않는 직원은 대충 일해도 급여가 동일하니 계속해서 대충하려는 악순환이 되풀이될 것이다. 그래서 우리는 접시를 세 개 드는 직원과 네 개 드는 직원을 다르게 대우해야 한다. 직원을 성장시키기 위해 물론 교육도 중요하지만 평가에 따른 보상 체계가 있어야만 직원들이 더욱 열심히 일할 수 있는 동기가 된다. 어떤 기술을 익혀 어떻게 일을 해야 급여가 측정되고, 어떤 기준을 어겼을 때에 불이익을 줄 것인지를 정해야 한다.

현장에서 적용 가능한 직원 프로그램

당신의 매장은 어떤 교육프로그램이 있는가? 외식 기업의 대부분은 직원이 캡틴 – 매니저 – 점장 등으로 승진할 수 있도록 단계별 교육프로그램을 지원하고 있다. 예를 들면 홀에 근무하는 직원도 필요에 따라 주방 자격증을 취득할 수 있는 발리데이션Validation 프로그램이 있다. 이러한 자격증이 많을수록 승진을 더 빨리할 수 있고 다양한 혜택을 받을 수 있다. 또한 정기적인 세미나를 통해 현재의 업무를 더 잘 할 수 있도록 지원한다.

이외에도 30/ 60/ 90 미팅을 진행하기도 한다. 보통 한 달을 넘기면 두 달을 근무하고, 두 달을 넘기면 여섯 달을 근무하고, 석 달을 넘기면 일 년을 근무한다는 외식업계 직원들을 대상으로 한 통계가 있다. 30/ 60/ 90 미팅은 이 결과를 기반으로 입사 후 30일 60일 90일 되는 직원들과 함께 식사하며 소통하는 것을 가리킨다. 직원들이 잘 적응하고 있는지, 만약 어려운 점이 있다면 이를 파악하고 개선하는 데 도움이 되는 프로그램이다. 이와 더불어 분기별로 시급인상 관련 면담 등을 실시한다면 직원들이 더욱 잘하고자 노력하게 된다. 마지막으로 직원들이 다양한 포상을 받을 수 있는 인센티브 제도 또한 필요하다. 판매 프로모션을 통한 목표달성 시 식사쿠폰이나 금액을 주는 것과 생일파티 콘테스트나 조리 콘테스트 등을 통해 현재 하고 있는 업무를 더욱 잘할 수 있고 한 단계 성장하는 데 도움이 되는 다양한 프로그램을 갖추고 있어야만 직원들이 다른 생각을 하지 않고 업무에 집중할 수 있기 때문이다.

직원들이 서비스를 잘할 수 있는
환경을 구축하라

\

　아이스크림으로 유명한 B 브랜드 매장으로 아이스크림을 사러
갔을 때, 두 명의 직원이 근무하고 있었다. 그런데 직원들이 아이
스크림을 퍼내는 모습이 너무나 힘들어 보였다. 둘 다 키가 160cm
남짓으로 보였는데, 아이스크림 냉동고가 매우 깊었기 때문이다.
아이스크림을 푸려면 몸을 폴더처럼 반을 접은 뒤 냉장고 속에 들
어가다시피 해야 했다.

　이 동작을 하루에도 수백 번은 반복할 텐데 업무 피로도가 꽤 높
을 것이다. 게다가 반팔 유니폼이라서 아이스크림을 풀 때마다 맨
살에 성에가 닿아 감기에 걸리지 않을지 걱정이 됐다. 이를 해결하
기 위해 근무하는 직원들의 평균 키에 맞게 냉장고 높이나 냉장고

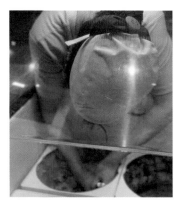

직원이 아이스크림을 푸기 위해 몸을 폴더처럼 반을 접고
있다

192

속 아이스크림 선반 높이를 조절하고, 긴 팔 유니폼 또는 토시를 착용하게 하면 어떨까? 직원의 업무 피로도가 낮아지고 근무 환경에 만족도가 높아져 고객을 보고 한 번 더 웃을 수 있지 않을까?

서비스 환경을 개선하라

1982년 스타벅스 마케팅 책임자로 일하던 하워드 슐츠^{Howard Schultz}는 이탈리아 밀라노 출장 도중 소규모 에스프레소 바를 방문하게 된다. 그곳에서 카페 주인이 고객의 이름을 부르며 직접 커피를 건네는 모습에 깊은 인상을 받게 된다. 자신의 저서 《온워드》에서 그는 "커피가 사람과 사람을 이어주고 유대감을 형성하는 매개체임을 깨달은 순간"이라고 당시를 회상했다. 이날의 경험에서 영감을 얻은 슐츠는 1986년 이탈리아 스타일의 에스프레소 바를 열기 위해 스타벅스를 떠나 '일 지오날레'를 열었고, 일 년 뒤 스타벅스를 인수했다.

스타벅스에 진동벨이 없는 이유는 이러한 하워드 슐츠의 경험에서 나온 경영철학 때문이다. 스타벅스 측은 "고객의 얼굴을 보고 눈을 마주치며 응대하는 것이 경영철학."이라며 "진동벨을 이용해 기계적으로 음료를 나눠주는 방식보다는 음료를 기다리는 고객과 대화를 나누는 방식을 지향하고 있다."라고 말한다.

그런데 이런 경영철학을 현장에서 실행하는 것은 결코 쉽지 않다. 경영철학을 실현하기 위해 직원들은 고객의 이름을 목청껏 외처야 한다. 고객과의 눈 맞춤? 정신없이 밀려있는 음료를 만드느라 눈을 맞추는 것은 꿈도 못 꾼다.

최근에 고객이 직접 음료를 찾아가는 시스템까지 마련해 놓으니, 직원이 고객을 기다릴 이유조차 없어졌다. 언제부턴가 고객은 직원이 큰 소리로 부르는 자신의 이름을 들은 뒤 덩그러니 놓여있는 음료를 찾아가는 구조가 되었다. 스타벅스의 경영철학에 기반한 스타벅스 경험이 무너지고 있는 건 아닐까? 나라면 직원들의 서비스 환경 개선을 위해 진동벨을 사용하겠다. 고객이 진동벨을 들고 음료를 찾으러 왔을 때 고객의 이름을 불러주며 따뜻한 눈 맞춤과 미소로 음료를 전달하도록 하겠다는 해결책을 생각해보았다.

이것만은 꼭 기억하자! 고객에게 좋은 품질의 서비스를 제공하는 건 사람이지만 서비스를 제공하는 환경 또한 중요한 서비스 품질 요인으로 작용한다는 사실 말이다. 이게 바로 직원들이 서비스를 잘 할 수 있는 환경을 구축해야 하는 이유이다.

서비스 권한을 부여하라

얼마 전, 대전에 있는 활어회 전문점을 방문했다. 그곳에는 홀 전체를 관리하는 서비스 매니저가 있는데 그에게는 고객의 얼굴을 귀신같이 알아보는 능력이 있었다. 그날이 아마 세 번째 방문이었을 텐데, 나는 식사 도중에 화장실에 가게 되었다. 그러다 우연히 복도에서 매니저와 마주치게 되었고 속으로 이렇게 생각했다. '평소와 다르게 메이크업도 안 했고 모자도 푹 눌러 썼으니 분명히 나를 못 알아보시겠지?'라고. 그런데 예상과는 달리 매니저가 내 얼굴을 귀신같이 알아본 뒤 이렇게 말했다. "아니 언제 오셨어요? 오셨으면 저를 찾으셨어야죠!" 그러더니 우리에게 다가와 테이블을 살핀 후 낙지탕탕이나 회를 리필해주겠다고 했다. 그날 친구 부부와 함께 갔는데 나를 알아봐주고 챙겨주시는 분이 있어서 속으로 으쓱했다. 그리고 이렇게 생각했다. '나에게만 해주는 특별 서비스구나?'라고.

하지만 잠시 후 알게 되었다. 매니저가 다른 테이블에 가서도 나에게 했던 것과 똑같은 멘트를 한다는 사실을. 고객의 입장에서는 김이 샐 수 있지만, 매장 운영 관리 측면에서 보면 매우 긍정적인 일이다. 이것은 매니저에게 서비스 권한이 부여되었다는 뜻이기 때문이다. 이를 통해 매니저는 단골 고객을 기억하고 감사를 표할 때나 불만 고객의 마음을 헤아릴 때에도 자기 선에서 의사결정이 가능하다. 이러한 권한이 있다면 직원들은 고객을 더욱 적극적으로 살피고 서비스하게 된다. 자신이 하나라도 더 챙겨줄 수 있음에 기뻐하며 고객과 지속적인 관계를 맺어 자신의 팬으로 만드는 것이다.

독보적인 서비스를 제공해 호텔 업계의 신화라고 불리는 리츠칼튼의 사훈은 '우리는 신사숙녀를 모시는 신사숙녀들'이다. 직원들이 비굴하지 않고 당당하게, 내가 대접받고 싶은 대로 고객을 대한다는 의미다. 리츠칼튼 회장인 어브 엄러^{Herve Humler}는 이를 위해 가장 중요한 것이 직원들에게 권한을 부여하는 것이라 판단하고, 호텔에서 발생한 고객의 문제 해결을 위해 직원 누구라도 20,000달러(한화 약 240만 원)를 사용할 수 있는 권한을 부여했다. 그래서 리츠칼튼 직원들은 고객 불만이나 요구를 접하면 절대로 "담당자에게 전하겠습니다."라는 말을 하지 않는다. 대신 "사과드립니다. 제가 처리해 드리겠습니다."라는 말로 고객에게 신뢰를 전한다. 이게 바로 직원에게 서비스 권한을 부여해야 하는 이유이다.

노력이 성과로 연결되는 구조를 만들어라

중국 베이징에 갔을 때였다. 몇몇 외식 전문점에서 직원들이 가슴에 QR코드를 달고 있는 모습을 볼 수 있었다. 저게 무엇인지 궁금했는데 곧바로 알 수 있었다. 고객이 직원의 친절한 서비스가 마음에 들었을 때 팁을 주기 위한 용도였다.

직원들이 가슴에 QR코드 명찰을 착용하고 있다.

팁을 주는 법은 간단하다. 고객이 직원의 서비스가 마음에 들었다면 위챗 앱을 통해 QR코드를 스캔하면 끝이다. 이 경우 정해진 금액이 해당 직원에게 팁으로 지급되는데, 보통 밥집은 3위안, 술집은 4.56위안 정도이다. 한화 500~800원 선으로 부담 없는 금액이라 고객은 흔쾌히 팁을 지불할 수 있고, 직원은 고객에게 서비스를 잘할수록 수익이 늘어나는 구조가 된다. 게다가 누가 서비스를 잘 하는지 이력까지 남으니 직원은 고객에게 더 나은 서비스를 제공하고자 노력하게 되고 고객은 자연스레 좋은 서비스를 받게 되는 선순환이 이루어진다.

중국의 시베이요우멘춘 또한 마찬가지다.

중국의 외식업체와 같이 QR코드를 통한 시스템이 없더라도 오너의 의지만 있다면 방법은 얼마든지 찾을 수 있다. 고기 프랜차이즈 고반식당에도 서비스 팁 제도가 있다. 이곳의 차별점은 팁을 회사가 대신 내주기 때문에 고객 부담이 없다는 것이다. 고객이 만족하면 직원들은 팁을 받게 되어 추가 수입이 생기니 좋고, 고객이 좋은 서비스에 만족하면 재방문으로 이어지니 이는 매출과 이익으로 연결된다. 결국에는 모두가 '윈윈win-win'하는 구조인 셈이다.

이러한 아이디어는 고반식당의 한지훈 대표가 서비스 향상을 위해 오랜 시간 고민한 흔적이라 할 수 있다. 고반식당은 직원들의 급여가 타 식당보다 높은 편이다. 직원들이 일반 식당이 아닌 고반식당이라는 브랜드에서 일하는 것에 자부심을 느끼도록 많은 부분을 신경 쓴 결과, 직원들의 이직이 거의 없어 체계적인 관리에도 용이하다고 한다. 이 차이는 바로 직원에 대한 경제적인 대우와 복지 그리고 열심히 일한 만큼 가져갈 수 있는 구조를 만들었기 때문이라고 말한다. 한지훈 대표는 직원들의 일에 대한 자부심이 회사의 핵심가치인 '정성'으로 고객에게 전달되어 고객이 자신들의 팬이 되어 간다고 말했다. 채우려면 비워야 하고 얻으려면 줘야 한다는 것을 강조하며 그는 외관과 체계가 제대로 갖춰진 외식 공간을 만들어야 한다고 강조한다.

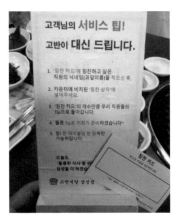

고반식당의 서비스 팁 제도. 시스템 없어도 의지만 있다면 실행이 가능하다는 것을 보여준다.

지금까지 노력이 성과로 연결되는 구조를 만드는 방법을 알아봤다. 이가 없으면 잇몸으로, 시스템이 없더라도 하고자 하는 의지가 있다면 해결 방법을 찾을 수 있다. 직원의 성과를 가시화하고 그것을 통해 동기부여 하는 것은 사장의 마음가짐에 달려 있다.

직원의 능률을
올리는 효율적인 방법

직원이 좋은 서비스를 제공하게
만드는 법

＼

집 근처 대형 슈퍼 맨 위층에 있는 돈가스 체인점도 굉장해. 내 아이가 어렸을 때부터 같이 다니는 곳인데 느낌이 좋은 아주머니가 일하는 곳이지. 그녀는 항상 손님을 자주 살피면서 "어머 양배추가 없네, 더 줄까?" 이런 식으로 아이한테 물어봐. 마치 엄마가 물어보는 것처럼 말이야. 참 따뜻하지. 된장국도 얼마든지 그냥 줘. 그런데 하루는 그 체인의 다른 지점에 가게 됐는데, 된장국을 더 달라고 했더니 주인장이 무뚝뚝한 태도로 와서 "추가 요금 있어요."라고 하는 거야 그랬더니 아직 어린 딸아이가 하는 말이 "여기는 만날 가던 데랑 맛이 달

라. 아빠!" 똑같은 체인인데 맛이 그렇게 다를 리가 있겠어. 하지만 엄마처럼 따뜻한 아주머니가 있느냐 없느냐에 따라 맛도 다르게 느껴졌던 거지. 접객이란 바로 그런 거라고.

우노 다카시의 《장사의 신》에 나오는 일화다. 서비스를 제공하는 사람이 누구냐에 따라 고객이 느끼는 서비스 품질이 달라진다는 것을 보여주는 단적인 예인데, 이를 서비스의 특징 중의 하나인 '이질성'이라고 한다. 많은 사장들이 직원들의 접객 수준이 자신의 기대에 미치지 못한다는 불만을 품고 있다. 하지만 내부 사정을 들여다보면 그럴 수밖에 없는 경우가 많았다. 대표가 원하는 접객 수준이 직원들에게 제대로 전달되지 않았을 뿐만 아니라 매뉴얼조차 없는 경우가 태반이었다. 있더라도 매장의 철학이 담긴 진짜 매뉴얼이 아닌 경우가 많았다. 그렇다면 직원이 고객에게 질 높은 서비스를 제공하게 하려면 어떻게 해야 할까?

직원 간에 머리를 맞대고 서비스 매뉴얼을 만들어라

서비스 매뉴얼은 직원들의 접객 수준 차이를 줄이기 위한 도구다. 안정된 서비스 구조가 있다면 직원들이 일관된 서비스 품질을 유지할 수 있기 때문이다. 그렇다면 서비스 매뉴얼은 어떻게 만들어야 할까? 전 직원이 머리를 맞대고 함께 만들어야 한다. 현장을 가장 잘 아는 사람들의 지혜를 모은다면 기동력 있는 서비스 매뉴얼을 만들 수 있고, 직원들은 그 과정에 참여함으로써 성취감을 느낄 수 있기 때문이다. 게다가 모두의 합의로 만든 것이라면 실행까지도 순탄하게 이루어질 수 있다.

서비스 매뉴얼 제작에 앞서 우선적으로 해야 하는 것은 매장 환경에 맞는 서비스 수준을 결정하는 일이다. 고객 취향에 맞춰 차별화된 서비스를 제공하는 '개인화된 서비스'를 할 것인지, 모든 고객에게 동일한 서비스를 제공하는 '표준화된 서비스'를 할 것인지 결정한 뒤, 꼭 필요한 내용을 선별해 기준으로 삼아야 한다.

현 검사의 Detail

표준화된 서비스란 모든 고객에게 동일한 프로세스의 서비스를 제공하는 것을 말한다. 맥도날드와 같은 패스트푸드점에서 제공하는 서비스를 예로 들 수 있다. 개인화된 서비스란 고객 한 사람 한 사람의 취향에 따라 차별화된 서비스를 제공하는 것을 말한다. 고객의 이름을 기억하고 불러주며 "오늘도 ○○ 맞으시죠?"라고 즐겨 먹는 메뉴까지도 기억하는 등 호텔이나 풀 서비스 레스토랑에서 제공하는 서비스를 예로 들 수 있다. 다만 국내 외식업체는 표준화나 개인화된 서비스만을 고집하기보다는 표준화된 서비스를 기본으로 하며 개인화된 서비스를 가미하는 등 고객 만족을 위한 적절한 조화를 추구하는 경우가 많다.

서비스 매뉴얼의 각 항목은 누가 이 일을 왜, 어떻게 해야 하는지 구체적으로 작성해야 한다. 그래야만 직원 누구나가 이해할 수 있고 일의 중요성을 인식하여 자발적으로 움직이게 된다.

예) 맞이 인사

1) What: 맞이 인사란 고객을 인지했다는 사인이자 고객 환영을 표현하는 수단입니다.

2) Why: 고객에게 우리가 친절한 서비스를 제공하는 곳이라는 기분 좋은 첫인상을 남길 수 있습니다.

3) Who: 전 직원

4) How: '수많은 브랜드 중 ○○을 선택해주셔서 감사합니다'라는 감사의 마음을 담아 고객에게 표현해야 합니다(고객 입점 시 고객의 눈을 바라보며 밝고 활기찬 목소리로 인사합니다).

"어서 오세요."

이 외에도 매뉴얼에는 경영자의 철학이 반영되어야 한다. '내 매장을 이렇게 운영하고 싶다. 우리가 제공하는 음식, 매장 환경, 직원은 이런 상태였으면 좋겠다. 이를 위해 고객에게 이렇게 해주고 싶다.'는 것들이 매뉴얼에 분명하게 담겨야 한다. 인사말을 예로 들면 '즐거움'이라는 가치를 추구하는 죠스떡볶이의 인사말은 "어서 오세요."이고 '정중함'이라는 가치를 추구하는 바르다 김선생의 인사말은 "안녕하십니까."이다. 인사말과 더불어 고객을 대하는 말투나 표정, 행동 하나까지도 그러한 가치가 드러날 수 있도록 서비스 매뉴얼이 설계되어야 한다.

매뉴얼을 정할 때 유의사항이 있다. 서비스 매뉴얼의 목적은 직원 간의 접객 수준 차이를 줄이고 일관된 서비스 품질을 유지하는 것을 목표로 해야 한다는 것이다. 따라서 고객이 불편을 느끼지 않는 선에서 서비스 기준을 결정해야 하며, 직원들이 실행하기 어려울 만큼 지나치게 높은 수준의 서비스를 기대해서는 안 된다.

매뉴얼을 정기적으로 업데이트 하라

매장에서 근무하다 보면 매뉴얼 기준에서 벗어나는 상황이 발생할 때가 있다. 예를 들면 고객이 포장이 안 되는 메뉴를 포장해달라고 한다든지, 인원수에 맞는 자리로 고객을 안내해야 하는데 넓은 자리로 안내해달라는 등의 다양한 사례가 있다. 이럴 때 센스 있는 직원들은 '고객을 불편하게 하지 않는 것이 서비스의 기본이다.'라는 생각으로 유연하게 대처할 수 있다. 하지만 직원마다 서로 다른 기준으로 매장이 운영되는 것이 다른 고객에게 알려진다면 곤란한 상황이 발생하게 된다. 이럴 땐 어떻게 해야 할까? 직원들과 함께 고민하고 개선점을 모색하는 것이 좋다. 같은 상황이 자주 반복된다면 보다 나은 방법을 찾아 매뉴얼을 바꾸는 것도 방법이다. 매뉴얼대로 운영하되 지속적으로 문제점을 발견하고 개선해 나간다면 보다 기동력 있는 매뉴얼이 될 것이다.

영업시작에 앞서 직원 미팅을 주최하라

직원은 무엇을 위해 일하는지 모르면 열심히 일하지 않는다. 그런데 업무에 앞서 간단한 미팅을 하면 이러한 문제 해결이 가능하다. 미팅은 그날의 리더가 전 직원을 대상으로 실시한다. 업무 시작 전이나 식사 후 티타임에 실시하는 것이 좋다. 미팅을 하기에 앞서 맨 처음 직원들의 유니폼을 점검하는 시간을 갖는다. 복장을 갖추는 것이 서비스의 기본이자 고객에 대한 마음가짐의 표현이기 때문이다.

다음은 경영철학이나 매출 목표, 프로모션에 대한 내용을 공유한다. 이를 통해 직원들의 역할이 명확해지고 목표 의식이 생겨 업무에 집중하게 된다. 만일 신메뉴가 출시되었을 경우, 판매량의 목표를 세운 후 직원들과 목표달성 방법을 시연해보는 것이 좋다. 이 외에도 매장 내 칭찬, 불만 사례 같은 공지사항을 전달하는 시간을 포함해보자. 어떤 사장님은 고객 클레임 발생 시, 해당 상황을 직원들에게 공유하여 똑같은 실수가 일어나지 않게 주의를 준다고 한다. 또한 맛 클레임 발생 시에는 레시피대로 정확히 조리한 것과 그렇지 않은 것에 대한 비교를 통해 문제점을 진단하는 세미나를 진행한다고 한다.

직원 미팅 때 열심히 일한 직원을 공개적으로 칭찬해서 다른 직원들을 동기부여 시킬 수도 있다. 사람이라면 누구나 인정받고 싶은 욕구가 있기 때문에 칭찬과 인정은 직원에게 큰 자양분이 된다. 이렇듯 하루에 10분만 투자하면 직원의 서비스 품질이 달라질 것이고 그로 인해 더 많은 고객이 찾게 되는 효과가 있다.

불필요한 일을 줄이면
달라지는 것들

\

공릉에 있는 〈수요미식회〉 3대 떡볶이 맛집을 찾아갔다. 방문 당시 열 평 남짓한 공간에 어머니와 자매 그리고 주방 직원 한 분이 일하고 있었다. 매장이 세로로 긴 형태인데 뒷주방에서는 어머니와 주방 직원이 떡볶이를 만들고 튀김을 튀기며 꼬마김밥을 쌌다. 심지어 라면과 쫄면도 조리한다. 출입문 앞에 있는 앞주방에서는 자매가 주문 접수 및 포장, 계산을 담당한다. 이 집은 포스기 없이 카드 단말기로 장사한다.

뒷주방에서 떡볶이를 만들어 들통으로 가져다주면, 자매들은 떡볶이를 대형 철판에 옮겨 데운다. 주방에서 튀김을 튀겨 가져오면 자매들은 주문이 들어왔을 때 튀김을 또 한 번 튀겨 가위로 잘라서 제공한다. 홀에 꼬마김밥 주문이 들어오면 "김밥 네 개요!"라고 뒷주방에 외친다. 그때마다 뒷주방에서 출입문 앞까지 김밥을 직접 가져다주신다. 내가 식사하는 동안 뒷주방에 계신 어머니와 직원은 뒷주방과 앞주방을 수십 번 왕복했다. 이 집은 고객이 밤낮으로 줄 서는 집이라는데, 노동 강도가 어떨지 상상이 됐다. 이건 동선의 저주라고 할 수 있다. 이처럼 매장 내 동선이 비효율적이거나 너무 바쁜 경우라면 직원들이 주어진 일을 처리하는 데 어려움이 있다. 그래서 쉽게 지치게 되고 업무 효율마저 떨어지는 일이 발생한다. 고객을 보고 한 번이라도 더 웃으려면 컨디션이 좋아야 하는데, 몸이 피로하니 그것 또한 따라주지 않는다. 이럴 땐 어떻게 해야 할까? 배치를 바꾸려면 공사가 필요하다. 비용이 들어 공사는 쉬운 일이 아니니 내가 할 수 있는 선에서 불필요한 일을 제거하여 직원의 동선을 줄이는 것으로도 큰 효과를 얻을 수 있다.

한우 전문점인 대도식당은 날마다 고객이 줄 서는 곳으로 유명하다. 직원들이 눈코 뜰 새 없이 바쁘다. 그런데 이곳에서는 물병에 물을 담아서 제공하는 대신에 일회용 생수를 제공하고 있다. 물론 이 경우에도 추가 비용이 발생한다. 하지만 고객은 위생적인 물을 마셔서 좋고, 직원은 물병을 세척하거나 물 채우는 일이 없어져 고객 테이블에 한 번 더 갈 수 있다.

세광그린푸드 브랜드 매장은 직원들이 일하기 편한 구조로 되어있다.

교대이층집, 석암生소금구이 등으로 유명한 세광그린푸드 브랜드 매장에 가면 각 테이블마다 선반이 있다. 선반에는 고객이 식사하며 필요한 숟가락, 젓가락, 빈 접시, 술잔, 물컵, 냅킨 등을 마련해 놓았다. 이렇게 미리 준비하면 고객은 필요한 것을 바로 사용할 수 있어 편하고, 직원은 동선을 줄일 수 있어 고객 서비스에 집중할 수 있다. 직원의 컨디션이 서비스 품질과 직결된다는 사실을 명심하고 어떻게 하면 우리 직원의 일을 줄일 수 있을까를 고민해 보기 바란다.

직원들이 고객에게
집중하게 만드는 법

\

다들 이런 경험 있을 것이다. 음식점에 가서 흔히 목격하는 장면인데, 직원들이 삼삼오오 모여서 떠들기에 바쁜 모습이다. 주로 카운터 앞이 그들의 아지트다. 홀 직원은 물론 주방 직원의 대화 소리마저 홀 전체에 쩌렁쩌렁 울린다. 이 경우 고객은 어떻게 느낄까? 식사하는 데 집중하기 어렵다. 맛에 집중해야 하는데 자신도 모르게 직원의 대화 내용에 귀 기울이게 되는 상황이 발생한다. 또한 직원의 서비스 케어를 받기 어려우니 여러모로 불편하다. 직원은 어떨까? 물론 희희낙락하며 시간 때우기에는 좋을 것이다. 하지만 고객이 우리 음식에 만족하고 있는지, 더 필요한 것은 없는지 전반적인 사항을 고객의 표정과 행동으로 관찰하고 확인할 수 없으니 서비스 측면에서 놓치는 게 많아진다. 모두에게 불리한 상황이라고 할 수 있다.

고기짬뽕으로 유명한 송탄 영빈루의 분점, 홍대 초마에 지인들과 함께 방문했다. 이 매장에서 직원들의 눈빛과 시선 때문에 적잖이 깊은 인상을 받았다. 초마 직원들의 눈빛은 열정으로 불타올랐고 모두의 시선이 고객을 향해 있었다. 마치 "놓치지 않을 거예요!"라고 말하는 표정처럼 보였다. 직원들이 한 곳에 일렬로 서있는 게 아쉽긴 했지만, 아마도 협소한 매장에서 고객의 동선에 방해되지 않으려는 그들의 배려였을 것이다. 그들은 분명 고객에게 최선을 다하고 있었다. 또한 직원들이 모두 유니폼을 갖춰 입었고, 매니저 유니폼은 구분되어 있어 서비스가 더욱 돋보였다.

안양에 팔덕식당이라는 곳이 있다. 서비스가 좋기로 유명하다고 해서 일부러 찾아갔는데, 역시 소문대로였다. 나는 서비스에 대한 만족 기준이 높은 편이다. 마냥 즐거움을 추구하는 이벤트성 서비스보다는 고객을 진심으로 배려하고 살피는 서비스 방식을 더 선호한다. 이곳은 그 둘 사이의 균형을 잘 맞추고 있었다. 팔덕식당 대표는 '고객이 시켜서 하는 건 심부름이고 고객이 원하는 걸 미리 챙겨주는 게 진정한 서비스다.'라는 철학이 있다고 한다. 그래서 직원들이 이러한 역할을 잘할 수 있게 고객을 관찰하여 필요한 걸 미리 챙겨주는 서비스를 전담하는 직원이 있다. 서비스에 대한 대표의 강한 의지라고 본다. 내가 방문했을 당시에도 인상 깊은 장면이 있었는데, 바로 서빙을 하면서도 주변 고객을 살피는 직원의 모습이었다.

여기서 우리는 직원들이 고객을 바라봐야 하는 이유를 명확히 알 수 있다. 고객을 바라봄으로써 고객의 말을 건성으로 듣거나 형식적으로 대하지 않고 주의 깊게 들을 수 있다. 고객을 바라보고 관찰하여 무엇이 필요한지 알아채고 서비스 할 수 있다. 시켜서 하는 사후 서비스after service가 아니라 먼저 제공하는 사전 서비스before service가 가능한 것이다.

고객이 식사 도중 두리번거린다면 직원의 도움이 필요하다는 뜻이다. 고객이 메뉴판을 한참 바라볼 때는 고객에게 다가가서 메뉴를 추천해주고, 음식의 대부분을 남겼을 때는 혹시나 입맛에 맞지 않았는지 불편한 점은 없었는지 물어봐야 한다. 그 작은 차이가 고객을 마치 특별한 사람이 된 것 같은 기분으로 만들어 준다. 직원은 고객의 요구를 놓치지 않게 되고 사전 서비스를 통해 직업적 자부심이 생기며 고객은 이에 감동받아 재방문으로 연결되는 선순환 구조, 이것은 고객을 바라보는 것에서 시작한다.

스탠딩이 아니라 '스탠바이' 하라

\

한 고급 레스토랑에 방문했을 때 일이다. 분명 파인다이닝인데 서버가 인당 네 개의 테이블이나 맡고 있었다. 그리고 바쁘지도 않은 상황인데 모두가 멍하니 서있기만 했다. 눈앞의 고객이 뭔가 필요한 상황인데도 전혀 눈치채지 못하고 있었다. 고객이 손을 높이 들어야만 응대하는 수준의 서비스였다. 명색이 파인다이닝이라면, 빵 바구니가 비어 있으면 "실례합니다. 고객님 빵을 다 드셨다면 정리해 드릴까요?"라고 물어본 뒤 바구니를 치워주면 어떨까? 말과 동시에 손바닥으로 바구니를 가리키는 보디랭귀지도 필요하다. 바구니를 손바닥으로 가리키는 이유는 상대방에게 자신의 말을 인지시키고 신뢰를 주기 위함이다. 우리 테이블 서버가 바구니를 치울 때 혹시나 빵이 더 필요한지를 물었더라면 좋았을 것이라는 생각이 들었다. 아무것도 아닌 것 같지만, 외식업 현장에서는 말 한마디가 기대 이상의 효과를 가져온다.

현 검사의 Detail

상대에게 손바닥을 보여주는 행동은 첫 만남에서 우리의 안전을 보장하고 신뢰를 형성하기 위함이다. 무언가를 가리킬 때 서비스 하수는 손가락을 사용하지만 서비스 고수는 손바닥을 사용한다.

고객을 상상하게 만들지 말라

나는 저녁 식사 후 회사로 복귀해야 했기에 와인을 주문하지 않았다. 내 일행만 글라스 와인 한 잔을 주문했는데 이상하게 한 잔 아닌 두 잔이 나왔다. 서버에게 물었더니 우리가 두 잔을 주문한 줄 착각했다고 했다. 서버가 죄송하다고 말하며 나머지 와인 한 잔을 그대로 가져갔다. 내가 서버였다면 어차피 잘못 나왔으니 서비스로 제공했을 텐데…. 갑자기 서버가 그 와인 한 잔을 다시 와인 병에 따르는 장면이 상상되기 시작했다.

서버가 이어셋을 착용하는 이유

이제는 서비스에도 과학과 기술이 도입되는 시대다. 일부 특1급 호텔 레스토랑에서는 주방에 cctv를 설치한 뒤 고객의 식사 제공 타이밍을 기막히게 조절하고 있다. 이정도까지는 아니더라도, 요즘 레스토랑 서버들은 이어셋 하나쯤은 착용하고 있다. 서버가 이어셋을 착용하는 이유는 고객을 관찰하고 FOH^{Front of the house, 홀직원}, BOH^{Back of the house, 주방직원}와의 커뮤니케이션을 통해 식사 제공 타이밍을 맞추기 위해서이다. 역시나 이곳의 서버들도 하나같이 이어셋을 착용하고 있었다. 우리는 코스요리를 주문했다. 그런데 음식 간 제공 텀이 길어도 너무 길었다. 식전 빵을 먹고 전채요리, 수프, 샐러드를 먹는 데까지 무려 한 시간이 걸렸다. 모든 타이밍이 딱딱 맞아떨어져야 하는데, 각각의 메뉴 제공 시간이 왜 이리도 느린지 식사 내내 화가 났다. 이유가 있었다. 서버가 우리 테이블의 샐러드 접시를 치우고 돌아서는 순간, 나는 똑똑히 들었다. 샐러드 접시를 치우며 그제서야 주방에 스테이크를 주문하는 서버의 말소리를…. 이럴 거면 귀 멍멍하고 허리 아프게 이어셋은 왜 착용한 것일까?

스탠딩 말고 스탠바이 하라!

> **스탠바이(stand-by)**
> 1. 정식 방송을 하기 전에 준비 또는 그 준비가 끝났음을 알리는 신호.
> 2. 돌발 사태로 예정된 방송이 취소될 것에 대비하여 마련해두는 임시 프로그램.
> 3. 음향 또는 영상 장치를 설치하여 즉시 작동할 수 있는 상태로 만드는 것. 또는 그 상태.

외식업에 있어 스탠바이란 서버의 대기 자세를 말한다. 이는 고객에게 서비스할 모든 준비가 끝났음을 알리는 신호이자, 서버가 고객이 필요한 것에 즉시 서비스를 제공할 수 있는 상태라고 할 수 있다. 그런데 그 파인다이닝의 직원 모두가 스탠바이가 아닌 스탠딩을 하고 있었다. 서버가 고객을 관찰하지 않고 멍하니 서 있는다면 고객에게 결코 좋은 품질의 서비스를 제공할 수 없다. 내가 하는 일이 무엇이고 그 일을 어떻게 하는지 방법을 모를 때 위와 같은 일이 발생한다. 분식점도 아니고 파인다이닝 레스토랑이라면 고객 한 사람 한 사람에게 맞는 개인화된 서비스를 제공해야 한다. 그게 아니라면 가격을 낮추고 레스토랑 콘셉트를 바꾸길 조심스레 권한다. 결국 우리는 음식을 다 남기고 그냥 나와 코엑스에 있는 홍대 돈부리로 가서 또다시 저녁을 먹었다. 나는 홍대 돈부리가 개인화된 서비스를 제공하지 않아도 결코 불평하지 않는다. 음식이 맛있는 것에 감동하고 빨리 나오는 것에 감동한다. 홍대 돈부리는 파인다이닝이 아니기 때문이다.

직원이 일의 우선순위를 알게 하라

＼

수년 전, 원 플레이트 푸드가 유행하던 때가 있었다. ○○브랜드 는 원 플레이트 푸드의 원조 격인 곳이다. 음식의 질도 훌륭하고 직원들의 복명복창復命復唱 서비스가 마음에 들어 종종 찾았다. 이곳 은 맛은 기본이고 푸짐한 양으로 2인 1메뉴의 음식 문화를 만들어 낸 곳이다. 나는 이곳을 삼 년 만에 다시 찾게 되었는데, 내가 방문 한 시간은 오후 9시 10분이었다. 늦은 시간이어서 그런지 네 개 테 이블에만 손님이 있는 상태였다. 한창 식사 중에 웅성웅성 소리가 들렸다. 직원들이 신이 나서 대화하고 있었다. 저 멀리 떨어져 있 는데 내게 대화 내용이 들릴 정도였다. 음식점에서 자주 목격되는 장면이라 지나쳤다. 그런데 잠시 후 주방에서 접시가 깨지는 듯한 소리가 났다. 네 명의 직원이 홀에 스탠바이한 상태였는데 누구 하 나 "죄송합니다."라고 말하는 사람이 없었다. 아마도 응대 방법을 교육 받지 못했을 것이다.

누군가 주변을 시끄럽게 해서 고객의 식사를 방해했다면 직원들이 고객에게 사과해야 한다. 직원이 실수했든 고객이 실수했든 마찬가지다. 고객은 매장에서 편안히 식사할 권리가 있기 때문이다. 그런데 그게 다가 아니었다. 고객이 하나둘씩 빠져나갈 때마다 놀라운 광경이 펼쳐졌다. 테이블 하나를 치우기 위해 네 명 직원 모두가 달려드는 게 아닌가? 남들이 보기엔 이렇게 생각할 수 있다. '서로 돕는 모습이 참 보기 좋구나.' 물론 네 명이 테이블을 함께 치우면 동료애가 돈독해질 수 있고 테이블도 금방 정리된다. 하지만 그사이 홀은 비워지게 된다는 점에 주목해야 한다. 홀에 아무도 없다면 고객은 불편을 겪게 될 수도 있다. 당시 매장 상황을 떠올려 보자면, 남아있는 테이블은 단 두 개였는데 모든 직원이 주방 근처에 몰려있었다. 마감 업무를 하는 것 일수도 있겠으나, 단 한 명의 직원도 홀을 살피지 않았다. 카운터 앞에서 고객을 향해 있는 단 한 명의 직원이 있었지만, 그마저 스마트폰에 열중하고 있었다.

이와 관련해 효과적인 방법이 있다. 바로 스테이션station을 관리하는 것이다. '스테이션'이란 직원에게 주어진 서비스 구역을 일컫는다. 직원마다 각자의 라인을 맡아 테이블 담당제로 서비스하는 방법으로, 내 고객에 대한 책임감이 생긴다. 업무 중 자리를 비워야 할 때는 옆 라인 직원과 소통해야 한다. 그래야만 자신의 고객들이 방치되지 않는다. 담당 직원은 항상 자신의 라인에 스탠바이하고 시선은 늘 고객을 향해 있어야 한다. 그래야만 고객의 표정과 행동을 알아채고 도움을 필요로 하는 고객에게 다가갈 수 있다. 나는 현장 근무 당시 스테이션 관리를 꽤나 강조했었다. 고객에게 좋은 품질의 서비스를 제공하는 것은 물론 일이 한 번에 몰렸을 때 빈틈 없이 효율적으로 처리할 수 있기 때문이다. 그 방법은 다음과 같다.

1. 직원마다 담당 라인을 정해준다.
- A 직원: 10번대 라인 담당(11,12,13,14번)

2. 업무 시 다음 순서로 스테이션을 관리하게 한다.
1) 고객을 관찰하라
- 고객의 얼굴과 표정을 살펴라.
- 테이블의 식사 진행 상태를 관찰하라

2) 예측하라
- 누가 당신의 도움을 먼저 필요로 하는가?
- 그 다음에 필요로 하는 것은 무엇인가?
- 어떤 동선으로 움직여야 효과적일까?

3) 서비스의 우선순위를 파악하라
- 방금 식사를 제공받은 고객
- 계산하려는 고객
- 방금 자리에 앉은 고객
- 추가주문 하려는 고객

4) 우선순위대로 실행하라
- 생각하며 행동함으로써 스테이션을 조절할 수 있다.

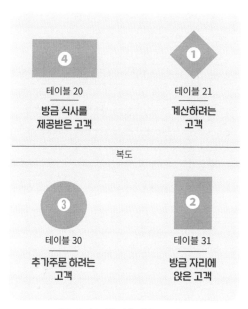

업무 우선순위를 정할 때의 기준이다.

우선순위는 다음과 같이 정해야 한다. 먼저, 계산하려는 고객이 최우선이다. 그들은 빨리 나가길 원한다. 또한 사람의 기억은 마지막이 특히 강하게 남고 최근 경험을 중심으로 평가하기 때문에 고객에게 기분 좋은 마지막 기억을 남기려면 계산 업무를 최우선으로 해야 한다. 두 번째는 방금 자리에 앉으신 고객이다. 내가 TGIF 근무 당시 고객이 착석 후 30초 이내에 맞이하는 게 매뉴얼이었다. 음식점에 대한 고객의 첫인상이 좋으면 이후에도 좋은 이미지로 연결되기 쉽기 때문이다. 이 경우 고객에게 자신이 담당 서버임을 알리고 잠시 후 주문을 도와드리겠다는 멘트를 하면 약 20

초가 소요된다. 세 번째로는 추가주문 하려는 고객을 응대해야 한다. 만일 첫 주문을 하는 고객이라면 주문 시간이 더 소요되어 순서를 조정해야겠지만, 추가 주문일 경우 메뉴 수가 한두 개 내외이기 때문에 주문 받는데 시간이 오래 걸리지 않는다. 마지막 순위로 방금 식사를 제공받은 고객을 응대한다. 고객에게 만족도 체크를 할 때는 식사를 제공한 뒤 3분 이내에 하는 것이 좋다. 그 이유는 고객이 어느 정도 맛을 음미할 수 있는 시간적 여유를 주어야 하기 때문이다. 현장을 관찰하다 보면, 직원이 이 타이밍을 몰라 고객이 음식을 입에 넣자마자 불쑥 만족도를 체크하는 경우를 자주 본다. 주의가 필요하다.

이 외에도 다양한 상황이 연출될 수 있다. 계산을 하는 중에 고객을 안내해야 할 상황이 발생할 수도 있고 갑자기 음식에 대한 클레임이 발생할 수도 있다. 이때 어떤 게 더 우선인지, 어떻게 일하는 게 효율적인지를 항상 생각하면서 행동한다면 일이 몰렸을 때 누구나 똑똑하게 해결할 수 있다.

홀과 주방 간에 소통하게 하라

＼

〈백종원의 골목식당〉의 '청파동 하숙골목 냉면집' 편을 보면 탤런트 조보아 씨가 여사장님을 대신해 홀 서빙을 담당하는 장면이 나온다. 여사장님이 우리 남사장님 성격이 급해서 조보아 씨가 걱정된다고 말했는데 이는 기우였다. 조보아 씨는 실제 서빙의 고수였다. 그 비결은 주방과의 원활한 소통에 있었는데, 그녀는 일에 앞서 주방과의 소통을 통해 업무의 속도를 조절했다. "사장님, 고객은 몇 분씩 끊어서 받을까요?" 남사장님은 일곱 분을 모셔오라고 했다.

현 검사의 Detail

이 매장은 기계를 통해 자가제면(가게에서 직접 만든 생면을 사용)을 하는 곳인데 기계에서 한 번에 뽑아낼 수 있는 국수 양이 5~6인분이다. 이처럼 주방 공간이 한정적이고 음식 만드는 기기 수의 제한이 있기에 평소 홀, 주방 간의 소통을 통한 조리의 완급 조절이 필요하다.

그렇게 한 타임을 돌고 난 다음에는 고객 열다섯 명을 한 번에 받았다. 주방과 홀이 손발이 잘 맞고, 이미 경험을 했기에 속도가 빨라진 것이다. 조보아 씨는 이에 그치지 않고 주방과 끊임없는 소통을 시도했다. "고객님들이 온면 너무 맛있다고 하세요." 남사장님이 환하게 웃었다. 오픈형 주방이 아닌 이상, 주방에 있으면 밖이 보이지 않는다. 그러므로 밖에 대기 고객이 몇 분인지 음식에 대한 고객 반응이 어떤지 알 길이 없다. 이때 홀 직원이 고객 상황을 알려준다면 주방은 이에 대비할 수 있고(앞으로 얼마다 주문이 더 들어올지 여부 판단, 재료의 추가 준비, 긴장을 늦추지 않는 마음의 자세 등), 음식 맛에 대한 고객의 피드백을 받음으로써 힘들어도 즐거운 마음으로 음식을 준비할 수 있다.

내가 TGIF에서 처음 맡은 업무는 고객을 환영하고 자리 배치와 안내를 하는 SPG^{smile people greeter}였다. 당시 웨이팅이 걸리면 실시간으로 엑스포에게 '오픈 메뉴 카운트^{Open Menu Count}'를 했다. 오픈 메뉴 카운트란 아직 주문하지 않고 현재 메뉴를 보고 있는 고객의 수를 말한다. 이렇게 외치면 된다. "엑스포, 오픈 30!" 이 의미는 현재 30명의 주문 대기 고객이 있다는 뜻이다. 이를 엑스포에게 알림으로써 주방에서는 앞으로 들어올 고객의 주문에 미리 대비할 수 있게 된다.

규모가 있는 레스토랑의 경우 각 음식을 조리하는 다양한 파트가 있다. 예를 들면 스테이크 류를 굽는 브로일^{broil}, 파스타나 볶음밥 류를 만드는 소테^{saute}, 나초와 샐러드 류를 만드는 나초^{nacho} 파트 등이다. 특정 파트에 주문이 몰릴 경우 주방은 홀에 이 사실을 알리는 게 좋다. 홀과 소통하여 서버들이 고객의 주문 접수 시 해당 메뉴가 평소보다 시간이 더 걸린다는 것을 안내하고 다른 메뉴 주문을 유도하는 등의 센스를 발휘하게 한다면, 조리의 완급 조절이 가능하다. 고객의 클레임을 예방할 수 있는 것은 물론이다.

이처럼 홀, 주방 간에 원활한 소통을 통해 다 함께 손발을 맞춰 일해보면 어떨까? 지금보다 더 즐겁고 효율적으로 말이다. 이를 통해 서로를 이해할 수 있고 팀워크가 자동으로 따라온다는 사실을 잊지 말길 바란다.

무전취식한 고객,
어떻게 해결해야 할까요?
—

　음식점을 운영하는 대표라면 고객의 무전취식^{無錢取食}으로 인한 어려움을 다들 한번쯤은 겪어봤을 것이다. 무전취식이란 돈 없이 남이 파는 음식을 먹는다는 뜻으로 이와 관련된 일반적인 사례를 살펴보면 다음과 같다.

　사례 1. 갑이라는 사람이 자신이 돈이 없는 사실을 알고도 A 음식점에서 음식을 주문하여 식사를 마친 뒤 음식값을 지불하지 않는 경우가 무전취식 사례에 해당한다. 무전취식은 정당한 이유 없이 대가를 지불하지 않는 것으로 지불 능력이 없거나 돈이 있음에도 불구하고 지불 의사가 전혀 없는 경우 둘 다에 해당한다.

　최근에는 언택트 소비가 확산됨에 따라 배달 매출이 폭발적으로 증가했는데, 이에 따라 무전취식의 수법 또한 다양해지고 있다. 예를 들면 고객이 전화로 배달 주문을 한 뒤 계좌번호를 알려주면 음식값을 입금하겠다고 말하고 음식을 전달받고 잠적하는 수법이다. 많은 음식점 사장들이 고객의 연락처를 알고 있으니 믿고 음식을 보내는 경우가 많다. 그렇지만 입금이 되지 않고 상대방과 계속하여 연락이 되지 않는다면 이는 무전취식에 해당한다.

사례 2. 갑이라는 사람이 A 음식점에서 음식을 주문하고 식사를 마친 뒤, 음식값을 지불하려고 할 때 집에 지갑을 두고 왔으니 나중에 계산하겠다고 말하는 경우가 있다. 이 또한 무전취식에 해당한다.

그렇다면 무전취식에 대한 처벌 기준은 어떠할까? 사례 1의 경우 형사문제로 사기죄 또는 경범죄에 해당한다. 액수가 작지만 다수의 무전취식 전과가 있거나 무전취식 액수가 클 경우에는 형법상 사기죄로 입건된다.

- 형법 제347조(사기): 사람을 기망하여 재물의 교부를 받거나 재산상의 이익을 취득한 자는 10년 이하의 징역 또는 2천만 원 이하의 벌금에 처한다.
그러나 무전취식 액수가 작거나 상습성이 없는 경미한 범죄라면 경범처벌법상 즉결심판 대상에 해당한다.

- 경범처벌법 제1조 제51호(무임승차 및 무전취식): 영업용 차 또는 배등을 타거나 다른 사람이 파는 음식을 먹고 정당한 이유 없이 제값을 치루지 아니한 사람은 즉결심판 대상이다.(10만 원 이하의 벌금, 구류 또는 과료)

사례 2의 경우 민사문제(민사소송 또는 소액심판·지급명령신청제도) 건에 해당한다.

음식점에서 음식을 주문하여 식사를 마친 뒤 지갑을 안 가져왔다며 돈을 나중에 지불하겠다고 하거나 음식값이 과도하게 청구된 것에 불만을 항의하는 경우이다. 이 경우 전형적인 민사문제로 민사소송을 제기할 수 있으나 간편하고 신속하게 종결되는 소액심판제도와 지급명령제도를 이용할 수 있다.

지금까지 무전취식이 무엇이며 어떤 사례가 발생하는지, 사례별 처벌 기준에 대해 알아봤다. 그런데 중요한 것은 이와 같은 상황 발생 시 본인이 임의로 판단하여 처리하지 말아야 한다는 것이다. 무전취식 의심 사건 발생 시에는 즉시 112에 신고하여 민사문제인지 형사문제인지 출동 경찰관의 판단을 받아 조치해야 한다.

고객이 집에 지갑을 두고 왔다며 나중에 결제하겠다고 하면 임의로 판단하여 연락처를 받은 뒤 고객을 돌려보내지 말고 그 즉시 112에 신고한 뒤 경찰관을 통해 처리할 수 있도록 해야 한다는 것이다. 또한 항상 증거를 남기는 것이 중요하기 때문에 CCTV가 있는 곳에서 대화하거나 녹음을 하는 등의 노력이 필요하다.

취한 고객 응대, 어떻게 해야 현명하게 매장을 지킬 수 있을까요?
—

"사장님, 저 손님 술을 더 달라고 하시는데요."

술을 함께 판매하는 음식점을 운영하다 보면 이런 상황을 자주 겪게 된다. 손님이 이미 취한 상태지만 추가 주문을 원하는 상황이다. 이럴 때마다 술을 더 제공해야 할지 중단해야 할지 고민이 된다. 매출을 생각하면 주문을 받고 싶지만, 혹시라도 취객이 소란을 피우거나 사고가 나면 매장 운영에 문제가 될 수 있기 때문이다. 그뿐만 아니라 나이가 어려 보이는 손님에게 술을 판매할 때 신분증을 요청해야 하지만, 이를 요구하는 순간 손님이 불쾌해하지 않을까 걱정되는 경우도 많다.

이처럼 술 취한 고객을 응대하는 것은 음식점 운영에서 피할 수 없는 과정이다. 하지만 제대로 대처하지 않으면 불필요한 마찰이 생기거나 법적인 문제에 휘말릴 수도 있다. 따라서 어느 시점에서 주류 제공을 중단해야 하는지, 경찰을 불러야 하는 상황은 언제인지 미리 준비해 두는 것이 중요하다.

그렇다면 주류 제공 중단의 적절한 시점은 언제일까? 고객 상태를 면밀히 관찰하고, 특정 신호가 보이면 주류 제공을 중단해야 한다.

> ▶ 말과 행동이 흐트러지거나 몸이 비틀거리는 경우
> ▶ 말을 느리게 하거나 같은 말을 반복하는 경우
> ▶ 다른 손님에게 말을 걸거나 불쾌한 행동을 하는 경우
> ▶ 자리에서 잠들거나 머리를 숙이고 있는 경우

이러한 상태가 보이면 추가 주문을 받기 전에 한 번 더 확인하고, 손님이 직접 주문할 때 자연스럽게 거절하는 것이 가장 효과적이다.

"고객님, 이번이 마지막 잔입니다."

"죄송하지만, 지금은 추가 주문이 어렵습니다. 대신 물이나 차를 준비해 드릴까요?"

이때 단호하면서도 정중한 태도가 중요하다. 무조건적으로 "더이상 술을 드릴 수 없습니다."라고 하면 고객이 기분이 상할 수 있기 때문에 대안을 함께 제시하는 것이 좋다.

또한, 취한 고객에게 절대 비싼 술을 권해서는 안 된다. 일부 고객은 취한 상태에서 평소보다 더 비싼 술을 쉽게 주문하기도 한다. 하지만 술에 취해 '기분 탓'에 주문하는 경우가 많아 대부분 다음날 후회한다. 그렇게 되면 더 이상 매장을 찾지 않게 될 수도 있어

장기적으로 보면 고객에게 신뢰를 잃을 가능성이 커진다.

대부분의 고객은 주류 제공을 중단하더라도 큰 문제 없이 넘어간다. 하지만 일부 고객은 취한 상태에서 감정적으로 반응하며 매장에서 문제를 일으킬 수도 있다. 다음과 같은 경우라면, 매장에서 해결하려 하지 말고 즉시 경찰에 신고하는 것이 좋다.

> ▶ 고객이 폭력을 행사하거나, 직원 또는 다른 손님에게 위협적인 행동을 보이는 경우
> ▶ 계산을 거부하며 고성을 지르거나, 매장을 나가지 않겠다고 버티는 경우
> ▶ 지속적으로 소란을 피우며 다른 고객들에게 피해를 주는 경우
> ▶ 술에 취한 상태로 운전을 하려는 경우 (음주운전 방조죄 예방을 위해 신고해야 함)

이런 상황이 발생하면 먼저 직원이 조용히 다가가 진정시키되, 손님이 계속해서 문제를 일으킬 경우 경찰에 신고하는 것이 가장 안전한 방법이다.

"고객님, 죄송하지만 더 이상 매장 내에서 무리한 행동을 하시면 경찰에 신고할 수밖에 없습니다."
"손님, 지금 상태에서는 도와드릴 수 있는 방법이 없습니다. 경찰의 도움을 받아보시는 게 좋겠습니다."

또한, 112 신고에 앞서 다른 손님들에게도 상황을 설명하고 양

해를 구하는 것이 좋다.

"죄송합니다. 고객님께서 많이 취하신 상태라 원활한 매장 운영을 위해 조치를 취하고 있습니다. 불편을 드려 죄송합니다."

술 취한 고객 응대, 이렇게 하면 효과적이다

술 취한 고객을 응대하는 것은 쉽지 않지만, 미리 기준을 정해두고 직원들과 연습하면 원활하게 대처할 수 있다.

주류 제공 중단은 자연스럽게!

"손님, 이번이 마지막 잔입니다."

"죄송하지만, 추가 주문은 어려울 것 같습니다."

→ 단호하지만 친절하게, 대안을 함께 제시하면서 거절할 수 있다.

문제가 커질 경우, 즉시 112 신고!

→ 폭력, 고성, 음주운전 시도 등의 경우에는 매장에서 해결하려 하지 말고 바로 경찰에 도움을 요청해야 한다.

음식점 운영에서 가장 중요한 것은 손님의 기분을 상하지 않게 하면서도, 매장의 질서를 유지하는 것이다. 술 취한 고객 응대가 어려운 순간이 올 수 있지만, 정확한 기준과 준비된 멘트만 있다면 충분히 원활하게 해결할 수 있다. 오늘부터 직원들과 함께 연습해 보고 매장에서 적용해 보는 것이 좋다.

3장

고객이 원하기 전에
먼저 팔아라

압도적인 성과를 내는 판매 전략

판매販賣란 값을 받고 상품을 파는 것을 말한다. 단순히 상품을 파는 것이 아니라 고객과의 관계를 쌓으면서 '팔리는 구조'를 만드는 게 중요하다. 그래야만 안정적인 매출 확보가 가능하기 때문이다.

고객이 우리 매장에 오지 않는 이유는 무엇일까? 단순히 잊었기 때문이다. 따라서 우리 매장을 자꾸자꾸 떠올리고 찾아오게 할 수 있는 무언가의 장치가 필요하다. 이때 필요한 게 고객 관계 관리 customer relationship management이다. 예상 고객을 유인해 신규 고객을 확보하고 정기적인 소통과 이벤트, 특별한 대우 등 기존 고객에 대한 지속적인 '고객 관계 관리'를 통해 단골 고객을 넘어 충성 고객으로 만들었을 때 비로소 스스로 팔리는 구조가 만들어진다.

어떻게 파는가에 해당하는 판매 방식 또한 중요하다. 이제는 앉아서 고객만을 기다리는 시대는 끝났다. 고객이 왜 우리 매장을 선택해야 하는지 그 이유와 노력을 널리 알리고, 고객이 찾아오지 않는다면 판매 방식을 달리해서라도 팔 수 있어야 한다. 위기를 극복해야 한다는 뜻이다. 이번 장에서는 재방문율을 높이는 판매 전략을 알아보자.

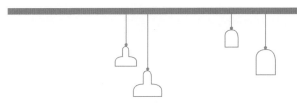

고객이
선호하는 메뉴를
팔아라

메뉴^{menu}란 무엇일까? 음식점에서 판매하는 음식이자 음식의 리스트인 메뉴북^{menu book}을 의미한다.

고객들은 음식점을 선택할 때 무엇을 얼마에 파는지, 방문 목적에 맞는 장소인지, 분위기는 어떻고 위치는 어떠한지, 고객 평이 좋은지와 같이 방문 시 경험하게 되는 다양한 특성을 고려한다. 그리고 메뉴는 이에 가장 큰 영향을 미친다. 매장의 핵심 상품이자 고객의 음식점 선택에 있어 매우 중요한 요인이기에 메뉴 개발에 앞서 이러한 것을 고려해야 한다.

주요 고객층을 파악하라

상권이란 무엇일까? 상권이란 내 고객이 있는 범위이자 마케팅 범위를 말한다. 나는 수년 전 외식업중앙회에서 주관하는 위생교육의 강사로 활동한 적이 있었다. 매주 수백 명의 예비 창업자를 대상으로 강의하며 이런 질문을 했었다. "사장님 매장은 어떤 상권이고 주 고객은 누구인가요?" 그런데 대부분 이 질문에 명쾌하게 답을 하지 못했다. 내 상권을 모르고 내 고객이 누구인지 모른 채 메뉴를 개발하고 가격을 결정했다. 내일모레 개업을 앞두고 있는데 말이다. 이럴 때 상권정보 시스템 등을 활용해 상권분석을 하면 고객에 대한 성별, 연령대, 주거형태, 세대 수 등을 알 수 있다. 이 외에도 경쟁점 현황 등을 알 수 있어 메뉴 개발 시 참고가 가능하다.

고객의 연령대에 따라 어린이, 10대, 성인(20~30대), 중년층, 노년층 등으로 구분할 수 있는데 내 고객을 먼저 파악한 후에 메뉴 개발에 이를 참고하면 좋다. 어린이의 경우 어릴 때부터 부모와 함께 다니며 식습관을 형성한다. 우리 매장에 가족 고객이 주로 방문한다면 어른 메뉴뿐만 아니라 어린이 메뉴를 개발해야 하며, 재방문을 유도하기 위한 선물 등을 제공하는 것이 좋다. 맥도날드에서 어린이 세트메뉴인 해피밀을 주문하면 장난감을 제공하는 것도 같은 이유이다. 10대의 경우 입맛이 점점 변해가는 단계이며 부모 또는 또래와 함께 음식점을 방문한다. 이왕이면 푸짐하고 가성비 좋은 메뉴를 선호한다. 성인의 경우 음식을 먹는 스타일은 유사하나 결혼의 유무, 경제적 수준에 따라 식습관이 달라질 수 있다. 미혼 성인 여성의 경우 아름다움과 건강을 위해 음식을 가려먹고 단조로운 음식보다는 새로운 음식을 선호한다. 중장년층은 트렌디한 음식보다는 든든하게 먹을 수 있는 전통적인 음식을 선호한다. 메뉴 선택 시 부양가족이 있기에 가격에 민감한 편이다. 노년층의 특징은 변화를 싫어하기 때문에 메뉴 개발 시 가장 예측하기 쉽다. 그리고 사회에서 은퇴한 경우가 대부분이라 가격에 민감하다.

방문 동기를 파악하라

고객이 어떤 음식점의 음식을 맛있다고 느끼고 그것이 재방문으로 연결되기 위해서는 판매 메뉴가 고객의 방문 동기와 일치하는지가 중요하다. 이는 고객이 우리 음식점을 방문하게 된 이유라고 할 수 있는데, 단순히 허기를 달래고 싶은지, 특별한 날을 기념하기 위함인지, 가족 모임이나 회식을 위한 것인지 등에 따라 고객이 요구하는 맛이 달라진다. 매일 먹는 일상식의 경우 질리지 않고 맛있게 느껴지는 메뉴를 개발해야 할 것이고, 일 년에 한 번 기념일에 찾는 특별식의 경우 식재료와 맛에 힘을 주어 고객의 기억에 남는 메뉴를 개발해야 한다.

환경적 요인을 고려하라

메뉴 개발에 앞서 환경적 요인 또한 고려해야 한다. 첫 번째로 일 년 내내 구할 수 있는 식재료를 활용해 고객에게 언제나 해당 메뉴를 제공할 수 있어야 한다(계절 메뉴 제외). 두 번째는 식재료의 교차가 가능한 것을 고려한다. 식재료 교차가 되면 한 번에 구입할 수 있는 식재료 양이 많아지고 원가를 낮출 수 있다. 다만 너무 많은 재료를 중복으로 사용하면 메뉴가 단조로워질 수 있다는 것을 염두에 두어야 한다. 세 번째는 물리적 공간과 시설까지 생각해야 한다. 현재 가지고 있는 주방기기로 조리가 가능한지, 만일 추가 기기가 필요하다면 그러한 것을 설치할 수 있는 공간이 있는지 등을 따져보자. 조리 과정이 복잡할 경우 음식의 질과 제공 속도에 영향을 미치기 때문에 메뉴 개발에 앞서 이러한 것을 총체적으로 고려해야 한다.

고객이 곁들이는 메뉴까지 고려하라

지난 1월, 올해 들어 처음으로 잉어빵을 샀다. 시대가 변하니 잉어빵도 각양각색이다. 생크림, 팥, 슈크림과 같이 맛은 더 다양해지고 크기도 작아졌다. 한입에 쏙 들어가니 우아하게 먹을 수 있다. 이와 곁들일 한잔의 커피를 내렸다. 잉어빵 세 마리면 커피 한잔에 어울리는 분량이라 생각해서 찻잔에 예쁘게 세팅했다. 붕어빵을 한입 베어 무는 순간 갑자기 책에서 본 내용이 떠올랐다.

'따뜻한 음료를 음식과 함께 먹는다면 최소한 200cc의 양은 필요합니다. 150cc 정도로 제공하는 가게도 있는데 음식을 먹으면서 마시는 분량으로는 부족합니다. 음식과 먹는 도중에 음료를 다 마셔 버리면 한잔을 더 주문하기도 그렇고 난감하겠지요. 고객의 입장에서 생각하면 답은 쉽게 나옵니다.'

철저하게 고객의 입장이 되어 메뉴를 개발하는 자세! 이처럼 잘 되는 브랜드들은 한 끗 차이로 승부가 난다. 메뉴 개발 시 이런 것까지 고민해보자.

메뉴 수가 많은 게 좋을까?

집 근처 돈가스 전문점이 있었다. 여사장님 혼자 운영하셨는데 돈가스 전문점이긴 하나 메뉴가 많아도 너무 많았다. 돈가스 외에도 쫄면, 라면, 김밥, 만두, 볶음밥, 찌개 등 김밥천국 저리가라였다. 그래서인지 음식 제공 시간이 너무나 오래 걸려 30~40분 기다리는 게 기본이었고 고객을 되돌려 보내는 일이 허다했다. 나는 사장님께 메뉴 수를 줄일 것을 권했다. 조리 속도 저하 외에도 재료 품질 하락 및 식재료 원가 상승 등에 종합적인 영향을 미치기 때문이었다. 이 외에도 메뉴 수가 많다고 해서 구매가 촉진되지 않는 것도 이유였다.

이와 관련해 흥미로운 연구 결과가 있다. 마크 레퍼Mark Lepper와 쉬나 아이엔가Sheena Iyengar 교수는 고급 식품점에 색다른 고급 잼을 진열해 놓고, 고객들에게 시식할 수 있게 한 뒤, 한 병을 사면 1달러짜리 쿠폰을 제공했다. 한쪽 실험 조건에서는 6종의 잼을 맛보게 하고 다른 한쪽에서는 24종의 잼을 맛보게 했다. 어느 경우든 24종 세트 전체를 구매할 수 있었다. 사람들은 잼이 더 많은 쪽에 몰렸지만, 두 경우 사람들이 평균적으로 맛본 잼의 수는 같았다. 그러나 구매 시에는 큰 차이가 발생했다. 6종의 잼이 있는 쪽을 시식한 사람들 중 실제 잼 한 병을 구입한 비율은 30%였지만, 24종의 잼이 있는 쪽에서 시식한 사람 중 잼을 구매한 비율은 단 3%였다.

인간은 생각을 일정량 이상으로 많이 하는 것을 싫어한다. 대안이 많으면 생각의 양이 많아지고 잘못된 선택을 할 확률이 높아지기 때문이다. 그래서 아예 선택하지 않게 된다. 또 한 가지는 선택의 폭이 없는 상태가 선택의 폭이 있는 상태보다 메뉴를 더 좋아보이게 만든다는 것이다. 그래서 유명한 맛집에 가면 이것저것 팔지 않고 한두 가지 메뉴를 전문으로 하며 고객을 만족시키는 곳이 대부분이다.

　돈가스 전문점임을 고객에게 인지시키고 예측된 주문으로 조리 시간을 단축하여 운영 효율성을 높이기 위해 사장님에게 제안했다. 그리고 몇 년이 지나 백종원의 골목식당에 그 매장이 나오게 되었다. 백종원 대표 또한 동일한 솔루션을 제안했고 현재는 돈가스, 돈가스 곱빼기, 그리고 치즈 볶음밥으로 메뉴를 축소해 전보다 빨리, 보다 효율적으로 매장을 운영하고 있다.

고객이 끊이지 않는
매장을 만드는 방법

고객의 시선을 끌어
매장의 문턱을 낮춰라

＼

매장 앞을 서성이는 고객이 있다. 들어갈까 말까 한참을 망설이다 이내 그냥 돌아선다. 대체 무엇이 문제일까? 고객의 발길을 멈추는 데는 성공했으나 매장의 문턱이 높다는 게 원인이었다. 이러한 진입장벽에 해당하는 매장의 문턱을 낮추려면 어떻게 해야 할까?

1. 고객의 발길을 멈추게 한다

1) 고객의 동선을 이용하라

지나가는 고객의 발길을 멈추게 하려면 고객 눈에 매장의 존재감이 잘 드러나게 하는 것이 중요하다. 이럴 땐 입간판이나 배너 등을 활용하는데, 위치 선정이 매우 중요하다. 고객의 동선을 기준으로 정면에 보이도록 배치하는 게 좋다. 그게 어렵다면 45도 각도로 배치하는 것만으로도 고객이 쉽게 인지할 수 있다.

버거킹은 고객의 동선에 바로 보이게 입간판을 세웠다. 게다가 40분 무료 주차가 된다는 매력적인 정보를 제공해 지나가던 고객의 차량을 멈추게 한다.

2) 오감 마케팅을 하라

부천에 있는 서안메밀집은 매장 앞에 대형 메밀국수 면발이 위, 아래로 움직이는 설치물을 통해 고객의 이목을 끌고 있다. 판매촉진sales promotion이란 구매자의 즉각적인 행동을 유발하고 단기적 매출증대를 위한 다양한 형태의 마케팅 커뮤니케이션 활동을 말하는데 서안메밀집은 물리적 증거인 아이캐처eye catcher를 활용한 판매촉진 사례에 해당한다. 상징성 있는 설치물을 통해 매장의 전반적인 이미지를 향상시키고 멀리에서도 여기가 무엇을 파는 곳인지 한눈에 알 수 있다.

서안메밀집에는 국수 면발이 위아래로 움직이는 설치물로 고객의 시선을 끌고 있다.

3) 감각을 자극하라

감각을 활용해 매장 앞을 지나는 고객의 발길을 멈추게 할 수도 있다. 오감 마케팅과 같은 개념인데 청각과 관련해서는 매장 밖에 스피커를 설치하여 매장 앞을 지나는 고객에게 매장 관련 정보 또는 음악, 음식의 맛을 연상시킬 수 있는 소리 등을 들려주는 것이다. 마치 먹방 유튜버들이 시청자의 식욕을 자극하고자 콜라병을 열어 잔에 소리나게 음료를 따르고 바삭바삭 치킨 먹는 소리를 자극적으로 들려주는 것처럼 말이다. 후각을 자극하는 방법으로는 빵집을 예로 들 수 있는데 고소하고 달콤한 빵 굽는 냄새가 널리 퍼지게 해야만 고객의 발걸음을 멈출 수 있다. 핸드메이드 화장품 브랜드인 러쉬^{Lush}또한 매장 밖으로 퍼지는 향기 마케팅으로 고객의 발길을 사로잡는 것으로 유명하다.

막상 이러한 자극에 고객이 발걸음을 멈췄는데 매장 외관이 정돈되어 있지 않다면 어떨까? 빗자루나 마포걸레 등이 매장 앞에 세워져 있고 출입문에는 포스터가 덕지덕지 붙어 있다면, 설상가상으로 매장 내부마저 어둡다면 고객은 이렇게 생각할 것이다. '과연 장사를 하긴 하는 걸까? 에이 다른 매장으로 가자.'

매장 외관은 우리 매장에 대한 고객의 첫인상을 결정짓고 고객의 매장 입점 여부를 결정할 만큼 매우 중요하다. 따라서 매장 앞은 항상 청결해야 하며, 밖에서 봐도 영업 중이란 것을 알 수 있게 매장 내 조명을 밝게 유지하는 것이 중요하다. 그렇지 않다면 고객은 우리 매장을 그냥 지나칠 수 있다.

2. 발길을 멈춘 고객을 매장 안으로 유인한다

잘 모르는 동네의 식당 앞이다. 그런데 식당에 대한 아무런 정보도 없고 내부조차 보이지 않는다면 고객은 식당 문을 여는 데 많은 용기를 필요로 할 것이다. 이럴 땐 어떻게 해야 할까?

1) 무엇을 파는 곳인지를 알려라

장사가 안 되는 매장의 공통점을 꼽자면 외부에서 봤을 때 무엇을 파는 곳인지 모르거나 청결하지 않거나 대표 메뉴가 잘 팔리지 않는다는 사실이다. 이와 관련해 매장 밖에서도 고객에게 무엇을 파는 곳인지 확실하게 인지시키는 게 중요하다.

새마을식당은 이름만으로는 무엇을 파는 곳인지 추측하기 어려운 단점을 열탄불고기와 7분 돼지김치가 맛있는 집이라는 부연 설명을 통해 고객의 이해를 돕고 있다.

만일 이름만으로 무엇을 파는 곳인지 예측하기 어렵다면 자신들의 대표 메뉴를 함께 기재하여 고객의 이해를 도울 수 있다. 새마을식당은 간판에 '열탄불고기와 7분돼지김치가 맛있는 집'이라 명시하여 고객의 이해를 돕고 있다.

2) 가격을 알 수 있어야 한다

이 외에도 매장 밖에서도 음식에 대한 가격 등을 알 수 있어야 한다. 배너 또는 스탠드형 메뉴판 등을 활용해 메뉴 가격을 명시하면 고객은 가격을 확인하고 안도감을 느껴 매장으로 쉽게 들어가게 된다.

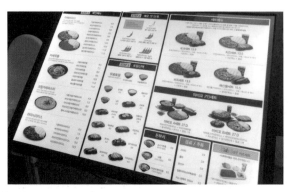

아비꼬는 매장 앞에 스탠드형 메뉴판을 세워 고객이 판매 메뉴와 가격에 대한 정보 인지가 가능하도록
하였다.

3) 외국인 상권이라면, 외국인을 유인하라

만일 우리 매장이 외국인이 많이 방문하는 상권이라면 외국인이
무엇을 파는 매장인지 한눈에 알아볼 수 있어야 한다. 음식 모형
등을 설치하고, 외국어로 된 메뉴판을 구비한 뒤 그러한 메뉴판이
구비되어 있다는 사실을 문 밖에 걸어 알리는 것만으로도 많은 외
국인을 매장으로 끌어올 수 있을 것이다.

일본의 코코이찌방야는 메뉴판을
일본어 외에 영어, 한국어, 중국어로
표현해 외국 관광객의 편의를 제공하고
있다.

4) 매장의 철학을 나타내라

광고에서 유명인을 모델로 내세우는 이유는 무엇일까? 우리에게 잘 알려지고 익숙한 사람이기 때문에 그렇다. 고객도 마찬가지이다. 모르는 사람이 광고하는 것보다는 이왕이면 내가 잘 알고 있는 사람이 광고하는 것을 더 친숙하게 느끼고 그 제품을 구매하게 된다. 음식점을 예로 들어보자, 평소 SNS를 통해 A라는 식당을 운영하는 사람이 어떤 사람이고 어떤 생각으로 어떻게 매장을 운영하는 사람인지 알고 있다면 '내가 저 사람이 운영하는 매장을 꼭 한번 가봐야겠다.'라는 마음이 든다. 매장 앞을 지나가는 고객 또한 마찬가지다. 이왕이면 저 식당을 운영하는 사람이 어떤 사람이고 매장을 어떤 마음으로 어떻게 운영하는지가 겉으로 드러나야 더욱 신뢰를 가지고 매장의 문턱을 쉽게 넘는다는 말이다. 따라서 배너나 칠판 등을 통해 매장을 운영하는 사람을 알리고 고객과 교감할 수 있다면 고객은 이에 더욱 안심하고 우리 매장을 방문하게 될 것이다.

사람들이 안팎으로 줄을 서게
만들어라

\

대전역 하면 떠오르는 것은 무엇일까? 성심당, 그중에서도 튀김소보로가 가장 먼저 떠오른다. 나뿐만 아니라 다수의 생각이 그럴

것이다. 하지만 성심당이 너무 유명해진 탓일까? 튀김 소보로를 사
려고 문 앞에서부터 길게 늘어선 고객들로 인해 성심당에는 왔다
가 그냥 돌아가는 고객이 하나둘 생겨났다. 튀김 소보로만 원하는
그들은 입점조차 시도하지 않았다. 매장 안에도 맛있는 빵이 즐비
할 텐데 문 밖에서 고객을 놓쳐버리는 성심당의 마음은 얼마나 아
플지 생각했다.

그로부터 얼마 후 대전에 다시 갔을 때였다. 그날도 성심당 앞에
는 고객 대기 줄이 끝없이 펼쳐있었다. 기차 시간이 10분도 채 남
지 않았는데 '아, 오늘도 튀김 소보로 사긴 글렀구나… 이대로 포기
해야 하는가?'라며 실망하던 차였다. 그때 친구가 말했다. "성운아,
보문산 메아리가 요즘 대세인데 혹시 먹어봤니? 그건 기다리지 않
고 바로 살 수 있어!"

성심당은 직원이 철저한 위생복장을 착용 후 빵을 만드는 모습을 고객이 볼 수 있다. 고객에게 신뢰와
더불어 보는 즐거움도 제공하는데 이는 일종의 쇼 비즈니스라고 할 수 있다.

보문산 메아리는 성심당이 2012년 대전역 입점을 기념해 출시한 빵이다. 성심당에서 튀김 소보로, 부추빵 다음으로 유명한 제품이라는 친구 말에 귀가 쫑긋해진 나는 홀린 듯 매장 안에 들어갔다. 계산원 앞에는 대세라는 걸 입증하듯 보문산 메아리 상자가 한가득 쌓여있었다. 노란선 뒤에 줄을 선 지 2분 만에 내 차례가 왔다. 가만 보니 김영모 과자점의 몽블랑이랑 꽤 닮았다. 하지만 차이점도 있었다.

패키지 디자인부터 다르다

패키지 디자인이란 물건을 보호 및 보존하는 한편 제품의 성격과 정보를 정확히 드러내 소비자의 구매 욕구를 불러일으킬 목적으로 만들어진 입체적인 디자인을 말한다. 몽블랑과 보문산 메아리의 패키지 디자인을 비교하면, 몽블랑은 비닐봉지에 포장되어 있는 반면 보문산 메아리는 상자에 포장되어 있었다.

(이미지 출처: 성심당 홈페이지)

가격이 다르다

가격은 몽블랑이 8,000원, 보문산 메아리는 6,000원이다(2024년 기준). 무려 1,000원의 가격 차이가 난다. 물론 빵을 만드는 방법이나 재료의 질에서 차이가 있겠지만 겉으로 봐서는 보문산 메아리가 더 고급스러워 보인다. 누군가에게 선물한다면 나는 보문산 메아리를 선택할 것이다. 패키지 디자인이 빵의 가치를 높여주고 게다가 가격 또한 저렴하기 때문이다.

보문산 메아리는 매뉴얼이 있다

보문산 메아리 상자를 열면 두 가지 맛으로 즐길 수 있는 매뉴얼이 들어 있다. 1/2은 커피와 함께 손으로 찢어먹고 1/2은 2cm 두께로 두툼하게 썰어 팬에 살짝 구워 먹으란다. 빵을 먹는 고객의 경험까지 고려했으며 매뉴얼 한 장에도 어떻게 하면 고객이 마지막까지 맛있게 먹을 수 있을까를 고민한 흔적이 드러난다.

뭐든지 매뉴얼대로 따라 해야 직성이 풀리는 난 칼로 빵을 1/2등분 했다. 겹겹이 쌓인 페이스트리를 손으로 찢어 커피와 함께 곁들였다. 빵 안에 부드러움이 녹아있다. 달달한 맛에 담백함은 덤이다. 그 맛에 매료되어 나머지 반쪽까지 전부 먹어버렸다. 맛있게 먹는 두 번째 방법을 실험해보지 못해서일까? 다음엔 기필코 두 개를 사겠노라 다짐했다. 분명 나 같은 손님이 한둘이 아닐 것이다. 이러한 경험이 쌓이고 쌓여 단골이 늘어나고 충성 고객까지 생기게 되는 것이다.

대전의 문화, 대전의 명소라 불리는 성심당! 매장 밖에는 튀김소보로와 부추빵을 사기 위한 고객 행렬이 있고 매장 안에는 보문산 메아리를 사기 위한 고객들로 발 디딜 틈이 없다. 보문산 메아리가 그동안 문 밖에서 놓쳤던 고객을 매장으로 유인해내는 강력한 메뉴 역할을 하고 있었고, 계산하는 장소를 구분해 고객을 분산시킨 덕분이었다. 안팎으로 고객을 끌어들이니, 이래서 고민하고 행동하는 매장은 당해낼 수가 없다.

고객을 안팎으로 줄 서게 만드는 포인트

대표 메뉴 외에도 주력 메뉴를 개발하라

메뉴 구성이란 업종에 따른 메뉴 계열과 그 품목의 조합을 의미한다. 메뉴를 구성할 때는 대표 메뉴 외에도 주력 메뉴, 임시 메뉴, 보조 메뉴, 미끼 메뉴 등을 갖춤으로써 고객의 선택의 폭을 다양화해야 한다. 그래야만 매출로 연결될 확률이 높아지기 때문이다.

메뉴 구성을 부연 설명하자면 첫째, 대표 메뉴란 매장을 대표하는 메뉴를 말하는데 성심당을 예로 들면 튀김 소보로를 들 수 있다. 둘째, 주력 메뉴란 메뉴에 새로움을 연출하고 구매 욕구를 높이는 메뉴인데 계절 메뉴 또는 특정 시간대의 판매 효율을 높이기 위한 런치 메뉴 등을 예로 들 수 있다. 성심당의 보문산의 메아리가 이에 해당한다. 셋째 임시 메뉴란 메뉴 활성화를 위해 이벤트 메뉴 등을 만드는 것이다. 어린이날을 기념해 튀김 소보로와 그림책을 세트 구성한 것을 예로 들 수 있다. 넷째, 보조 메뉴란 판매량은 적어도 음식점의 성격을 보다 명확히 하기 위한 보완 메뉴이다. 어린이 메뉴를 예로 들 수 있다. 다섯째, 유인 메뉴란 저렴한 가격을 선호하는 고객을 유인하기 위한 메뉴로 미끼 메뉴라고도 한다. 1,000원 메뉴인 소보로 등을 예로 들 수 있다.

계산 장소를 구분해 고객을 분산시켜라

성심당의 튀김 소보로나 부추빵과 같이 포장이 많은 제품의 경우 계산대를 구분해 고객을 분산시키는 게 좋다. 계산이 빨리 진행되어 고객의 구매 시간을 단축시키기 때문이다. 성심당 외에도 삼진어묵 또한 동일한 방법으로 특정 메뉴에 대한 계산대를 구분하여 운영하고 있다.

7분돼지김치가 맛있는 이유

＼

나는 새마을식당을 4년 만에 다시 찾았다. 오랜만의 방문이었다. 전과는 어떻게 달라졌을지 궁금했다. 착석 후 주변을 살펴봤더니 전보다 정돈된 느낌이었다. 맥도날드는 신메뉴가 출시될 때마다 각 테이블에 신메뉴 스티커를 부착한다. 고객에게 새로운 메뉴를 노출하여 추천하지 않아도 자연스럽게 판매로 연결되는 구조인데, 이걸 새마을식당에서도 하고 있었다.

맥도날드는 테이블에 신메뉴 홍보물 스티커를 부착함으로써 자연스레 판매로 연결되게 한다.
새마을식당은 신메뉴 홍보와 더불어 고객의 소리마저 유도하고 있다.

새마을식당에서도 고객 테이블마다 스티커를 부착해 신메뉴와 추천메뉴 등을 고객에게 알리고 있었다. 여기에 한 가지 더해 고객이 매장운영에 관한 솔직한 평을 남길 수 있도록 고객의 소리마저 유도하고 있었다. 테이블을 마치 광고판이자 고객과의 소통 창구로 활용하는 모습이 매우 인상적이었다. 이어서 벽면을 보니 '7분 돼지김치' 포스터가 부착되어 있었다.

새마을식당의 7분돼지김치에는 스토리가 담겨있다.

그런데 새마을식당의 7분돼지김치 포스터에는 이런 스토리가 담겨있다.

1. 김치찌개가 가장 맛있게 끓여지는 시간은 7분!
   새마을식당에서는 7분 타이머가 울릴 때 가장 맛있는 김치찌개가 완성된다.

2. 모든 새마을식당에는 가위질의 달인이 있습니다.
   7분 타이머가 울리면 가위질의 달인이 큼지막한 고기와 김치를 비벼먹기 좋게 가위로 잘라준다고 말한다.

3. 7분돼지김치는 밥에 비벼먹는 김치찌개!
큼지막한 밥그릇에 잘게 자른 김치찌개와 고소한 김가루를 올려 맛있게 비벼먹는 것이 7분돼지김치의 특징이라고 강조한다.

정말 7분을 끓여야 가장 맛있을까? 그 안에는 이런 전략이 숨어 있었다.

1. 고객에게 7분 끓인 김치찌개가 가장 맛있다고 말한다(사전 정보 제공)
2. 직원이 7분 타이머를 누른다(물리적 증거 활용)
3. 7분을 알리는 알람 소리가 들린다(사실 인지, 청각 자극)
4. 가위질의 달인이 큼지막한 고기를 현란한 가위질로 잘라준다 (보는 즐거움, 시각 자극)
5. 맛있게 익어가는 향과 맛을 즐긴다(후각, 미각 자극)

이 모든 게 더해졌을 때 김치찌개가 진정으로 맛있게 느껴지는 것이다.

스토리텔링 마케팅storytelling marketing이란 상품이나 브랜드에 이야기를 만들어 광고나 판촉 등에 활용하는 브랜드 커뮤니케이션 기법을 말한다. 사람들은 재미없는 것은 기억에서 빨리 잊기 마련이지만 흥미로운 이야기를 들었을 때는 그 이야기만큼은 오래 기억한다. 새마을식당의 7분돼지김치가 맛있는 이유가 바로 스토리텔링 마케팅에 해당한다. 이 외에도 오감 마케팅 또한 적용된 것을 알 수 있는데, 오감 마케팅이란 인간의 다섯 가지 감각인 시각, 청각, 촉각, 후각, 미각 등을 마케팅에 접목시켜 고객의 만족도를 높이는 마케팅 기법이다. 새마을식당을 예로 들면 알람이 울리는 소리, 가위질의 달인이 큼지막한 고기를 현란한 가위질로 잘라주는 모습, 맛있게 익어가는 음식의 향과 맛까지 더해져 고객에게는 그 맛이 배로 느껴지는 것이다. 이게 바로 7분돼지김치가 맛있는 이유다.

내 식당의 환경에 맞춰 이러한 스토리를 만들고 음식을 맛있게 보이게 하는 시각화뿐만 아니라 음식 담는 그릇의 온도 등을 통한 촉각, 이 외에도 청각, 후각, 촉각 등을 자극할 수 있는 방법을 고민해 보는 것은 어떨까? 맛은 설미舌味 아닌 심미心味라고 하지 않는가? 그것만으로도 고객은 우리 음식을 더욱 맛있게 느낄 것이다.

방문 고객에게
포장 메뉴를 팔아라

＼

팔덕식당 안양본점은 매콤한 등갈비를 전문으로 하는 곳이다. 뛰어난 맛은 기본, 직원들의 활력 넘치는 서비스 퍼포먼스^{service perfor-mance}로 유명한 곳이다. 한국에서 이정도의 서비스를 받을 수 있다니! 매장에 대기하는 순간부터 식사를 마칠 때까지 마치 놀이동산에 놀러 온 것 같은 기분이 든다. 전 직원이 끊임없이 고객과 소통하며 고객을 즐겁게 한다. 그래서일까? 늘 고객이 끊이지 않고 한 시간 이상 대기가 기본이다.

그날 우리는 두 명이 방문했다. 두 명이라면 응당 2인분을 먹겠지만 우리는 8인분을 먹었다. 아니 8인분을 결제했다. 여러분도 잘 알 것이다. 맛있는 음식을 먹을 때 사랑하는 누군가가 떠오르는 현상 말이다. 고객들은 대부분 이렇게 생각할 것이다. "다음에 꼭 부모님 모시고 와야지.", "다음에 꼭 사랑하는 사람이랑 같이 와야지." 하지만 이곳은 다짐으로 그치지 않고 실행으로 옮기게 만들었다. 대기실과 홀에서 자신들의 포장 패키지가 이렇게나 잘되어 있고 가격이 얼마인지(포장 시 가격이 1,000원 싸다) 얼마나 간편하게 그 맛을 즐길 수 있는지 고객에게 계속하여 소구한다. 그런데 이게 왜 대기실에 있을까? 이유는 간단하다. 대기 시간이 길어 발길 돌리는 고객을 잡기 위한 수단인 것이다. 포장은 기다리지 않아도 즉시 구입

가능하니 매장에 온 고객을 절대 놓치지 않게 되는 것이다.

팔덕식당 안양본점은 고객 대기 공간과 홀에 진공 포장에 관한 정보를 제공하고 있다.

어느덧 내 순번이 왔고 자리를 안내 받게 되었다. 그런데 공중에 무언가 매달려 있는 게 아닌가? 자신들이 직접 제조해 판매하는 팔덕막걸리였다.

천장마다 팔덕막걸리가 대롱대롱 매달려 있다.
(이미지 출처: 팔덕식당 인스타그램)

결과는 어땠을까? 견물생심이라 하지 않던가? 결국 우리는 막걸리 또한 주문했다는 후문이다.

본아이에프㈜ 근무 당시 가맹점에서 가정간편식^HMR 제품인 장조림 등을 판매할 때 포스터를 부착하는 것보다는 모형으로 제작하여 카운터 앞에 직접 노출 시켰을 때 판매 매출이 20% 이상 향상되었던 결과가 갑자기 떠올랐다. 여기가 딱 그랬다. 나는 팔덕식당의 포장 정보를 보니 갑자기 소중한 사람들이 떠올랐다. 그리고 가게 문을 나서는 길, 내 손에는 6인분의 매운 갈비가 들려 있는 현상을 경험했다.

외식업은 언제 몇 명의 고객이 와서 얼마의 시간을 머무르며 얼마의 매출을 올려줄지 예측하기 어렵다. 또한 한정된 시간 동안 한정된 좌석 수로 최대 매출을 올리는 것이 관건이기에 외식업을 음식이 아닌 좌석을 파는 사업이라고 한다. 세상에는 하수, 중수, 고수가 있다. 하수, 중수들은 한정된 좌석 수로 한정된 매출만을 올린다. 하지만 고수는 그렇지 않다. 배달이나 포장, 가정간편식 판매 등을 통해 보이지 않는 좌석을 확보하고, 방문 객수를 뛰어넘는 매출을 올리기 때문이다. 팔덕식당처럼 말이다.

고객 관계 관리(CRM)를 통한
충성 고객 확보 전략

\

"고객의 마음을 얻는 것이 시장을 얻는 것이다."

피터 드러커는 "비즈니스의 목적은 고객을 창출하고 유지하는 것이다."라고 말했다. 현대 비즈니스 환경에서 이 말의 의미는 더욱 깊어지고 있다. 기업들은 치열한 경쟁 속에서 단순히 제품이나 서비스를 판매하는 것을 넘어, 고객과의 지속적인 관계를 구축하는 데 주력하고 있다.

1만 원을 들여 얻은 신규 고객과 2천 원으로 유지한 기존 고객, 어느 쪽이 더 가치 있을까? 한 번 구매한 고객이 두 번, 세 번 재방문하게 만드는 비결은 무엇일까? 매달 찾아오는 단골이 한 명 더 늘어날 때마다 매출은 얼마나 증가할까? 이러한 질문들이 바로 고객 관계 관리의 핵심이며, 이를 효과적으로 해결하는 기업만이 장기적 성공을 거둘 수 있다.

CRM, 단순한 비용 절감 그 이상의 가치

CRM은 고객과의 지속적이고 장기적인 관계를 유지하기 위한 마케팅 전략으로, 고객을 신규, 기존, 단골, 충성 고객으로 세분화하고 각 그룹에 맞춤형 혜택과 서비스를 제공함으로써 고객 가치를 극대화한다. 기존의 단발성 마케팅과 달리, CRM은 고객 생애 가치(Customer Lifetime Value)를 극대화하는 데 초점을 맞추고 있다.

〈하버드 비즈니스 리뷰〉가 발표한 자료에 따르면 신규 고객을 유치하는 데 드는 비용은 기존 고객을 유지하는 비용의 적게는 5배에서 많게는 25배에 이른다고 한다. 이는 단순한 비용 측면만 고려한 것이다. Bain & Company의 연구에 따르면, 고객 유지율을 단 5% 향상시키는 것만으로도 기업 수익이 최대 95%까지 증가할 수 있다고 한다.

이러한 효과는 여러 요인에서 비롯된다. 기존 고객은 신규 고객보다 구매 빈도가 67% 더 높으며, 객단가 역시 평균 31% 더 높다. 또한 기존 고객이 새로운 고객을 추천할 확률은 50% 더 높다는 점도 중요하다. 파레토 법칙에 따르면, 전체 고객의 20%가 기업 매출의 80%를 차지하는데 이 핵심 고객층을 관리하는 것이 CRM의 핵심이다.

단순히 새로운 고객을 끌어들이는 것보다 이미 확보한 고객과의 관계를 강화하는 것이 훨씬 더 효율적이다. 이것이 바로 고객 관계 관리(CRM)가 현대 비즈니스의 핵심 전략으로 자리 잡은 이유이다.

대기업의 CRM 전략 및 성공 법칙
도미노피자_등급별 차등 혜택으로 고객 충성도 강화
도미노피자는 온라인 전용 멤버십 제도인 '도미노 매니아 프로그램'을 통해 고객 관계 관리를 성공적으로 이행하고 있다. 이 프로그램은 Regular, Premium, VIP, Royal의 4가지 등급으로 구분된다. 회원 가입 시 자동으로 Regular 등급이 부여되며, 3개월 내 2회 구매 시 Premium으로, 3개월 내 6회 이상 구매 시 VIP로, 전년 70만 원 이상 구매 시 Royal로 등급이 상승한다.

특히 Royal과 VIP 고객에게는 50% 할인 생일 쿠폰과 같은 특별 혜택을 제공하여 고객의 로열티를 강화한다. 이러한 전략은 고객의 재구매 주기를 단축시키고 객단가를 높이는 효과를 가져왔다. 고객들은 자신의 등급을 높이기 위해 더 자주, 더 많이 구매하게 되며, 이는 자연스럽게 브랜드 충성도로 이어진다.

스타벅스_'별' 모으기를 통한 게이미피케이션 전략

스타벅스의 '스타벅스 리워드'는 CRM의 교과서적인 사례로 꼽힌다. 이 프로그램은 스타벅스 카드 등록 시 Welcome Level이 되고, 별 5개 이상 적립 시 Green Level, 별 30개 이상 적립 시 Gold

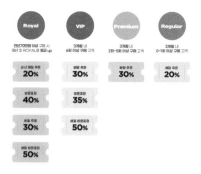

도미노피자는 3개월 내 고객 방문 빈도와 결제 금액으로 등급을 구분하고 차별화된 혜택을 제공한다.
(이미지 출처: 도미노피자 홈페이지)

Level로 상승하는 구조다. 등급별로 차별화된 혜택을 제공하며, 매년 등급이 갱신된다.

별을 모으는 게이미피케이션 요소는 고객들에게 '수집'의 즐거움을 제공하며, 자연스럽게 구매 빈도를 높이는 효과가 있다. 고객들은 '별 하나 더 모으기'를 위해 추가 구매를 결정하는 경우가 많으며, 이는 매출 증가로 직결된다.

롯데호텔_고객 경험 차별화를 통한 충성도 제고

롯데호텔은 공식 멤버십 프로그램인 'LOTTE HOTELS RE-WARDS'를 통해 체계적인 고객 관계 관리를 실행하고 있다. 이 프로그램은 투숙 횟수와 금액에 따라 실버, 골드, 플래티넘 등의

스타벅스는 별 개수에 따라 등급을 구분해 차별화된 혜택을 제공한다.
(이미지 출처: 스타벅스 홈페이지)

등급으로 나누어 차별화된 혜택을 제공한다.

롯데호텔은 고객 데이터를 활용한 서비스로 차별화를 꾀한다. 객실 타입, 베개 종류, 체크인 시간 등 개인별 선호 서비스를 기록하고 다음 방문 시 이를 선제적으로 제공한다. 등급에 따라 레이트 체크아웃, 객실 업그레이드, 웰컴 어메니티 등의 혜택도 차등 적용한다. 최근에는 디지털 영수증이나 리넨 교체 주기 선택과 같은 친환경 서비스 옵션을 제공하며 ESG 가치를 CRM에 접목하고 있다. 이러한 세심한 고객 관리는 재방문율 향상으로 이어지고 있다.

이러한 대기업들의 CRM 사례에서 볼 수 있듯이, 멤버십 구축과 데이터 분석을 통한 고객 관계 강화는 비즈니스 성공의 핵심 요소가 되었다. 멤버십은 고객 데이터 확보의 기반이 되며, 이렇게 수집된 데이터를 분석하여 개인화된 서비스를 제공함으로써 고객 충성도를 높이는 선순환 구조를 만든다.

소규모 비즈니스를 위한 실용적 CRM 전략

대기업과 같은 복잡한 시스템을 구축하기 어려운 소규모 비즈니스도 효과적인 CRM 전략을 구현할 수 있다.

대전의 한 햄버거 전문점은 고객 연락처를 확보하기 어려운 상황에서 배달 앱을 통해 창의적인 방법을 찾아냈다. 이 매장은 주문

고객리스트 *리스트 고객 가급적 직접 배달*

순번	고객주소	필수 메모사항	횟수	주로 찾는 메뉴	주문 평균단가
1	서구 관저로…	문 앞에 놓고 가주세요	24	먹기버거운세트	15,500
2	서구 구봉산북로…	최대한 빠른 배달	20	델리랩버거	9,500
3	유성구 원내로…	항상 소스 넉넉히	19	손수돈가스	10,000
4	유성구 진잠로…	출발 전 문자	19	연탄고기+냉면	20,500
5		버거 피클 x	17	클래식치즈불고기버거	17,800
6		일회용품 x	16	델리랩싱글세트	17,400
7		냉면 항상 맵게	16	연탄고기	17,000
8		아기가 있으니 항상 노크	15	치즈불고기+냉면	15,500
9		오이 안 드시는 고객	15	비빔냉면+밀크쉐이크	12,500
10		벨 누르고 문 앞 배달	15	불고기버거+감자세트	10,500
11		최대한 빠른 배달+부부	15	먹기버거운세트+커피	23,900
12		혼자사시는 분 반찬 넉넉히	14	매운돈가스/물냉면	10,000
13		문 앞에 놓고 가주세요	14	닭다리치킨까스	16,000
14		밝게 인사 리뷰 꼭 써주는 고객	14	먹기버거운치킨버거	13,000
15		소스/야채 많이	13	델리랩싱글세트/도둑세트	14,500

대전에 있는 햄버거집은 고객 주소 기반, 매월 주문 금액 기준으로 순위를 리스트업한다.

금액을 기준으로 매월 상위 50명의 고객을 선별하여 주소 기반 고객 관리를 시작했다. 주소 외에도 주문 특징, 주문 횟수, 선호 메뉴, 평균 주문 금액 등을 체계적으로 기록하여 고객 데이터베이스를 구축했다.

이렇게 확보한 데이터를 바탕으로 상위 고객 주문 시 가능한 한 직접 배달을 하거나, 신메뉴가 출시될 때 무료로 제공하는 등 차별화된 서비스를 제공했다. 또한 고객이 자주 주문하는 메뉴를 기억해두었다가 재주문 시 특별히 신경 써서 준비하는 등 개인화된 경험을 제공했다. 이러한 전략 덕분에 단골 고객의 재방문율이 30% 증가했으며, 평균 주문 금액도 15% 상승하는 성과를 거두었다.

자원이 제한된 소상공인도 창의적인 방법으로 고객 관계를 관리할 수 있다. 단골 고객의 선호 메뉴, 방문 패턴, 특별 요청 사항 등을 간단한 카드에 기록하는 수작업 고객 카드 시스템은 초기 투자 비용 없이도 구현 가능한 방법이다.

카카오톡 채널이나 문자 메시지를 활용한 소통 채널 구축은 고객과의 지속적인 관계 유지에 효과적이다. 정기적인 단골 고객 감사 행사나 시즌별 특별 메뉴 출시와 같은 이벤트는 고객의 재방문을 자연스럽게 유도한다. 매장 내 의견함을 설치하거나 주문 후 간단한 만족도 조사를 실시하는 등 고객 피드백을 적극적으로 수집하고 반영하는 것도 중요하다.

서울 강남의 한 커피 전문점은 이러한 저비용 CRM 전략의 좋은 사례다. 이 매장은 종이 쿠폰 대신 고객 이름과 선호 음료를 기록한 수기 노트를 활용했다. 단골 고객이 방문할 때마다 이름을 불러주고, 선호하는 음료를 기억해 추천해주는 개인화된 서비스를 제공했다. 이러한 세심한 배려는 디지털 시스템 없이도 고객 충성도를 크게 향상시키는 결과를 가져왔다.

이처럼 소규모 비즈니스의 CRM 전략은 고비용의 디지털 시스템 없이도 창의적인 방법으로 고객과의 관계를 효과적으로 구축할 수 있음을 보여준다. 중요한 것은 시스템의 복잡성이 아니라, 고객을 진심으로 이해하고 가치 있는 경험을 제공하려는 의지이다.

충성 고객 확보, 장기적 비즈니스 성공의 열쇠

충성 고객 확보는 다양한 측면에서 비즈니스에 이점을 가져다준다. 서비스 실패가 발생했을 때도 충성 고객들은 더 이해심 있게 반응하며, 비교적 원만한 해결이 가능하다. 지속적인 거래를 통해 고객의 취향과 요구사항에 대한 상세 정보가 축적되면 고객 만족도를 더욱 높일 수 있다. 신규 고객 유치를 위한 마케팅 비용이 절감되고 지속적인 매출이 발생한다는 점도 중요한 이점이다. 무엇보다 충성 고객들의 긍정적인 입소문과 추천은 자연스러운 신규 고객 유입으로 이어진다.

충성 고객은 하루아침에 만들어지지 않는다. 반복적인 거래를 통한 강력한 관계 구축, 일관된 고객 경험 제공, 고객 피드백에 대한 진정성 있는 대응이 함께 이루어질 때 비로소 형성된다. 고객 관계 관리는 단순한 마케팅 전술이 아닌, 비즈니스의 핵심 철학으로 자리 잡아야 한다.

결국 성공적인 CRM은 고객을 단순한 거래 대상이 아닌, 장기적인 관계를 맺어나갈 파트너로 바라보는 시각의 전환에서 시작된다. 고객과의 진정한 관계 구축을 통해 비즈니스의 지속 가능한 성장을 이루어 나가는 것이 현대 비즈니스의 핵심 과제이다.

헛걸음친 고객을
다시 오게 하는 방법

—

카페나 음식점을 운영하는 경우 정기휴일이나 갑작스런 대관 행사 등으로 매장에 찾아온 고객에게 불편을 준 경험 다들 있을 것이다. 정기 휴일은 그렇다 치고 예고되지 않은 대관 등으로 헛걸음친 고객이라면 여간 화가 나고 섭섭한 일이 아닐 것이다. 그런데 나는 이와 관련해 좋은 사례를 발견했다.

홍대의 히브루스카페는 헛걸음한 고객을 위해 출입문 앞 쿠폰을 부착해 놓았다.

이곳은 홍대에 있는 히브루스카페이다. 카페 특성상 전체 대관 행사 등이 있는데 이때 헛걸음한 고객을 대상으로 쿠폰을 제공하고 있다. "전체 대관으로 인하여 카페 이용에 불편을 드려 죄송합니다. 깊은 양해를 부탁드리며 죄송한 마음을 담아 아래의 쿠폰을 준비했습니다. 꼭 다시 뵙길 소망합니다. 감사합니다."라는 문구와 함께 음료 30% 할인권 또는 브라우니 쿠폰 중 고객이 선택하여 떼어갈 수 있게 부착해 두었다. 해당 매장은 대학가에 위치해 있는데 마치 대학생을 대상으로 과외 학생을 구할 때의 광고처럼 쿠폰을 제작한 것이 인상적이다.

경기도에서 식당을 운영하는 김 대표는 혹시나 정기휴일인 줄 모르고 찾아온 고객을 위해 특별한 배려를 하고 있다. 문 앞에 정기 휴일을 표시한 뒤 "헛걸음 하신 고객님! 불편 드려 죄송합니다. 매장 앞에서 인증샷을 찍은 뒤 다음 번 방문 시에 보여주시면 30% 할인 해드립니다." 라고 추가적으로 안내하고 있다. 별거 아닌 것 같지만 헛걸음 한 고객에게는 위안이 되고, 또 다음 번 방문으로 연결된다. 대표의 입장에서는 어떤가? 약간의 할인을 하더라도 놓칠 수 있던 고객을 단골로 만들 수 있는 기회를 얻지 않는가? 이게 바로 헛걸음 친 고객을 다시 오게 하는 방법이다.

재주문이 이어지는
배달 매장을 만드는 방법

배달 매출을 놓치면 안 되는 이유

＼

　나는 2016년부터 배달 외식업 연구소의 자문 위원으로 활동하고 있다. 당시에는 배달 외식 시장이 활성화되지 않은 때였지만 내게는 앞으로 이 시장이 더욱 성장할 것이라는 확신이 있었다. 늘 현장에 답이 있기에 어떻게 하면 배달 외식업을 제대로 배워볼 수 있을까를 고민하던 차에 이곳을 알게 되었다. 배달 외식업 연구소는 전국에 있는 배달 외식업 대표들을 대상으로 한 교육기관으로 달봉치킨의 양종훈 대표가 배달 외식업의 발전을 위해 사비로 운영 중에 있었다. 배달 외식업 대표들만 참석이 가능했으나, 나의 경우 참석을 대가로 서비스 교육을 재능기부하는 형태로 인연이 되어 자문위원이 되었고 여기까지 오게 되었다. 그리고 벌써 수년이 흘렀다. 현재 배달 외식 시장은 어떻게 변했을까?

예상대로 외식 배달 전성시대를 맞았다. 배달 음식뿐만 아니라 편의점 도시락, 커피, 빵 등의 디저트까지 배달이 가능할 정도로 배달 외식은 우리의 삶 속에 깊숙하게 자리 잡았다. 통계청에 따르면 2023년 배달음식 온라인 거래액은 26조 4000억 원이다. 코로나19 이후 외부활동이 줄고 가정에서 간편하게 음식을 배달 시켜 먹는 수요가 늘면서 음식 서비스 온라인 거래액은 2020년 17조 3000억 원으로 급증했고, 2021년엔 26조 2000억 원으로 또 한 번 껑충 뛰었다. 스마트폰과 1인 가구 증가 등의 영향으로 배달 앱 시장 또한 가파르게 성장하고 있는데 배달 앱 이용자는 2024년 기준 3,077만 명을 돌파해 국민 10명 중 6명이 이용하는 수준으로 보편화되었다.

배달외식 서비스는 고객이 원하는 음식을 원하는 장소에서 즐길 수 있는 수단으로 고객에게 편리함을 제공하는 서비스이다. 과거의 배달외식 서비스는 고객에게 빠르게 음식을 전달하는 '신속'과 실수가 없는 '정확'이 가장 중요한 품질 요인이었으나 고객 만족 수준 향상 및 니즈가 다양화되면서 더 높은 서비스 품질이 요구되고 있는 게 현실이다. 이에 외식업체의 배달 서비스는 속도의 경쟁이 아닌 배달 메뉴 속성과 더불어 고객의 요구에 맞춘 차별화된 서비스 제공 방법을 모색해야 한다.

보이지 않는 것을 보이게 하라

\

배달 외식업은 오프라인 매장을 갖추고 영업하기보다는 배달 전용 형태로 매장을 운영하는 곳이 더 많다. 고객이 직접 매장을 방문하지 않기 때문에 자신이 먹는 음식이 만들어지는 환경을 확인할 수 없다. 그래서 마음이 더 불안한 게 사실이다. 이와 같은 이유로 배달 외식업소를 선택할 때의 내 기준은 이렇다.

1. 매장의 형체가 있는가?
2. 위생청결 관리를 하고 있는가?
3. 주인의 철학이 잘 드러나 있는가?
4. 리뷰 이벤트를 실시하는가?

주문에 앞서 오픈라인 매장을 겸하고 있는 곳을 찾는다. 고객의 눈에 보이는 매장을 운영한다면 더욱 청결하게 관리할 것이란 믿음에서 그렇다. 만일 우리 매장이 배달 전용 형태로 운영한다면 어떻게 해야 할까? 정답은 나의 두 번째 선택 기준에 있다. 바로 위생과 청결 관리를 잘하고 있는가를 고객에게 보여주면 된다.

얼마나 깨끗하게 매장을 운영하고 있는지 튀김기를 청소했을 때나 마감 청소를 깨끗이 했을 때 등을 앱 내의 사장님 공지에 올려 고객이 볼 수 있게 한다면 불안한 마음이 사라질 것이다.

1월 8일 마감 후 주방 사진 입니다.
오늘 하루도 감사합니다.

12:59

12:59

1월 10일 영업끝난 후 주방마감사진입니다

모 치킨 프랜차이즈 가맹 점주는 매일 마감 후 사진을 앱 내 사장님 공지에 올려
고객에게 위생청결에 대한 믿음을 주고 있다.

다음 기준은 '주인의 철학이 잘 드러나 있는가?'이다. 장사를 유독 잘하시는 분들을 보면 너나 할 것 없이 자신만의 확고한 경영철학을 가지고 있다. 자신이 어떤 마음으로 매장을 운영하며 어떤 원칙을 지키고 있는지 고객에게 전달된다면 고객은 우리 매장에 더욱 신뢰를 갖게 된다.

배달 앱에서 바삭화담이라는 곳을 발견했다. 오픈형 주방 매장으로 젊고 행복한 부부가 함께 운영한다는 글에 마음이 끌렸다. 자신들은 좋은 재료로 정성껏 메뉴를 만든다고 브랜드의 약속을 이야기 하고, 메뉴에 제공되는 품목에 대한 안내를 한다. 배달 메뉴를 주문할 때마다 항상 제공 품목 안내에 대한 아쉬움이 있었는데 궁

금증이 풀렸다. 고객의 문턱을 낮추고 재구매를 유도하려는 목적으로 2,000원 할인 쿠폰 이벤트와 리뷰 이벤트를 하고 있었다. 그래서 이곳에서 주문하기로 결정했다. 나는 리뷰 이벤트에 참여하기로 하고 수제 고구마 튀김을 선택했다.

바삭화담의 앱 화면 페이지이다. 자신들의 철학과 장점이 잘 드러나 있다.

잠시 후 매장에서 전화가 왔다. 사장이었다. 자신이 매일 아침 농수산물 시장에 가서 장을 보는데 오늘 고구마 상태가 좋지 않아 판매를 중단했단다. 혹시나 다른 서비스 메뉴로 변경해도 되겠냐며 내게 물었다. 너무나 친절한 사장님의 목소리와 말투 그리고 좋은 재료를 선별하여 정성껏 조리한다는 글 내용이 실제 말과 행동으로 일치하니 더욱 믿음이 갔다.

메뉴가 도착했다. 배달 시간이 60분 걸린다더니 40분 만에 도착했다. 기대한 서비스보다 지각된 서비스의 크기가 크니 고객 만족으로 연결된다. 배달업소의 서비스 기준은 '신속, 정확'이 기본인데 나는 포장을 뜯기 전부터 만족스러웠다. 부푼 가슴을 안고 메뉴를 열었다. 음식의 모양새부터 맛까지 아주 훌륭했다. 통째로 튀긴 수제왕새우튀김도 맛있지만 집게 다리가 있는 오동통한 게맛살 튀김, 수제오징어, 김말이, 왕교자 튀김, 계란 튀김까지 메뉴 이름부터 맛까지 어느 하나 훌륭하지 않은 게 없었다. 먹어도 먹어도 물리지 않았다. 지금까지 먹어본 튀김 중에서도 손에 꼽게 맛있었다. 함께 시킨 떡볶이 또한 국내산 청양고추로 맵기를 조절한다더니 국물이 깔끔하고 칼칼하니 맛있었다. 국내산 무와 제주 비트로 직접 만든다는 수제 비트 피클과 함께 곁들이니 더욱 입맛을 돋웠다.

고객이 자신이 먹는 음식에 대한 정보를 알고 먹는 것과 모르고 먹는 것은 이렇게나 큰 차이가 있다. 자신의 경영철학과 매장의 장점을 드러내고 그러한 것을 지켰을 때 고객은 만족하게 된다.

돈이 되는 리뷰 이벤트 하라

＼

배달업소를 선택할 때 나의 또 다른 기준은 리뷰 이벤트 여부다. 서비스 메뉴를 공짜로 먹고 싶어서가 아니다. 리뷰 이벤트를 한다는 것은 운영을 더 잘하고 싶은 사장의 마음, 즉 노력과 같기 때문이다. 배달 외식 업계에 종사하는 수많은 분들을 관찰한 결과 90% 이상 확실한 사실이다.

고객이 매장에 방문해야 정보를 알 수 있는 시대는 지났다. 리뷰 수가 많다는 것은 그 매장을 이용하는 고객이 많다는 것이고, 고객 평이 좋다는 것은 그 매장에 대한 고객 만족도가 높다는 것을 뜻한다. 리뷰는 우리 매장의 품질 보증을 나타내며 리뷰 수가 많아야 매출 또한 높아지기 때문에 리뷰 이벤트를 실시하는 것이다. 그렇다면 이렇게나 중요한 리뷰 수를 늘리려면 어떻게 해야 할까? 주문 고객을 대상으로 리뷰 이벤트를 하는 게 좋다. 지금부터 효과적인 리뷰 이벤트 방법을 알아보자.

글과 이미지를 첨부하라

단순히 글로만 쓰는 것보다 이미지를 첨부하는 게 가독성이 더 높기 때문에 이미지를 첨부하는 게 좋다. 사장님 공지 또는 사장님 알림을 보면 이미지 첨부 기능이 있는데 이미지는 총 네 장까지 첨부할 수 있다. 오떡 본점의 리뷰 이벤트를 살펴보면 단순히 봐도 이벤트 참여 시 김말이나 중국당면, 치즈 중에 하나를 제공한다는 사실을 알 수 있다. 이미지와 더불어 공지한다면 고객은 이벤트 내용을 더욱 쉽게 인지할 수 있다.

★2020년 1월 이벤트★

작년에 세웠던 계획들은 다들 이루셨는지요???

하지 못하더라도 실망하지 말고 꼭 이루시길 작게나마 오떡에서 응원합니다!♥ 😭😊

저희 오떡도 千客萬來(천객만래) 천 명의 손님이 만 번씩온다는 뜻으로 많은 손님이 번갈아 계속 왔으면 좋겠습니다. 😊😊😊

자 1월 이벤트 알려드립니다!

오떡의 핫 한 사이드메뉴 3가지
치즈,중국당면,김말이 😊

오떡 본점은 글과 이미지를 함께 첨부해 가독성을 높이고 있다.

서비스 품목을 제공하라

고객은 대가 없는 수고를 하지 않는다. 따라서 바라는 게 있다면 먼저 베풀어야 한다. 남에게 폐 끼치는 것을 싫어하는 일본인들 사이에는 독특한 선물문화가 있다. 선물을 받으면 가까운 시일 안에 반드시 답례선물을 하는 '오카에시お返し' 문화다. '오카에시'는 받은 만큼 돌려준다는 의미인데 이처럼 사람에게는 다른 사람으로부터 이득을 얻거나 호의를 받으면 보답하고 싶어 하는 심리가 있다. 가끔씩 모르는 척 하는 얌체 같은 사람들이 있긴 하지만 그래도 고객에게 뭔가를 주면 대부분 리뷰를 남긴다. 서비스 메뉴 제공 시에는 보통 서너 가지 중에 선택할 수 있게 한다.

진정한 족발 리뷰 이벤트의 예, 요즘 트렌드에 맞게 솔직한 리뷰를 요청하고 있다.

이 외에도 서비스 품목으로 현재 판매 중인 사이드 메뉴를 제공하면 재주문으로 연결될 확률이 높아지니 이를 활용해도 좋다. 일종의 시식 효과가 되기 때문이다.

세부 사항을 안내하라

사장님이 정하기 나름이지만, 보통 고객에게 리뷰 이벤트에 참여하는 방법을 다음과 같이 안내한다. 바로 결제 시 참여 가능하다는 것을 인지시키고, 서비스 메뉴 중 하나를 택한 후 '리뷰 이벤트 ○○주세요'라고 입력 및 가게 '찜'과 함께 사진 첨부 및 솔직한 리뷰를 요청해야 한다. 요즘 고객은 신뢰를 굉장히 중요하게 생각한다. 따라서 대놓고 별 다섯 개를 요구하기보다는 솔직한 리뷰를 요청하는 게 고객의 신뢰를 얻는 방법이라는 사실을 참고하길 바란다.

JOO님, 안녕하세요~ 달봉이의 미나미입니다 ^^ 이번주도 달봉이치킨 정자점을 찾아주셔서 감사드려요 ♥ 치즈볼 맛에 풍덩 빠지셨네요? ㅎㅎ 저도 개인적으로 정말 좋아하는데요~ 정성을 다해 조리하니 더 바삭하고 쫀득하고 고소하고~ 세상 이런 꿀맛이 어디 있을까요? ^0^ 항상 치킨과 치즈볼 맛있게 조리하여 찾아뵙겠습니다~!! 오늘 하루도 행복하게 보내시고 새해에는 행복이 가득하셨으면 좋겠습니다 ♥ ^^^ 감사합니다 ♥

[현재 총 누적 기부액 224,600원]
손님의 리뷰 100원, 저희 매장 100원! 총 200원 적립! 힘든 아이들을 위하여 달봉이와 함께 힘을 보태주세요! 다음 주문시에도 간단 리뷰로 기부 이벤트에 동참을 부탁드립니다! 곧 행복한 기부로 찾아 뵙겠습니다 ^^

달봉이치킨 정자점은 모든 리뷰 댓글마다 누적 기부액을 기록한다.

그런데 리뷰 이벤트에도 트렌드가 있다는 사실을 유념해야 한다. 달봉이치킨 정자점의 경우 소비에 앞서 브랜드의 바르고 선한 영향력을 중시하는 요즘 세대에 맞춰 기부 이벤트를 하고 있다. 리뷰 작성 시마다 고객 100원, 매장 100원, 총 200원씩 누적하여 어려운 가정의 아동을 돕는 데 기부하고 있다. 또한 모든 리뷰마다 적립된 누적 기부액을 기록하여 고객 신뢰를 확보하고 있다.

바스버거의 리뷰 이벤트이다. 고객 참여 마케팅을 실현한다.

다음은 바스버거 역삼점의 사진 리뷰 이벤트이다. 바스버거는 처음부터 뭔가를 제공하지 않는다. 하지만 고객 참여를 유도하여 재미를 준다. 바스인과 공유하고픈 나만의 꿀조합 세트를 만들어서 리뷰를 남긴 뒤 가장 많은 추천을 받으면 이달의 버거로 선정하고, 한 달간 전 고객에게 1,100원의 가격 할인 혜택을 제공한다. 일종의 고객 참여 마케팅인 것이다. 내가 감동받은 것은 다음과 같은 부분이었는데, 이달의 버거에 선정되면 '후암점 이얏호 님의 Best Pick!'이라고 고객의 이름을 걸고 홍보해준다. 요즘 고객의 특징인 '재미'라는 키워드를 잘 활용한 사례라고 할 수 있다.

지금까지 리뷰 수를 늘리기 위한 효과적인 리뷰 이벤트 방법을 알아봤다. 방법은 간단하다. '이미지를 첨부하고 글을 함께 작성'하여 이벤트에 대한 가독성을 높이고 참여 고객에게 서비스를 제공한 뒤 솔직한 리뷰를 요청하는 것이다. 요즘 트렌드를 따르는 것도 좋은 방법이다. 단, 여기에 한 가지 더! 리뷰 수를 늘리려는 노력뿐만 아니라 이에 대한 답변 또한 성실히 작성할 수 있도록 신경 쓰길 바란다.

고객의 마지막 순간을 장악하라

'트렌드 코리아'에서 발표한 소비 트렌드 중의 하나인 '라스트핏 이코노미'는 온라인과 비대면 사업이 늘어나면서 고객과의 마지막 접점까지 고려해야 한다는 의미가 담겨 있다. 고객이 얻는 최종적인 만족을 최적화한다는 뜻인데 요즘 고객은 인터넷 쇼핑 시 가격이 조금 싼 것을 찾는 노력보다는 멤버십에 가입하여 버튼 하나 누르면 다음날 문 앞에 도착해 있는 편리성이 더 매력적이라고 느낀다. 고객의 의사결정 기준이 상품의 효용에서 서비스의 질로 변화하기 때문에 마지막 순간 고객의 최적화된 만족이 더 중요해졌다는 얘기다. 그렇다면 배달 외식업 사장님들은 고객의 라스트핏을 위해 무엇을 중요하게 관리해야 할까?

배달 직원의 복장을 갖춰라

직원의 복장이 매장 전체의 청결로 비춰지기 때문이다. 배달 서비스를 이용하는 고객은 항상 불안하다. 내가 주문한 음식이 어떤 환경에서 만들어지는지 볼 수 없기 때문이다. 그런데 배달 직원이 복장을 제대로 갖추지 않거나 청결하지 않다면 고객은 우리 매장의 위생 상태를 불신하게 될 것이다.

음식의 온도를 관리하라

정성 들여 음식을 만들었더라도 배달하는 과정에서 보관이 소홀했다면 음식은 금방 식게 되고 맛 품질 또한 떨어지기 마련이다. 이럴 땐 배달 시에 보온 박스에 보관하

피자알볼로는 피자가 식지 않도록 보온 포장 서비스를 제공한다.

는 것은 물론이며 고객에게 전달할 때도 음식이 식지 않도록 보온 포장을 하는 등의 노력이 필요하다. 이러한 작은 차이가 마지막 순간 고객에게 큰 만족을 제공한다.

고객의 요청사항을 표시하라

배달 서비스를 이용하는 고객은 의심병이 있다. 내가 요청한 사항이 제대로 반영되었을까 하는 생각들인데 이럴 땐 포스기의 기능키를 이용하여 영수증에 고객의 요청사항을 눈에 보이게 입력하고 여기에 한 번 더 빨간 펜으로 별표까지 치면 고객의 마음이 안심에서 만족으로 바뀌게 된다.

뚜껑 열었을 때의 비주얼을 생각하라

요즘 고객은 음식을 눈으로 먹는다. 비주얼을 굉장히 중요하게 생각한다. 내가 먹는 것이 곧 나이며 사진 찍고 싶게 만들어야 고객들이 사진 찍어 올린다. 그래서 배달 메뉴를 개발할 때도 포장 패키지에 담긴 모습까지 상상해서 개발해야 한다. 그게 메뉴 개발의 완성이다. 뚜껑을 열었을 때 고객이 과연 사진

분당 도시참치는 신선하고 고급스러운 비주얼로 고객들의 감탄을 자아내고 있다.

찍고 싶은 비주얼인가를 다시 한 번 생각해봐야 한다. 그리고 또 한 가지, 배달 과정에서 음식이 흔들리지 않도록 방법을 찾아야 한다. 그렇지 않으면 클레임이 발생할 수 있다.

작아도 좋으니 마음을 표현하라

배달서비스를 이용하는 고객과 직접 만날 수는 없어도 마음을 전할 수는 있다. 손 편지도 좋고 작은 젤리도 좋다. 내가 들인 노력이나 비용 대비 고객의 만족감은 그 이상이라는 사실을 기억하고 고객에게 사장님의 정성과 마음이 전달되도록 노력해야 한다.

대구 카페 스위트앤드는 배달 고객에게 손 편지와 꽃을 전하여 고객의 마음을 기쁘게 한다.
(이미지출처: 카페 스위트앤드 페이스북)

장사가 잘 안 되는 사장님들은 늘 안 되는 이유만을 말한다. 요즘은 100% 배달 대행 업체를 쓰는데 내가 그런 걸 어떻게 관리하냐고 하소연을 한다. 하지만 찾아보면 방법은 있다. 고객에게 좋은 서비스를 제공하려면 드러난 현상을 연구하고 방법을 찾는 게 순서이다. 그게 잘되는 집과 안 되는 집의 차이라는 사실 꼭 기억하길 바란다.

4장

한 평 매장에도
시스템은 필요하다

지속가능한 매장은 체계가 있다

장사와 경영의 차이는 무엇일까? 국어사전에 보면 장사란 이익을 얻으려고 물건을 사서 파는 것을 말한다. 이번에는 경영을 살펴보자. 경영이란 기업이나 사업 따위를 관리하고 운영하는 것 또는 기초를 닦고 계획을 세워 어떤 일을 해나가는 것을 말한다.

장사는 '이익'을 남기고자 물건을 사고파는 것인데 경영은 단순히 물건을 사고파는 것이 아니다. 조직의 '목표'를 달성하고자 계획Plan – 실행Do – 검증Check – 재실행Action 하는 과정, 이를 경영이라고 한다. 경영을 통해 효과성(적절한 일을 해서 목표를 달성하는 것)과 효율성(일을 적절하게 해서 생산성을 향상시키는 것)을 추구할 수 있다. 직원과 고객에게 만족을 주고 오랫동안 지속 가능하며 사회 공헌 또한 가능하다.

효과와 효율이라는 두 마리 토끼를 모두 잡는 경영을 위해서는 시스템 구축이 필수적이다. 매장 규모가 크든 작든 동일하다. 시스템이란 직원과 고객 모두를 편하게 하는 방법이자 내 안에서 최대 매출을 올릴 수 있는 능력을 말한다. 우연히 대중매체에 노출되어 많은 고객이 매장을 방문했더라도 시스템이 없다면 그 매출은 스쳐가는 바람이 되기 때문이다.

매장 주변을 둘러보자. 이제는 소상공인도 대기업과 싸워야 하는 시대이다. 비슷한 가격대의 모든 매장(슈퍼 등)이 경쟁상대가 되기 때문이다. 지금처럼 주먹구구로만 장사하다가는 깨지기 십상이다. 이럴 때 촘촘한 경영 전략이 있다면 보다 업무 효율을 높여 이익을 남길 수 있다. 작은 음식점에서도 경영 전략이 필요한 이유가 바로 이것이다.

효율을 높여야
이익이 보인다

효율과 품질의 상관관계

\

TGIF 키친 매니저 시절, 현장에서 종종 발생했던 일들이다.

"매니저님 7번 테이블에 스테이크 죽었습니다. 고객이 미디엄으로 주
문했는데 오버 쿡 되었다고 다시 해달랍니다."
"뭐? 그게 원가가 얼마짜린데…. 데드푸드 리포트^{Dead food Report, 조리 실수나 이물}
질, 맛 클레임 등으로 버려진 메뉴를 기록하는 것에 적으세요. 그리고 앞으로 실수 없도록 브
로일 스킬 업 하세요!"

"매니저님 서버가 주문 받고 포스 입력을 깜빡 했다는데 30분 지나서

발견했답니다. 그런데 하필 메뉴가 스테이크에 미디엄 웰던입니다."

"아! 왜 하필 스테이크야. 티켓 빨리 빼도 조리 시간 오래 걸리는데…"

얼마 전 나는 5년 만에 빕스에 갔다. 서버가 내게 스테이크를 주문 받으며 이렇게 말했다 "스테이크 굽기는 미디엄으로 제공됩니다. 테이블에 보시면 인덕션 레인지가 있는데요. 고객님께서 원하시는 굽기로 더 구워서 드시면 됩니다."

이렇게 하면 브로일의 조리 실수를 제거할 수 있다. 스테이크 굽기를 미디엄으로 하면 미디엄 웰던이나 웰던으로 굽는 것보다 조리 시간을 단축시킬 수 있어 업무 효율이 높아진다. 하지만 음식의 품질 문제가 발생한다. 스테이크는 굽는 사람의 솜씨에 따라 맛이 천차만별로 달라진다. 오버 쿡 되면 스테이크 육즙이 빠지고 단단해진다. 당연히 맛이 떨어진다. 아니나 다를까 아차 하는 순간 내 스테이크가 너무나 익어 버렸다. 당연히 품질 만족도도 떨어졌다. 효율을 높이기 위한 빕스의 아이디어는 좋았지만 득과 실에 대해서는 좀 더 따져봐야 한다. 특히나 어린이 고객이 많은 패밀리 레스토랑의 특성상 화상 안전사고의 위험 또한 우려되기 때문이다.

효율이란 최소한의 투입input으로 기대하는 산출output을 얻는 것을 의미한다. 효율이 높다는 것은 생산성이 높다는 것으로 이는 원가 절감으로 연결된다. 도식화 하면 다음과 같다.

매출액 - 비용 = 이익

매출을 높이는 방법은 크게 두 가지로 나눌 수 있다. 첫째는 매출을 늘리는 방법이고, 둘째는 원가 관리를 통해서 비용을 줄이는 것이다. 경쟁자와 동일한 매출이더라도 이익을 높일 수 있는 방법은 효율적인 원가 관리를 통해 가능하다. 내가 경영자라면 원가 절감 방안을 모색해야 하는데 이때는 품질 또한 고려해야 한다. 아무리 이익을 많이 남긴다 한들 잘못된 원가관리로 고객이 만족하지 못한다면 더 큰 손해로 연결되기 때문이다.

업무 효율을 극대화하라

TGIF 관리자로 근무했을 당시, 출근시간은 세 타임으로 구분됐다. 이 중 마감조로 출근하게 되면 신경 쓸 일들이 더 많았는데 나는 이런 고민들을 했다. '남은 영업시간 동안 일 매출 목표를 달성해야 하는데….' '직원들의 마감 업무가 늦어져 오버타임이 발생하지는 않을까? 야간수당까지 더해지면 인건비 관리에 치명적인데….'

당시엔 매출도 매출이지만 관리자로서 이익을 내는 것에 더욱 신경이 쓰이던 때였다. 그런데 마감업무를 늦춰 인건비를 올리는 일 등공신이 있었으니 바로 '기물말이'였다. 기물말이란 포크와 나이프를 디너 냅킨이나 천 등으로 돌돌 마는 것을 말한다. 기물을 위생적으로 보관하고 테이블 세팅 시간을 단축하려는 목적으로 실시했다.

14년 전에는 아웃백도 TGIF와 비슷하게 천 소재의 냅킨에 기물을 말았다. 그런데 14년 후 오늘엔 그렇지 않았다.

재활용 소재의 종이봉투에 포크와 스푼 나이프를 담아주면 끝이다. 간단해도 너무 간단하다.

추측건대 천 소재로 된 냅킨을 세탁했던 것의 1/10도 안 되는 비용으로 할 수 있겠다는 생각이다. 또한 이것의 장점은 고객에게 위생적이라는 인상을 주고, 직원들이 기물 마는 시간을 1/10로 단축할 수 있다는 것에 있다.

아웃백은 종이봉투에 기물을 담아 고객에게 제공한다.
(이미지 출처: 뛰니어리 블로그)

늦은 밤 마감 후 기물 마느라 직원들을 초과 근무하게 만들었던 14년 전의 내 모습이 떠올랐다. 그때 이 방법을 알았더라면 인건비를 절감할 수 있었을 텐데…. 직원들의 일이 줄면 그만큼 업무 효율이 극대화되기 때문이다. 14년 전과 지금은 다르다. 효과적이고 효율적인 경영을 위한 다양한 아이디어가 도출된다. 그 방법을 고민하고 실행하는 자만이 더 많은 성과를 얻게 될 것이다.

고객 안내의 효율을 잡는 법

음식점에 가보면 이런 일을 겪을 때가 있다. 대기 줄은 길고 짜증이 밀려오는데 입장이 더딘 경우 말이다. 답답한 마음에 자라처럼 목을 쭉 빼고 매장 안을 들여다보면 황당한 상황이 연출된다. 듬성듬성 빈자리가 있는데도 안내를 하지 않는 이유는 무엇일까?

대표적인 이유는 세 가지다.

일부러 줄 세우는 경우

장사 좀 한다는 사장들을 만나보면 하나같이 이런 말을 한다. "저희는 테이블 수를 줄이더라도 쾌적한 공간을 만들려고 노력합니다. 더 많은 고객을 받으려고 매장을 테이블로 빈틈없이 채우면 고객이 불편할 뿐만 아니라 직원들도 불편합니다. 직원들이 좁은 공간에서 일하게 되어 업무 피로도가 높아지지요. 차라리 테이블 수를 줄이고 대기 줄을 세우는 게 매장에 입장하신 고객뿐만 아니라 직원에게도 좋습니다. 또 고객이 줄 서서 먹는 맛집으로 인식되는 마케팅 효과마저 있으니 얼마나 좋은가요?" 듣고 보니 꽤 괜찮은 방법 같다. 그뿐만 아니라 고객을 분산시키고 좌석 회전율을 높일 수 있다. 어차피 줄 서는 집이라면 고객 입장에서는 바쁜 시간을 피해 가는 게 조금이라도 덜 기다릴 수 있기 때문이다. 자연스럽게 고객이 분산되는 효과가 발생한다. 또한 사장이 일찍 일어나라고 하지 않아도 고객 스스로가 밖에 줄 서 있는 모습을 보고 빨리 먹고 나가야겠다는 생각을 하므로 좌석 회전율마저 높아지게 되는 것이다.

서비스할 직원 수가 부족한 경우

이 상황은 보통 직원들의 식사 교대 시간에 이루어진다. 고객이 줄 서는 매장은 하루 종일 대기 상황이 연출된다. 그렇다고 직원들이 밥을 쫄쫄 굶어가며 고객을 맞이할 수는 없으니 돌아가면서 식사교대를 한다. 그런데 전보다 직원 수가 줄어든 상황에서 테이블을 꽉 채우게 되면 입장한 고객이 좋은 서비스를 받을 수 없어 일부러 자리를 비워 놓는 것이다.

한꺼번에 많은 고객이 입장한 경우

보통 식당에서 한 명의 직원이 케어하는 테이블 수는 여덟 개 내

외이다. 그런데 그 직원이 서비스하는 테이블에 한 번에 많은 고객을 안내하게 되면 직원이 우왕좌왕할 뿐만 아니라 서비스 속도가 더뎌진다. 밖에서 오래 기다린 것도 억울한데 안에서 좋은 서비스를 받을 수 없다면 고객 입장에서는 굉장히 화가 날 것이다.

이와 같은 이유로 빈자리가 있음에도 고객을 안내하지 않는 것이다. 그렇다면 해결 방법은 없을까? 첫 번째와 두 번째 경우는 사장이 매장의 서비스 품질 향상을 위해 선택한 방법이다. 반면 세 번째는 어쩔 수 없는 상황이라고 할 수 있는데 이때의 해결 방법은 다음과 같다.

고객을 안내할 때는 스테이션 별로 돌아가며 안내한다

1번부터 5번, 11번부터 14번까지를 A라는 직원이 서비스한다면 5번 테이블에 한 팀을 안내한 뒤 다음 팀은 B 서버의 스테이션인 52번 테이블로 안내하고, 또 그다음 팀은 C 서버의 스테이션인 901번으로 안내하는 것이다. 이 경우 각 서버들의 서비스 시간이 확보되어 보다 좋은 서비스가 가능하다.

긴급 상황 시 추가 인력을 배치한다

그런데 한 서버의 스테이션에 동시에 여러 자리가 나거나 평소 오픈하지 않던 룸을 오픈해야 하는 상황에는 어떻게 할까? 이때는

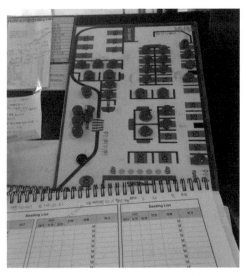

스테이션 관리를 위해 매장 구조를 한눈에 볼 수 있는 플로어 플랜Floor plan이 있으면 좋다.

고객을 한 번에 안내한 뒤 그곳으로 점장 또는 매니저가 배치되어야 한다. 만일 점장이나 매니저도 다른 스테이션에 배치된 상황이라면 급한 불을 끈 스테이션의 서버 한 명을 그곳으로 지원 보내는 방법이 있다. 함께 주문 받고 포스에 입력하고 기본 반찬을 제공하는 것만으로도 큰 도움이 되기 때문이다.

주방과 수시로 커뮤니케이션 한다

이럴 땐 주방과의 커뮤니케이션도 중요한데 앞으로 몇 명의 주문이 들어올 것이란 사실을 수시로 알려주면 좋다. 예를 들면 주방에 '오픈 메뉴 카운트 40!'을 외치면 앞으로 40명의 주문이 들어올 것이란 의미다. 이 경우 주방 또한 앞으로의 주문에 대처할 수 있어 음식 또한 빨리 제공할 수 있게 된다.

지금까지 빈자리가 있는데도 고객을 안내하지 않는 이유와 해결 방법에 대해서 알아봤다. 우리 매장이 이와 같은 상황이라면 어떤 방법을 선택해야 할까? 경영의 시작은 계획하는 것에서부터이다.

좌석 회전율을 높이는 방법

＼

좌석 회전율turnover rate이란 좌석이 몇 번 회전했는지를 나타내는 수치로 일 방문 고객 수/좌석수로 산출한다. 예를 들면 방문 고객 수가 300명이고 좌석수가 100석이면 3회전인 것이다. 좌석 회전율이 높다는 것은 한정된 시간 동안 더 많은 매출을 올릴 수 있다는 뜻이며 업무 효율을 향상시키는 방법이기도 하다. 그렇다면 좌석 회전율을 높이려면 어떻게 해야 할까?

사전 준비를 철저히 하라

모든 것이 철저하게 준비되었을 때 속도를 낼 수 있다. 장사에 앞서 식재료 준비부터 반찬 셋업, 기물이나 식기 등에도 부족함이 없게 준비해 두어야 한다. 고객이 끊임없이 줄 서는 대박집의 경우 공통점이 있는데 고객이 착석하는 순간 즉시 응대가 가능하도록 이러한 사전 준비를 철저히 한다는 것이다.

설거지 할 시간이 부족하다면 그릇이나 기물 발주량을 두 배로 늘려 설거지를 나중에 하는 것만으로도 좌석 회전율을 올릴 수 있다.

일산칼국수는 고객 착석과 동시에 접객이 가능토록 물컵, 김치, 가위, 집게 등을 완벽하게 준비한다.

매뉴얼로 교육하고 훈련하라

매뉴얼이란 설명서, 안내서, 지침이란 뜻으로 업무를 하는 데 필요한 표준을 말한다. 고객이 어떤 매장에 가더라도 한결 같은 맛을 느끼고 동일한 수준의 서비스를 제공 받을 수 있는 최소한의 기준이라고 할 수 있다. 이처럼 매뉴얼이 있다면 누가 그 일을 하더라도 동일하게 할 수 있다. 낭비를 줄여 원가 안정이 가능하며 업무 속도를 높여 생산성마저 향상된다. 매뉴얼을 기반으로 직원들이 업무에 익숙해질 수 있도록 교육 및 훈련이 동반된다면 직원들의 메뉴 생산 및 서비스 속도는 더욱 향상될 것이다.

양손 가득 채워라

직원들이 고객 테이블을 관찰해 빈 접시가 있을 경우 고객이 다 먹은 접시를 치우는 프리버싱pre-bussing을 실시하거나 홀에서 주방에 들어가거나 주방에서 홀로 나올 때 빈손으로 다니지 않도록 풀 핸즈 인 풀 핸즈 아웃을 실행하는 방법이 있다. 이는 풀 서비스 레스토랑에서 적용 가능한 예이다. 예를 들면, 주방에 들어갈 일이 있으면 빈 그릇을 양 손 가득 주방에 들고 들어가고 주방에서 홀로 나올 때도 내 테이블의 음식뿐만 아니라 다른 테이블 음식까지도 양손 가득 들고 나오란 이야기다. 이렇게 하면 빈 자리가 났을 때 신속한 세팅이 가능하니 좌석 회전율이 향상되고 직원이 두 번 움직일 것을 한 번에 처리할 수 있어 업무 효율이 향상된다.

고객을 참여시켜라

마지막으로 고객을 참여시키는 방법이 있다. 죠스떡볶이는 효율적인 매장운영이 가능하도록 오퍼레이션opreation이 잘 되어 있는 브랜드이다. 한 가지 아쉬운 점은 서비스 방식이었다. 한두 명의 인원이 매장을 운영하는데도 테이블 서비스 방식으로 운영하다 보니 직원들이 주문받고 조리하고 서빙하며 홀과 주방을 오가야 하는 상황이었다. 떡볶이가 고가의 음식이 아니고 굳이 테이블 서비스를 제공하지 않더라도 고객의 불만이 없을 것이란 판단하에 전 가맹점 설문과 내부 협의를 거쳐 셀프 서비스로 방식을 변경했다. 역시 예상대로 셀프 서비스가 주효했다. 우리 집 근처에 있는 죠스떡볶이 매장은 한두 명의 인원으로 운영된다. 명절 연휴 기간 내내 영업을 하기에 살펴보았는데, 앞 이틀은 아르바이트만으로 운영했고 명절 당일에는 가맹점주님 혼자서 열심히 일하셨다. 셀프 서비스 방식을 도입하니 주방에서 나오지 않고도 운영이 가능했다. 고객이 많아도 문제가 없다. 홀 고객, 포장 고객 그리고 배달 주문까지 완벽하게 소화하는 모습을 보니 뿌듯했다.

이 외에도 키오스크 등을 활용해 고객이 직접 주문, 계산 후 음식을 서빙하고 치우게 하거나 테이블 서비스 방식이라도 테이블에 주문서 등을 놓아 고객이 직접 주문하게 하는 것만으로도 직원의 업무를 덜어 테이블 회전율을 높일 수 있다.

최근에는 테이블마다 태블릿 PC를 설치하여 고객이 직접 주문하게 하거나, 네이버에서 출시한 '네이버 테이블 주문' 서비스를 이용하는 곳이 보편화되었다. 보통 이런 프로세스로 진행된다.

고객

- 착석 후 테이블에서 QR 코드를 찍는다.
- 메뉴를 담은 후 네이버페이로 결제한다.

사장님

- 연동된 POS나 태블릿 PC등을 통해 실시간 주문 알림을 받는다.
- 조리 후 서빙한다.

이렇게 주문을 받으면 사장님의 일이 상당 수 줄어든다. 주문과 결제를 고객이 알아서 하니 사장님은 조리에만 집중할 수 있고, 업무 효율을 높일 수 있다. 종종 발생했던 주문 실수가 사라진다. 고객도 좋긴 마찬가지다. 직원을 기다리지 않고도 주문부터 결제까지 가능하며, 먹고 바로 나갈 수 있어 식사 시간을 절약할 수 있다. 포인트로 결제할 수 있으니 누이 좋고 매부 좋은 시스템이 아닌가?

단, 고가의 메뉴를 판매하는데 모든 게 셀프 서비스 방식이라면 고객의 만족도는 떨어질 수 있다. 항상 고객이 지불하는 가격 이상의 가치를 제공할 수 있도록 서비스가 설계되어야 한다는 사실을 항상 유념해야 한다.

주차장이 협소해서
고민이에요

—

외식 시 고객들은 대부분 차로 움직이며 주차장이 있는 곳을 선호한다. 주차를 어려워하는 여성 고객의 경우에는 특히 더 그렇다. 이왕이면 넓은 주차공간에 발레파킹 요원까지 있다면 금상첨화겠으나 현실은 그렇지 않다. 음식점에서 넓은 주차장을 갖추기란 쉬운 일이 아니며 그나마 도로변에 주차가 가능하면 다행이기 때문이다. 주차문제로 골머리를 앓고 있을 예비 사장님과 현 사장님을 위해 상황을 설정해봤다.

창업을 준비 중이에요

1. 가장 좋은 케이스는 매장이 대로변에 위치하며 주차장을 갖추고 있는 것이다.
2. 만일 한 블록 뒤로 물러나도 주차장을 갖추고 있다면 고객은 찾아온다.

주차장의 유무에 따라 영업력의 차이가 발생하기 때문에 나는 식당 창업 시 주차장을 갖추는 게 유리하다고 말씀 드린다. 그런데 만일 주차장이 있더라도 협소하다면 또다시 문제가 발생한다. 오히려 없는 것만 못할 때도 있다.

주차장이 있지만 너무 협소해요

음식점 경영 시 사장들의 큰 고민 중에 하나가 주차장이 협소할 때 발생하는 문제들이다. 이럴 땐 어떻게 해야 할까?

강남에 있는 한식 전문점을 방문했다. 대로변에서 한 블록 뒤에 위치해 있고 건물 3층에 입점한 곳이었다. 건물 내 주차장이 있으나 넓지 않은 탓에 만차인 상황이었다. 주차요원이 말했다. "다른 곳에 주차하시면 주차비 2,000원을 지원해 드립니다."

이곳은 주차장이 만차인 이유로 다른 곳에 주차한 고객에게 현금 2,000원을 내어주고 있었다. 아마도 고객에게 미안한 마음을 표현하기 위한 방법이었을 것이다. 한 시간 동안 주차비가 5,000원이 나왔다. 하지만 그 2,000원 때문이었을까? 우리가 추가로 지불한 3,000원이 전혀 아깝지 않았다. 아마도 고객을 배려한 마음이 느껴졌기 때문이었을 것이다.

주차장이 없어요

주차장이 없더라도 방법은 있다. 역삼동에 있는 삼육가는 별도의
주차시설이 없다. 다만 이러한 약점을 극복하고자 고객에게 특별한
서비스를 제공하고 있다.

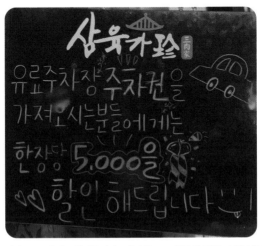

삼육가는 고객이 유료주차장 주차권을 가져오면 장당 5,000원을 할인하는 서비스를 제공한다.

고객이 매장 앞에 있는 유료주차장에 주차 후 주차권을 가져오
면 장 당 5,000원의 가격 할인을 제공하는 서비스이다. 만일 차가
두 대라면 두 명 분인 10,000원의 가격 할인을 받는 셈이다. 이 경
우 매출액을 낮춰 절세 효과마저 있으니 고객에게 현금을 바로 주
는 것보다는 더 좋은 방법이라고 할 수 있다. 단, 비용 측면에서는
이 방법이 좋으나 고객 효익 측면에서는 현금을 바로 주는 게 더

유리할 수도 있다는 것을 유념하길 바란다.

대전에 있는 바다황제도 별도의 주차시설을 갖추고 있지는 않다. 다만 오후 6시 이전에는 인근의 빌라 주차장을 활용해 고객에게 주차 안내를 하고 있다. 빌라 거주자들이 대부분 낮에 출근을 하는 이유로 주차장에 여유 공간이 있는데 이에 일정 비용을 지불하고 주차장으로 이용하는 것이다.

주변을 둘러보면 방법은 많다. 다만 비용이 아까워 시도하지 못하는 분들이 있다면 꼭 한번 해보길 권장한다. 몇천 원을 지출하는 것으로 열 배 이상의 매출을 올릴 수 있어 분명 해볼 만한 가치가 있다. 해보고 안 되면 실패를 교훈 삼아 방법을 달리하면 된다. 그런데 가만히 손 놓고 있다가는 걱정만 하다 끝날 것이다.

노쇼를 예방하려면?

—

지인 중에 스시 오마카세를 운영하는 셰프가 있다. 스시카운터 형태의 매장이며 좌석 수가 한정되어 있고 객단가는 높은 곳이다. 평소 예약제로 운영된다. 그런데 언제부턴가 SNS에 남은 식재료 사진을 올리는 셰프의 모습을 자주 보게 되었다. 예약 고객의 노쇼 no-Show가 원인이었다.

노쇼란 예약부도를 의미한다. 고객이 예약을 한 뒤 취소하거나 예약 취소를 통보하지 않고 예약장소에 나타나지 않는 것을 일컫는 말이다. 몇 년 새 노쇼가 사회적 문제로 부각되고 있으며 그중에서도 음식점의 피해가 이만저만이 아니다. 최현석 셰프는 한 방송 인터뷰에서 "하루에 한두 팀이 노쇼를 발생시키는데, 객단가 10만 원일 경우 50~60만 원, 30일로 가정하면 1,800만 원 정도 매출 손실이 나는 셈"이라며 "규모가 작은 레스토랑일수록 노쇼는 더 치명적이어서 실제로 노쇼 때문에 가게 문을 닫는다는 오너셰프도 있다."고 전했다. 소상공인연합회는 음식점·미용실·병원·고속버스·소규모공연장 등 5대 서비스 업종에서 노쇼에 따른 연간 매출 손실은 4조 5천억 원, 고용손실은 108,170명이라고 발표한 바 있다.

미용실, 병원 등 다른 서비스 업종에서도 노쇼가 발생하지만 음식점의 예약 부도율은 20%로 가장 빈번하게 발생한다.

이러한 노쇼 피해를 막기 위해 공정거래위원회는 2018년 위약금 규정을 신설했다. 예약 한 시간 전을 기준으로 예약을 취소하면 예약보증금을 환급받을 수 있지만, 그 이후에 취소하거나 취소 없이 나타나지 않으면 한 푼도 돌려받을 수 없도록 했다. 또한 사업자의 사정으로 예약을 취소할 경우, 예약금의 두 배를 고객에게 돌려줘야 한다. 그러나 이러한 규정이 있음에도 불구하고 예약금 규정을 적용하는 곳은 많지 않다. 주변 식당 대부분이 예약 보증금 받지 않으며, 이를 받게 되면 고객이 줄어들 것 같다는 부담 때문이다. 실제 고객이 부담을 많이 느끼는 것 또한 사실이다.

그렇다면 어떻게 하면 노쇼를 예방할 수 있을까?

예약금을 받는다

객단가 높은 코스요리 등을 판매하는 파인다이닝이라면 예약금을 받는 게 좋다.

1. 예약금 취소 및 변경 정책 마련

이때는 예약금 취소 및 변경 정책을 마련하는 게 필요한데 업장에 따라 차이가 있지만 인원수에 상관없이 정해진 금액을 예약금으로 받거나, 1인 금액의 50%×예약 인원수만큼 받기도 한다.

[예약금 취소 및 변경 정책의 예]
- 예약일로부터 2일 전 까지: 예약금 100% 환불
- 예약일로부터 1일 전 까지: 예약금의 50% 차감
- 예약 당일 : 예약금의 100% 차감

2. 예약 시스템 활용

예약 접수 시에는 전화 예약보다는 온라인 예약 시스템을 활용하는 게 좋다. 전화 예약의 경우 영업시간에만 접수가 가능하다는 한계가 있고, 고객에게 예약 확인에서부터 예약금 정책, 결제 방법 안내까지 통화로 설명하는 데 어려움이 있기 때문이다. 온라인 예약 시스템을 제공하는 대표적인 곳은 '캐치테이블', '테이블매니저' 등이 있다. 캐치테이블은 해당 음식점 검색 시 바로 연결 또는 카카오톡 링크를 통해 예약 시스템으로 연결된다. 고객이 예약금 안내에 따라 예약금을 입금하면 예약이 확정되며 추후 예약금이 100% 환불되는 형태이다. 또한 노쇼 방지를 위해 고객에게 예약 하루 전 최종 안내를 보내 확정을 눌러야만 예약이 확정되도록 서비스를 설계했다.

테이블매니저는 네이버와 연동되어 보다 쉽게 예약을 할 수 있다. 예약 시에는 방문 날짜에 예약 가능한 시간 선택, 인원 및 예약자 정보 입력, 예약금을 결제하면 기다릴 필요 없이 자동으로 예약이 확정되는 프로세스다.

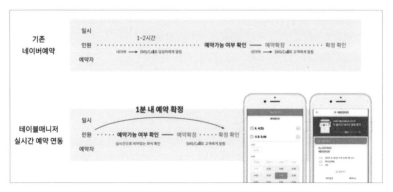

테이블매니저는 실시간 예약이 연동되어 1분 내 예약이 확정된다.

매장은 일이 줄어서 좋고, 고객은 기다리지 않아서 좋은 구조다. 노쇼 방지는 기본, 예약금 환불의 경우에도 고객의 식사값에서 차감 또는 100% 환불 받는 등을 선택할 수 있어 좋다.

예약금을 받지 않는다

파인다이닝과 달리 식당, 카페 등은 소상공인이 운영하는 곳이어서 예약금을 미리 받는 것을 적용했다가는 오히려 사장이 피해를 볼 수 있다. 이럴 땐 어떻게 해야 할까?

1. 전화 예약 멘트 변경

고객의 의식 개선이 필요한데 이와 관련해 미국의 레스토랑 사장인 싱클레어의 사례를 살펴보자. 1998년 고든 싱클레어의 레스토랑 예약 부도율은 30%에 달했다. 그는 직원들에게 전화 예약 받을 때 "예약 날짜에 못 오실 경우 꼭 전화로 알려주세요."라고 부탁하게 했지만 상황은 달라지지 않았다. 그래서 그는 이렇게 바꿨다 "못 오실 경우 전화 주실 수 있겠습니까?"그랬더니 고객들은 당연하다는 듯 "네 알겠습니다."라고 대답했다. 부탁하는 대신 질문을 통해 대답을 이끌어 낸 것이다. 그랬더니 한 달 뒤 예약부도율이 10%대로 내려갔다. 단순한 질문을 통해 고객에게 예약을 지켜야 한다는 책임을 일깨워준 효과였다. 우리도 전화 예약 접수 시마지막에 이렇게 질문해보자.

"못 오실 경우에 전화 주실 수 있겠습니까?"

2. 온라인 예약 시스템 활용

일전에 여의도에 있는 화훼당이라는 간장게장 전문점을 간 적이있다. 방문에 앞서 전화 예약을 했는데 전화 종료 후 내게 카카오톡으로 예약 확인 문자가 왔다. 테이블링이라는 원격 줄서기, 즉시예약 앱이었다. 예약과 동시에 예약 일시와 장소를 알려주어 편리했는데, 더 좋았던 것은 예약 세 시간 전에 다시 한 번 예약사항을알려주는 서비스였다.

고객에게 예약한 날과 예약 당일, 두 번에 걸쳐 예약사항을 안내한다면 노쇼의 비율은 더 줄어들 수밖에 없을 것이다. 만일 고객이취소를 하더라도 적어도 세 시간 전에 알려 줄 것이 아닌가. 세상이 점점 스마트해지고 있다. 시스템을 활용하면 직원과 고객 모두가 편해진다.

순이익을 높이는
경영 시스템

지속적인 메뉴 개발, 가격 관리가
필요한 이유

\

퇴근 후 칼국수가 먹고 싶어 당당하게 혼밥을 시도했다. 식사로 만두칼국수를 주문했는데, 거짓말 좀 보태서 남자 주먹만 한 왕만두가 들어 있는 칼국수의 가격이 단돈 6,500원이다. 가격이 6,000원이었다가 500원 인상된 것으로 보였다. 이처럼 이익을 남기는 최고의 방법은 가격 인상이다. 하지만 가격 인상은 자주 시도할 수 없기에 신중히 고민 후 실행해야 하는데 가격을 500원씩 찔끔찔끔 올리다가는 답 안 나오는 수가 있다.

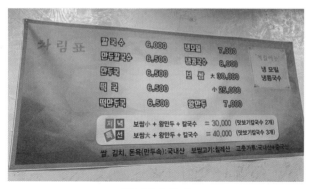

해당 매장의 메뉴판

솔직히 6,500원이면 고객 입장에서 이 돈 내고 먹기 미안한 마음이 드는 금액이다. 안타까운 마음에 차림표를 살펴봤다. 국수, 만두 가격대가 6,000~7,000원대이고 보쌈은 25,000~30,000원대이다. 가격이 저렴해도 너무 저렴하다. 물론 나름의 세트메뉴(저녁 특선)가 있었다. 하지만 여기에도 아쉬움이 느껴졌다. 보쌈에 5,000원, 10,000원만 더하면 왕만두에 맛보기 칼국수 두세 개가 나온다. 두세 명이 주문해도 객단가가 최대 10,000원인데, 이 집은 땅 파서 장사한단 말인가?

세트 메뉴의 경우 기존 가격에 빨간색으로 X표를 한 뒤 할인율을 적어주면 각각 주문하는 것보다 세트메뉴 주문이 더 이득이라는 것을 고객이 더욱 쉽게 인지할 수 있을 것이다. 또한 맛보기 칼국수가 일반 칼국수에 비해 어느 정도의 양인지 표기되어 있었더라면 더 많은 고객의 선택을 받았을 것이라는 아쉬움이 남았다. 이 외에도 점심 저녁 할 것 없이 1인 고객을 위한 '국수+만두' 또는 '국수+보쌈' 세트 메뉴가 있었더라면 좋았겠다. 사장님께 미안한 마음에 추가 주문하려고 눈 씻고 찾아봤지만 내가 더 주문할 게 없었다. 이런 게 바로 작은 가게도 트렌드를 알아야 하고 지속적인 메뉴 개발, 가격 관리가 필요한 이유이다.

작은 식당에도
레시피가 필요한 이유

20년 넘게 한자리를 지키던 허름한 중국집이 있었다. 바삭바삭한 탕수육으로 유명한 집이었는데 음식에 정성 가득, 부부의 따뜻한 마음까지 덤으로 내어 주던 곳이었다. 그랬던 부부가 건강을 이유로 중국집을 양도하게 되었다. 비록 주인은 바뀌었지만 상호는 같은 덕에 얼마간은 성업이 이어졌다. 그러던 어느 날, 그 집이 문을 닫았다. 영업 중지는 한 달이나 계속되었다. 주방장이 그만둬서 영업을 할 수 없다는 이유에서였다. 한 번이 아니라 이후에도 같은 일이 몇 번이나 반복되었고 그때마다 맛이 오르락내리락했다. 예전엔 맛이 좋았는데 이제는 형편없다며 그나마 찾아오던 고객마저 발길을 돌렸다. 그리고 영영 문을 닫게 되었다. 이런 일을 방지하기 위해서는 어떻게 해야 할까?

먼저 사장이 주방을 알아야 한다. 예비 음식점 사장님들께 항상 당부하는 말이 있다. '오픈 후 최소 3개월간은 주방에서 근무하라'는 내용인데, 사장이 모든 걸 할 수 있어야만 효율적인 인력 관리가 가능하며 주방장이 앞치마를 벗어 던지는 상황이 와도 영업을 이어 갈 수 있기 때문이다. 사장이 주방을 안다면 적어도 문 닫는 일은 막을 수 있다. 그런데 직원이 바뀔 때마다 맛이 오르락내리락 하는 건 어떻게 해결할 수 있을까?

레시피가 필요하다

레시피란 메뉴 조리법을 말한다. 레시피가 있다면 누구나 조리가 가능하다. 정해진 순서만 따라 하면 금세 메뉴를 만들 수 있다. 그런데 장점은 이뿐만이 아니다.

일관된 맛을 낼 수 있다

누가 만들어도 똑같은 맛을 낼 수 있다. 레시피에 식재료 정량이 표기되어 있고 정확한 계량도구마저 갖춘다면 금상첨화다.

직원이 바뀌어도 쉽게 가르칠 수 있다

다른 사람을 가르치는 것은 생각보다 쉽지 않다. 그런데 레시피가 있다면 얘기가 달라진다. 레시피에 적혀있는 순서대로 짚어주기만 하면 누구나 유능한 선생님이 된다. 직원이 먼저 레시피를 보고 궁금한 점을 묻게 한다면 교육시간마저 단축시킬 수 있다.

원가 안정이 가능하다

레시피가 없는 집은 대부분 손대중으로 계량한다. 그렇다 보니 제공량이 들쭉날쭉해지기 마련인데, 레시피가 있다면 정량 제공이 가능해져 원가가 안정된다.

조리 속도를 높이고 실수를 예방한다

레시피대로 조리하면 메뉴의 제공 속도를 높일 수 있다. 더불어 조리 실수로 음식이 버려지는 것을 예방할 수 있는데 만일 특정 메뉴에서 실수가 많이 발생한다면 레시피를 코팅한 뒤 조리대 앞 벽면에 부착해 놓는 것이 좋다. 그러면 누구라도 실수 없이 조리할 수 있다.

작업 효율화에 도움이 된다

레시피가 있다면 다음과 같이 생각할 수 있다. '이 양념이 여기에도 쓰이고 여기에도 쓰이는구나. 양념 배합 시 한 번에 만들어 두면 되겠다.' 이처럼 두 번 작업할 것을 한 번에 작업할 수 있게 되므로 효율적으로 일할 수 있다.

레시피는 어떻게 만들까?

궁중 떡볶이　*재료 및 중량

재료	중량	규격 및 계량변환
떡볶이 떡	250g	
쇠고기	50g	
볶음 간장		2×15ml(계량스푼)

레시피 작성 예시

1. '재료 및 중량'과 '조리과정'으로 구분하라

재료 및 중량에는 실제 들어가는 재료명과 중량, 규격 및 계량변환 등을 기재한다. 이때 조리 시 재료가 들어가는 순서대로 재료 명을 기재하는 것이 좋다. 조리과정을 보면 재료 및 중량에 기재된 순서와 같이 볶음 팬에 떡볶이 떡, 쇠고기, 볶음간장 순으로 나열된 것을 볼 수 있다. 뭐든 순서가 일치해야만 빠른 숙지가 가능하다.

2. 적절한 계량도구를 갖춰라

레시피를 만들었지만 정확한 계량이 어렵다면 똑같은 맛을 낼 수 없다. 정확한 계량을 위해서는 적절한 계량도구를 갖추는 것이 좋다. 볶음간장에 15ml 계량스푼을 비치한 뒤 두 번 넣으라고 하면 누구나 정량을 넣을 수 있다.

3. 메뉴 사진을 첨부하라

레시피에 메뉴가 완성된 사진을 첨부하면 메뉴가 제대로 만들어졌는지 뭔가 빠진 것은 없는지 최종 점검이 가능하다.

몇 년 전 〈맛남의 광장〉이라는 프로그램을 보다가 훌륭한 사례를 보았다. 개그맨 양세형 씨가 양미리 조림을 조리하는데, 냉장고에서 양미리를 꺼낸 뒤 왼쪽에서 오른쪽(냉장고부터 화구에 이르기까지)으로 이동하는 장면이었다.

동선에 따라 조리 순서에 맞는 재료와 정량 측정이 가능한 계량도구가 세팅되어 있었다. 계량도구를 이용해 재료를 순서대로 한 번씩만 투입한 뒤 가스 불에 올리면 되는 구조였다. 레시피를 만든 후, 조리 과정까지 고려해서 세팅해야만 직원 입장에서는 조리에 속도가 나고 실수가 없다. 재료의 낭비가 없고 맛 품질이 유지되며 업무 효율마저 올라가는 효과가 있다. 고객은 어떤가? 맛이 있는 것은 물론 한결같은 맛을 느낄 수 있다.

우리 매장에 레시피가 없다면? 레시피가 있어도 조리 순서나 계량도구가 고려되어 있지 않다면 어떨까? 주변에 좋은 정보는 많다. 다만 직접 실행하여 내 성과로 만들었을 때 온전한 나의 지식이 될 것이다.

'품질'과 '효율'
두 마리 토끼를 잡는 법

외식 비즈니스는 메뉴에서 시작해 메뉴에서 끝난다고 해도 과언이 아니다. 고객이 선호할 만한 메뉴를 개발해 합당한 지불 수준 범위 내에서 가격을 결정하고 '판매량 예측-식재료 원가율 계산-발주-검수-보관-생산-판매' 등의 프로세스를 거쳐 매출 전체를 관리하기 때문이다. 이처럼 메뉴란 음식점에 있어 대표적인 상품이자 매출에 직접적인 영향을 미치는 요인이기 때문에 품질 향상을 위한 철저하고도 지속적인 노력이 필요하다.

고객에게 고품질의 음식을 제공하기 위해 반드시 따라야 할 다섯 가지 절차인 '5 Controls'가 있다. 이를 준수하면 식재료의 품질이 향상되고 고객이 제공받는 메뉴 품질 또한 향상된다. 주방 직원들의 업무 효율 또한 좋아진다는 장점이 있는데 그 다섯 가지 중점 사항을 살펴보기로 하자.

1. 발주(Order it well)
'발주' 단계에 해당하는 것으로 질 좋은 식재료를 저렴한 가격에 필요한 만큼 구입하라는 내용이다. 먼저 질 좋은 식재료를 저렴한 가격에 구입하는 방법을 알아보자. 내가 사장이라면 취급하는 모든 식재료의 최고 가격과 최저 가격을 상세히 조사한 뒤 최소 세 명의 공급 업자로부터 가격을 제안 받을 것이다. 공급 업자로부터 구입하는 것이 효과적이라 판단되면 그렇게 하고 아닐 경우 직접 구입해도 좋다. 식재료 가격 조사 시에는 aT한국농수산식품유통공사에서 운영하는 '농수산물 가격정보 앱'이나 음식점 식자재 등을 비교 견적하는 앱들이 있으니 이를 활용하면 좋다.

음식점 사장님들이 자주 하는 실수 중에 하나는 영업 중에 식재료를 떨어뜨리는 일이다. 음식은 빨리 만들어야 하는데 식재료가 없다 보니 급한 마음에 인근 마트나 편의점에서 재료를 사오게 된다. 어쩌다 한 두 번은 괜찮지만 세 번 네 번 쌓이다 보면 불필요한 비용의 증가로 연결된다. 반대로 식재료를 너무 많이 발주하여 버려지는 경우도 있다. 이를 예방하기 위해서는 포스기의 데이터를 활용해 메뉴별 월평균, 일평균 판매량을 파악하고, 식재료 사용량을 파악해 정확한 발주량을 예측해야 한다.

식재료별 사용량을 파악하는 방법을 예로 들어보자. 방법은 간단하다. 인벤토리 시트inventory sheet를 활용해 취급하는 식재료에 대한 일자별 재고, 사용, 발주 내역을 기록하고 관리하면 된다. 이때는 수량이 아닌 발주 단위를 기준으로 한다. 깐단호박을 예로 들면 2월 29일 재고가 1이라는 것은 한 개가 아니라 1kg(발주 단위)이라는 것이다. 발주 시에는 스펙spec을 기준으로 발주해야 한다. 이는 발주

보관	냉장고 1			냉장고 1			냉장고 2			냉장고 3		
구분	야채류			야채류			야채류			야채류		
code	F01produce 00021			F01produce 00022			F01produce 00023			F01produce 00024		
품명	깐단호박			생표고버섯			송이버섯			다진마늘		
spec	3kg*3			1kg*2			720g*1			2kg*1		
발주 단위	kg			kg			pack			kg		
단가	59,000			24,000			26,000			19,500		
	재고	사용	발주	재고	사용	발주	재고	사용	발주	재고	사용	발주
02/29/토	1	4	9	1	0.5	2	1	0.5	2	1	0.5	2
03/01/일	6	2	0	2.5	1	0	2.5	1	0	2.5	1	0
03/02/월	4	3	0	1.5	0.5	0	1.5	0.5	0	1.5	0.5	0
03/03/화	1	8	9	1	1	2	1	1	2	1	1	2
03/04/수	2	11	9	2	2		2	2		2	2	
03/05/목		0			0			0			0	
03/06/금		0			0			0			0	
03/07/토		0			0			0			0	
03/08/일		0			0			0			0	
03/09/월		0			0			0			0	
03/10/화		0			0			0			0	
03/11/수		0			0			0			0	
03/12/목		0			0			0			0	
03/13/금		0			0			0			0	
03/14/토		0			0			0			0	
03/15/일		0			0			0			0	
월간누계	24	18		4.5	2		4.5	2		4.5	2	

품명	깐단호박	생표고버섯	송이버섯	다진마늘	월간총합계
월간사용액	1,416,000	108,000	117,000	87,750	1,728,750
월간발주액	1,062,000	48,000	52,000	39,000	1,201,000

식재료 인벤토리 시트의 예시

가능한 최소 기준을 말한다. 깐단호박은 스펙이 9kg이므로 최소 발주를 원하면 발주 시 실제 입고되는 날짜에 9를 기록하면 된다. 사용량은 다음날 인벤토리를 실시하면 알 수 있다. 3월 1일 아침 깐단호박 재고가 6kg가 남아있다면 2월 29일 사용량은 4kg이다.

2월 29일 재고(1)kg +2월 29일 발주(9)kg −3월 1일 재고(6)kg
  = 2월 29일 사용(4)kg

메뉴별 평균 판매량과 식재료별 적정 사용량 등을 기준으로 발주량을 조정한다면 부족하거나 버려지는 것을 예방할 수 있다.

2. 검수(Receive it well)

다음은 검수 단계에 해당하는 'Receive it well'이다. 발주 품목들이 입고되었을 때 거래 명세표를 기준으로 우리의 기준에 부합하는지 정확히 검수 후에 물건을 받으라는 의미이다. 발주 품목의 수량이 정확한지, 품질이 어떠한지를 확인해야 한다. 만일 밀봉해놓은 진공팩이 풀어졌거나 중량이 맞지 않는 등의 문제 발생 시에는 반품 등의 조치를 취해야 한다.

3. 보관(Store it well)

다음은 보관 단계에 해당하는 'Store it well'이다. 이때는 올바른 보관이 핵심인데 식재료는 검수가 끝나는 즉시 실온, 냉장, 냉동

등 적절한 장소에 보관해야 하며 바닥에서 15cm 이격 후 보관하는
등 적재 기준을 준수해야 한다.

오염 방지를 위해 바닥에서 15cm 이격
보관을 권장한다.

또한 먼저 들어온 것을 먼저 사용할 수 있도록 선입선출先入先出을
철저히 준수하는 것이 높은 품질을 유지하고 낭비를 예방하는 기
본이다.

4. 생산(Make it to Recipe)

생산 단계에 해당하는 것으로 직원들이 정확한 레시피대로 조리
해야 함을 강조한다. 레시피가 있다면 일관된 맛을 내고 원가 안정

이 가능해진다. 직원들의 조리 속도를 높이고 실수를 예방한다. 업무 효율 또한 높아지기 때문에 레시피가 중요한데 이를 기반으로 직원들이 정확한 조리가 가능하도록 계량도구 개발 및 교육훈련 또한 필요하다.

계량도구 개발의 경우 피자에 들어가는 피자 소스가 4oz라면 한 국자 뜨면 4oz가 되도록 정량을 계량할 수 있는 도구를 세팅해 주면 된다. 교육훈련의 경우 나는 직원들과 레시피 암기를 위한 구술 시험과 정량 측정을 위한 그랩 테스트grab test를 자주 했다. 이것은 재료의 중량을 손의 감각으로 측정하는 훈련을 말한다. 저울을 영점으로 맞춘 뒤 정량을 계량한다. 눈대중으로 정량을 익힌 후, 재료를 손으로 잡았을 때 정량을 계량 할 수 있을 때까지 반복적인 훈련을 하는 것이다. 바쁘지 않은 시간에는 재료를 쥘 때마다 저울 위에 올려놓고 중량을 확인하는 것도 좋은 방법이다.

5. 제공(Don't let it die in the window)

제공 단계에 해당한다. 음식에 제대로 신경 쓰지 않아 만들어진 즉시 고객에게 전달되지 않으면 윈도우에서 음식이 죽고 만다는 의미이다. 윈도우란 주방에서 음식을 만든 뒤에 엑스포에게 전달되는 장소를 말한다. 엑스포란 음식의 가니쉬와 담음새 등을 최종적으로 확인하는 업무를 담당하는 사람을 말하는데, 윈도우에 올려진 음식을 최종 점검하고 빠르게 고객에게 제공하는 역할을 한다.

이때는 뜨거운 음식은 뜨겁게, 차가운 음식은 차갑게 제공될 수 있도록 하는 것은 기본이다. 마찬가지로 고객에게 메뉴가 전달되려면 홀 직원들과의 원활한 팀워크와 커뮤니케이션을 필요로 한다.

지금까지 '5 Controls'를 통해 고객에게 고품질의 음식을 제공하기 위한 절차를 알아봤다. 쉬운 일은 없다. 한 그릇의 음식이 고객에게 제공되기까지 많은 노력이 뒤따름을 알 수 있다. 그럼에도 불구하고 품질과 효율, 두 마리 토끼를 잡을 수 있다면 지금 당장 시도해 보는 것은 어떨까?

주먹구구 대신 숫자로 경영하라

\

매출은 늘었는데 이익이 나지 않는 이유

평소 나는 사장님들께 숫자에 관한 질문을 많이 한다. "사장님 월 매출이 얼마세요?", "이 메뉴의 원가는 얼마인가요?", "한 달 영업하면 영업이익률은 몇 %인가요?"라고 물으면 대부분 대답을 하지 못하신다. 그게 아니면 "글쎄, 한 달 장사해서 주머니에 남는 게 내 돈이지 뭐!"라고 말씀하신다. 대부분의 사장은 자신이 적자를 면하기 위해서 이 자리에서 최소 얼마를 팔아야 하는지도 모르고 내가 원하는 이익을 가져가려면 얼마의 매출을 목표로 해야 하는지도 모른다. 이게 우리의 현실이다. 자, 이 둘의 차이는 무엇일까?

1. 매출 - 비용 = 이익
2. 이익 = 매출 - 비용

단순 더하기 빼기로는 같은 결과가 나온다. 그런데 1번의 사고방식은 이익이란 매출에서 재료비, 인건비 등 장사하며 발생하는 모든 비용을 뺀 나머지라고 생각하는 '결과 중시형 사고방식'이다. 2번의 경우 목표이익을 확보하기 위해 필요한 매출액이 얼마이고 비용은 어떻게 줄일 것인가에 대한 '설계형 사고방식'인 것이다. 이것이 바로 경영 마인드라고 할 수 있다.

만일 전월 대비 매출은 늘었는데 이익이 나지 않았다면 이유는 간단하다. 이익을 남기는 것을 목표로 하지 않고, 비용을 관리하지 않았기 때문이다. 만일 이익을 남기고 싶다면 주먹구구가 아닌 숫자로 경영해야 한다.

이익을 남기려면 어떻게 해야 할까?
첫째, 비용 구조를 파악해야 한다.

'비용'이란 매장을 경영할 때 업무상 지출되는 돈의 합계 금액이라고 할 수 있다. 아래 그림은 음식점의 비용 구조를 나타낸 것으로 전체 매출액(100%) 대비 임차료, 인건비, 재료비 등의 적정 퍼센트가 제시되어 있다. 통상적으로 임차료는 10% 선에서 관리되고, 인건비는 20%, 재료비는 40% 선을 넘지 않도록 관리해야 한다. 물론 업종이나 업태별로 차이가 발생할 수 있다. 카페의 경우 입지조건, 즉 어디에 위치하고 있는지가 중요하다. 음식점보다는 '임차료'가 높고 '재료비'는 낮아지는 등의 차이가 발생할 수 있다. 똑같은 백반집을 운영하더라도 테이블 서비스를 제공하는 곳이 셀프 서비스를 제공하는 곳보다는 인건비율이 더 높을 것이다. 여기서 중요한 것은 재료비와 인건비를 합한 프라임 코스트$^{prime cost}$를 전체 매출액의 65% 내에서 관리해야 한다는 것이다. 만일 65%를 넘는다면 이익을 내기 어려운 구조가 되기 때문이다.

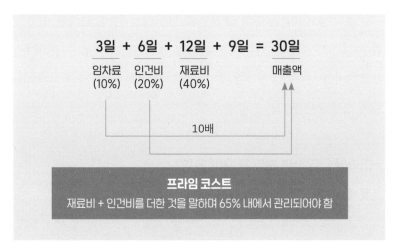

외식업 비용 구조의 예시

둘째, 손익계산서를 통해 경영현황을 확인한다.

손익계산서란 일정 기간 얼마의 이익이 발생했는지 알려주는 성적표와 같다. 우리 매장의 경영성과를 측정할 수 있는 도구라고 할 수 있는데 김밥을 팔아서 7,000원을 벌었다고 가정해보자. 이때 재료비며 기타 지출한 비용이 2,000원일 경우 얼마의 이익을 남겼을까? 앞서 배운 공식에 대입하면 '매출(7,000원) - 비용(2,000원) = 이익(5,000원)'이므로 정답은 5,000원이다. 그러나 우리가 땅 파서 장사하는 것이 아니기에 이왕이면 남기는 장사를 해야 한다. 이때 '플러스(+)'가 나면 이익이 발생했다고 말하고, '마이너스(-)'가 나면 손실이 발생했다고 말한다. 우리가 손익계산서를 알아야 하는 이유는 손익계산서를 통해 경영현황을 측정하고 개선할 수 있기 때문이다.

다음 표는 외식업 추정 손익계산서이다. 추측이란 미래에 대한 상상을 말하고, 추정이란 모집단으로부터 뽑아낸 표본을 바탕으로 그 모집단의 평균이나 분산을 헤아리는 것을 말한다. 위 사례는 음식점의 표본을 바탕으로 추정한 숫자이기 때문에 음식점 사장이라면 우리 매장에서 실제 발생하는 정확한 비용을 확인 후 입력해야만 정확한 숫자가 나올 것이다. 여기서 주의할 점이 있다. 대부분의 사장이 많은 비용을 간과하고 있다는 사실이다. 경영자라면 투자비에서 보증금을 제외한 나머지인 감가상각비를 매월 비용으로 포함시켜야 하며, 자신이나 가족이 매장에서 함께 일하고 있다면 그 인건비 또한 비용으로 포함시켜야 한다. 이 또한 기회비용이 아

구분		금액	비율	비고
매출액 합계		50,000,000	100%	
카드 매출		49,750,000	99.5%	현금영수증 포함
현금 매출		250,000	0.5%	순수 현금
재료원가(식자재, 부자재 포함)		17,500,000	35%	매출액의 35%
매출총이익		32,500,000	65%	매출액 - 재료 원가
판매관리비 합계		29,887,013	59.8%	
인건비	인건비합계	15,051,300	30.1%	
	정직원 인건비	9,000,000	18.0%	정직원 3명
	파트타임 인건비	3,750,000	7.5%	파트타임 2.5명
	퇴직금	1,275,000	2.6%	인건비 10%
	4대보험	1,026,300	2.06%	회사부담분 10.57%/알바 2%
일반관리비	일반관리비 합계	14,835,713	29.67%	
	복리후생비	1,505,130	3.01%	인건비 10%
	광고선전비	1,500,000	3%	매출액 3%
	임차료	2,500,000	5%	매출액 5%
	감가상각비	3,333,333	7%	투자비 2억 가정(기준 5년 정액법)
	수도세, 전기세	750,000	1.5%	매출액의 1.5%
	보험료	250,000	0.5%	화재, 자동차 보험료
	가스비	250,000	0.50%	매출액 0.5%
	차량/소모품비	1,000,000	2%	매출액 2%
	통신비	200,000	0.4%	포스, 통신료, 전화요금 등
	카드수수료	547,250	1.1%	카드매출 1.1%
	부가가치세	1,500,000	3%	매출액 3%
	기타비용	1,000,000	2%	접대비, 인쇄비, 수선비, 잡비 등
	지급수수료	500,000	1%	세무기장, 렌탈료 외, 매출액 1%
영업이익		2,612,987	5%	
영업외이익		646,750	1.3%	신용카드 등 발행세액 공제 1.3%
영업외비용		333,333	0.67%	대출금에 이자비용
세전이익		2,926,404	5.85%	
종합소득세		361,520	0.72%	이익에 따라 변동
세후이익(월순이익)		2,564,884	5.13%	한식 평균 10.3%

홀 판매 중심의 외식업 추정 손익계산서 예시

변동비
고정비

닌가? 게다가 일 년에 두 번 납부하는 부가가치세나 매년 5월에 납부하는 소득세, 카드수수료까지 매월 비용으로 포함시킨 후 철저히 대비해야만 앞에서 벌고 뒤에서 밑지는 일을 예방할 수 있다.

이어서 손익계산서 내에 드러난 숫자를 살펴보자. 외식업 비용구조를 통해 재료비는 40% 내에서 관리되어야 한다고 했다. 그런데 이곳은 35% 내에서 관리되고 있다. 적정선에서 관리를 잘하고 있다는 사실을 확인할 수 있는데 만일 기준을 벗어났다면 비용을 줄일 수 있도록 노력해야 한다.

현 검사의 Detail

재료원가는 35~40% 내에서 관리될 수 있도록 해야 한다. 그 이하로 낮아지면 고객이 지불하는 금액 이상의 가치를 제공하기 어렵다.

셋째, 변동원가 손익계산서를 활용한다.

회계는 재무회계와 관리회계로 구분된다. 재무회계란 기업의 외부 이해관계자인 주주나 채권자들이 의사결정에 유용한 정보 제공을 목적으로 하는 것을 말한다. 기업의 재무상태, 경영성과, 현금흐름 및 자본변동에 관한 정보를 제공하여 합리적 의사결정이 가능하도록 돕는다. 반면 관리회계란 기업의 내부 이해 관계자인 경영자가 기업을 경영관리 하는 데 있어 유용한 정보 제공을 목적으로 한다. 쉽게 말해 경영자가 돈 벌기 위한 회계라고 할 수 있다. 앞서 설명한 손익계산서는 경영 활동의 결과이고 외부 공시의 목적으로 활용된다면 변동원가 손익계산서는 내부 관리 목적으로 활용된다.

손익계산서는 매출액에서 매출원가를 빼면 매출총이익이 나오고 판매관리비를 빼면 영업이익이 나오는 구조이다. 하지만 변동원가 손익계산서는 비용을 변동비와 고정비로 구분하여 매출액에서 변동비를 빼면 공헌이익이 나오고 고정비를 빼면 영업이익이 나오는 구조이다. 내부 관리 목적으로 유용하게 활용이 가능하다.

손익계산서		변동원가 손익계산서	
매출액	2000	매출액	2000
-매출원가	800	-변동비	1000
매출총이익	1200	공헌이익	1000
-판매관리비	600	-고정비	400
영업이익	600	영업이익	600

손익계산서와 변동원가 손익계산서의 차이

목표 매출을 수립하려면 적어도 내가 이 자리에서 얼마 이상을 팔았을 때 이익이 나는지 알고 있어야 한다. 이를 매출액과 비용이 동일해지는 시점인 손익분기점[BEP]이라고 한다. 변동원가 손익계산서를 활용하면 손익분기점을 알 수 있고 구체적이고 달성 가능한 목표 수립이 가능하다.

변동원가 손익계산서의 시작은 변동비와 고정비를 구분하는 것이다. 변동비란 매출과 비례하여 발생되는 비용을 말한다. 많이 팔리면 팔릴수록 늘어나는 비용이라고 할 수 있는데 음식이 많이 팔리면 당연히 재료비 또한 늘게 된다. 이 외에도 복리후생비, 수도세, 전기세, 가스비, 차량 및 소모품비, 카드수수료, 부가가치세, 소득세 등이 있다(외식업 추정 손익계산서의 파란색 표시 내역 참조). 고정비란 매출과 상관없이 매월 고정적으로 발생하는 비용을 말한다. 임차료, 인건비, 감가상각비, 통신비, 지급수수료 등이 있다(외식업 추정 손익계산서의 베이지색 표시 내역 참조). 단, 이는 내부 기준에 따라 달라질 수 있다. 예를 들면 백화점에 입점한 매장은 임차료가 매출액에 따라 달라지는 구조이기 때문에 변동비로 구분할 수 있다. 정직원의 급여는 고정비지만 일용직의 경우 변동비로 볼 수도 있을 것이다. 하지만 인건비의 경우 고정비로 분류하는 게 일반적이다.

고정비와 변동비를 구분했다면 손익분기점과 목표 매출액을 수립해보자.

1. 변동비와 고정비 각각의 합계를 낸다(다음 표 참고).

변동비의 합계는 25,793,330원이고 고정비 합계는 20,628,933원임을 알 수 있다.

월별 손익분기점		
매출액	50,000,000	100%
-변동비	25,793,330	51.59%
공헌이익	24,206,670	48.41%
고정비	20,628,933	
손익분기매출액	42,612,958	고정비/공헌이익률
손익분기 고객수 및 일매출		
객단가	12,000	
월고객수	3,551	손익분기매출액/객단가
일고객수	142	월고객수/25(영업일 수)
일매출	1,704,000	일고객수×객단가

월별 손익분기점, 손익분기 고객 수 및 일매출 추정의 예시

2. 다음의 공식에 대입하면 끝이다.

1) 공헌이익＝ 매출액 － 변동비

2) 공헌이익률(%)＝ 공헌이익/매출액 ×100

3) 손익분기점＝고정비/ (1-변동비율)또는 고정비/공헌이익률

공헌이익이란 매출액에서 변동비를 차감하고 남은 이익을 말한다. 공헌이익에서 고정비를 빼면 순이익이 발생하는데 공헌이익은 고정비를 회수하고 이익창출에 기여한 금액을 말한다. 공헌이익 산출 공식에 대입하여 공헌이익을 구하면 50,000,000

원-25,793,330원=24,206,670원이 나온다. 공헌이익률(%)은 24,206,670원/50,000,000원×100=48.41%, 손익분기점 매출액 은 20,628,933/48.41%=42,612,958원이 나온다. 적어도 매월 42,612,958원 이상의 매출을 올려야 손해가 나지 않는다는 것을 알 수 있다. 조금 더 목표를 세분화해 보자. 월 매출 50,000,000원 인 경우 일매출 1,704,000원 이상이어야만 손해 보지 않는다는 것을 알 수 있다. 그렇다면 한 달에 5,000,000원의 이익을 남기려면 어떻게 해야 할까?

월 목표이익 및 목표매출		
목표이익	5,000,000	목표이익 입력
목표매출	52,941,403	(목표이익+고정비)/공헌이익률
객단가	12,000	
월목표고객수	4,412	목표매출/객단가
일목표고객수	176	월목표고객수/25(영업일수)
일목표매출	2,112,000	일목표고객수×객단가

월 목표이익 및 목표 매출 추정의 예

관리회계에서 이렇게 내가 원하는 수익이나 비용을 구하는 방법을 CVP분석이라고 한다. 이것은 조업도의 변동이 기업의 원가, 수익, 이익에 미치는 영향을 분석하는 기법이다. 기업의 경영계획 수립이나 가격정책의 결정, 판매 전략의 수립, 특별주문의 수락, 자가 제조 여부 등의 여러 형태의 의사결정에 유용하게 이용된다. CVP 분석에서 기본가정은 모든 원가는 변동원가와 고정원가로 분류되며 조업도 변화 시 변동원가는 증감, 고정원가는 조업도에 비례하지 않는다는 것이다. 이익 산식은 '(판매가격—변동비)×판매수량 — 고정비 = 이익'으로 아래의 공식에 대입하면 간단히 구할 수 있다.

목표매출 = (목표이익 + 고정비)/공헌이익율

(5,000,000원+20,628,933원)/48.41% = 52,941,403원

즉, 한 달에 52,941,403원의 매출을 올려야 하고 일매출 2,112,000원이 나와야 내가 원하는 이익을 얻을 수 있을 것이다. 조금 더 구체적으로 목표를 세운다면 현재와 비교했을 때, 일매출에 408,000원(2,112,000-1,704,000)의 매출 차이가 발생하므로 하루에 34명 또는 10개의 테이블에 고객을 더 유치할 수 있는 매출 향상 전략을 수립해야 할 것이다. 막연한 목표가 보다 수치화, 구체화된 것을 알 수 있다(회계 내용 감수는 신운철 세무사의 도움을 받았다).

작은 음식점이
이익을 올리기 위한 방법

\

　지인 중에 홍대에서 파스타 전문점을 운영하는 사람이 있었다. 20대 여성과 커플을 주요 타겟으로 설정해 파스타를 주문하면 리조또를 만들어 주는 시그니처 서비스를 제공했다. 그런데 객단가는 고작 1만 원 대였다. 어느 날 지인이 내게 하소연을 했다. 아무리 많이 팔아도 남는 게 없다는 것이었다. 당연하다. 가격도 싼데 하는 일도 많지 않은가? 파스타를 다 먹은 고객의 접시를 받아와서 리조또를 만들어 서빙하는 과정에서의 인력 소모 또한 만만치 않았을 것이다(남은 파스타 소스로 리조또를 조리하는 과정에서의 위생 문제, 설거지 문제 또한 있었다). 게다가 공간마저 협소해 테이블이 몇 개 없는 상황이니 가격을 올리지 않는 이상 이익을 내기 어려운 구조였다.

　그래서 나는 메뉴 품질과 가격은 올리고 리조또 제공 서비스를 중단하라고 조언했다. 그리고 몇 달이 지난 뒤 그를 다시 만나게 되었다. 그가 말하길 메뉴 가격을 올리니 전보다 고객 수는 줄었지만, 고객층이 대학생에서 직장인으로 바뀌었고 결과적으로 매출은 늘고 이익도 높아지는 구조가 되어 자신은 매우 만족한다고 했다.

　이익을 올리기 위한 네 가지 방법이 있다.

　1. 지금보다 가격을 낮춰 판매량을 늘린다

2. 지금과 동일한 가격으로 판매량을 늘린다

3. 지금보다 가격은 올리고 판매량은 유지하거나 줄인다

4. 지금보다 원가를 낮추고 판매량은 그대로 유지하거나 줄인다

2004년 미국에서 연구한 가격 레버의 영향력 비교 결과에 따르면 이익에 가장 영향을 미치는 것은 '가격 – 변동비용 – 판매량 – 고정비용' 순인 것으로 나타났다. 다른 모든 요인이 고정되었다고 가정하면, 기업이 고정비용을 1% 절감할 때 이익은 평균 2.45% 상승하고 판매량을 1% 늘리면 이익은 3.28%가량 높아진다. 변동비용을 1% 절감하면 이익이 6.52% 증가하고 가격을 1% 올리면 이익이 10.29% 증가하는 것으로 나타났다.

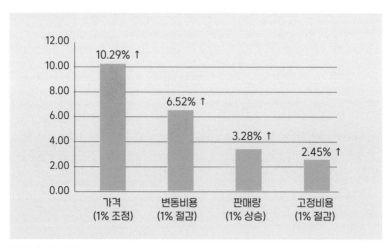

'가격' 레버의 영향력 비교(미국, 2004)

그렇다면 규모가 작은 음식점에서 이익을 올리기 위한 가장 좋은 방법은 무엇일까?

지금보다 가격을 낮춰 판매량을 늘리는 '가격 할인 정책'은 판매량이 월등히 많지 않으면 오히려 손해가 될 수 있다. 판매량을 늘리기 위한 추가 비용 등이 발생하며, 일이 바빠지는 만큼 인건비 또한 늘어난다는 단점이 있다. 이외에도 원가를 낮추는 것도 좋은 방법이지만 외식업이나 제조업의 경우 환율 상승 또는 전염병 등의 불가항력적인 요소들이 많아 이 또한 어려움이 있다. 따라서 규모가 작은 음식점에서 이익 올리기 위한 가장 좋은 방법은 위의 사례와 같이 지금보다 가격을 올려 판매량을 유지하거나 줄이는 것이다.

가격을 올리는 대신 유의할 점이 있다. 반드시 그에 맞는 가치를 제공해야 한다는 것이다. 그래야만 고객이 기꺼이 돈을 지불할 것이기 때문이다.

5장

매력적인 공간 경험이
다시 찾게 만든다

고객을 유혹하는 매장의 비밀

공간이란 무엇일까? 국어사전에 의하면 아무것도 없는 빈 곳, 물리적으로나 심리적으로 널리 퍼져 있는 범위, 어떤 물질이나 물체가 존재할 수 있거나 어떤 일이 일어날 수 있는 자리를 말한다. 우리에게 빗대자면 고객과 만나는 매장을 말할 수 있다. 나는 18년 동안 전지적 식당 관찰자 시점으로 살아왔다. 수많은 식당에 가봤지만 유독 기억에 남는 곳들의 특징은 대표가 자신만의 확고한 철학이 있고, 그러한 것들이 매장 곳곳에 드러나 있다는 특징이 있었다.

고객이 왜 우리 매장을 찾을 수밖에 없는지, 그들을 얼마나 생각하고, 고객을 위해 어떠한 노력을 하는지 이 모든 게 눈에 보이는 가치로 드러나야 한다는 것이다. 보이지 않는 것을 보이게 하고 느끼게 해야만 고객은 그것을 알 수 있기 때문이다.

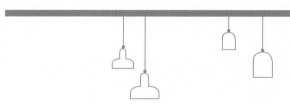

고객은
매력적인 콘셉트를
기억한다

매장 입구에
스토리와 철학을 담아라

﹨

로리스 더 프라임 립Lawry's The Prime Rib은 1938년 미국 비벌리힐스에 문을 연 뒤 현재까지 역사를 이어오고 있는 프라임 립 전문점이다. 2013년 한국에도 진출했으나 나는 비벌리힐스에서 방문하게 되었다. 이 식당에 들어서면 가장 먼저 76년 이상 이어진 그들의 스토리와 철학을 만나게 된다. 매장 입구에 장식되어 있는데 여기에는 1대, 2대, 3대 경영주의 사진이 걸려 있다. 최초에 만들었던 메뉴북, 자신들의 상징인 양념류가 전시되어 있고, 직원들의 변치 않는 유니폼 사진 또한 만날 수 있다. 메뉴북에 적힌 가격하며 클래식한 유니폼 디자인에서 그들의 오랜 전통이 느껴진다(이 식당은 변치 않는 유니폼으로 유명한데 2019년 유니폼 디자인을 개선하기 전까지는 81년간 단 한 번도 바꾸지 않았다).

비벌리힐스에 있는 로리스 더 프라임 립 매장에 들어서면 가장 먼저 스토리와 철학을 만날 수 있다.

이 외에도 많은 사연이 담겨 있는데 내가 가장 인상 깊었던 것은 직원을 사랑하는 로리스의 마음이었다. 로리스는 언어를 모르는 히스패닉들이 미국 사회에 정착할 수 있도록 그들의 언어, 문화, 메뉴, 서비스 방식 등을 교육하는 아카데미를 운영했다. 이는 지역 내 일자리를 창출하고 중남미계의 이민자들이 정착하게 하는 사회공헌 활동이기도 했다.

그들의 윤리강령에도 직원, 고객을 소중히 여기겠다는 내용이 적혀 있었는데 단순히 글로만 적혀 있는 게 아니라 그들의 빛바랜 사진과 직원들의 모습에서도 여실히 드러나고 있었다.

오늘날의 기업은 제품과 서비스뿐만 아니라 환경과 사회에 미치는 영향력까지 고려해야 한다. 기업의 다양한 활동들이 사회에 큰 영향력을 발휘하는 때이며 공정하지 못한 기업을 향한 소비자의 응징이 무섭기 때문이다. 반면 선한 기업에 대해서는 후한 점수가 뒤따르며 팬덤이 형성되기도 한다. 단순한 레스토랑을 넘어 지역 내 일자리를 창출하고 이민자가 정착하게 돕는 로리스처럼 말이다.

카버리Carvery: 셰프가 프라임 립을 통째로 실버 카트에 싣고 끌고 다니면서 고객 테이블 앞에서 1인분씩 커팅해 주는 로리스의 색다른 서비스 방식을 말한다.
(이미지 출처 : lawry's the prime rib)

음식점에서 식재료의 품질을 높여 비싼 값을 받는 데는 한계가 있다. 요즘 고객들은 너무 많은 정보와 지식에 노출되었기 때문이다. 그래서 우리는 매장에 이야기와 철학을 담아야 하고 고객이 인지할 수 있도록 그러한 가치를 겉으로 드러내야 한다. 만일 적당한 장소를 고민한다면 매장 입구가 좋다. 고객은 이미 입구에서부터 가격을 결정하기 때문이다. 그날 우리는 입구에서부터 감동 받았고, 프라임 립을 먹지 않아도 이곳이 최고의 프라임 립 전문점임을 예감할 수 있었다. 역시나 우리의 예감은 적중했다.

음식점에도
과학적인 설계가 필요하다

＼

일본 도쿄에 있는 800°디그리스 피제리아[800° Degrees Piaaeria]을 방문한 적이 있다. 고객의 입맛에 맞게 도우와 소스, 토핑을 선택하여 화덕에 구워내는 방식으로 운영되고 있었다. 스테이션마다 직원이 스탠바이하고 있는데 얼굴에 하나같이 미소가 가득했다. 위생을 중시하는 곳인 만큼 전 직원이 손에 라텍스 장갑을 착용하고 있다. 마치 약속이나 한 듯 말이다. 많은 한국 음식점에서 조리 시 라텍스 장갑 착용에 거부감을 보이거나, 비용 발생이나 불편함을 이유로 시도조차 하지 않으려는 곳들이 있는데 이제는 바뀌어야 한다. 특히나 고객 앞에서 쇼 비즈니스를 하는 곳이라면 더욱 그렇다.

이 외에도 조리파트 전 직원이 2열 횡대로 고객을 향해 스탠바이하고 있다. 첫 번째 라인은 피자 스테이션에 근무하는 직원들이

조리파트는 1열과 2열, 라인별 바닥 높이를 달리 설계했다.

고 두 번째 라인은 디저트 스테이션에 근무하는 직원들이다. 계단식으로 라인별로 바닥 높이를 달리하는 치밀함을 보였다. 이는 공간을 효율적으로 사용하고 바닥의 높이를 다르게 만들어 직원 모두가 고객과 아이 콘택트가 가능하게 만든 것이다. 이로 인해 바디랭귀지로 고객과 소통이 가능하며 필요 시 빠른 서비스 응대가 가능하다는 장점이 있다. 공간 디자인 측면에서도 고객에게 전혀 다른 새로움을 줄 수 있다.

최근 미국이나 일본, 한국의 많은 음식점들이 바Bar 형태인 것을 볼 수 있다. 아이템과 공간을 바 형태로 구현하는 것인데 예를 들면 햄버거 바, 피자 바, 치킨 바 등이 있다. 이는 고객에게 새로움을 주고 공간의 변화를 꾀하며 주류 매출을 높이려는 의도가 담겨 있다. 이런 형태의 매장이 마치 유행처럼 번지고 있다. 그게 아니더라도 테이블이나 의자가 하이 테이블, 하이 체어 형태로 구성된

음식점도 곳곳에서 볼 수 있다.

그런데 여기에는 또 하나의 숨은 킥이 있었다. 테이블마다 충전 가능한 콘센트는 기본이고 테이블 밑에 별도의 선반을 추가해 가방이나 옷을 올려둘 수 있게 설계했다. 고객의 불편함이 제거되어 고객도 좋고 직원도 좋은 구조이다. 이를 서비스 디자인이라고 한다.

서비스 디자인

고객의 모든 경험을 총체적으로 고려하여 고객과 기업이 만나는 모든 접점을 재창조하는 시스템과 프로세스를 말한다. 서비스 디자인의 목표는 기업과 고객 간 모든 접점에서 고객에게 긍정적인 경험을 제공해 경쟁우위를 차지하는 것이다.

서비스 디자인은 고객의 관점으로 공간을 바라보는 것에서 시작한다. 그리고 여기에는 고객에 대한 서비스뿐만 아니라 직원에 대한 서비스 또한 포함되어 있다. 고객에 대한 배려가 공간의 완성도를 높이고 직원에 대한 배려가 좋은 직원들이 머무르고 싶은 공간을 만들어 주는 것이다.

고객의 토핑 공간 또한 과학적으로 설계해 놓았다. 토핑 위치가 바뀌어도 문제가 없다. 토핑명을 라벨링이 아닌 직사각형 형태로 제작했기 때문이다.

위 사진은 고객이 피자 토핑을 선택하는 공간이다. 일본에서 나고 자란 식재료를 모아 'JAPAN 토핑'이라고 별도로 구분해 놓았다. 고객이 토핑 선택 시 이름이 잘 보이도록 흰색과 검은색으로 고객 위치에 표기해 놓았고, 토핑명을 라벨링이 아닌 레고처럼 조합이 가능한 직사각형 형태로 제작하여 수시로 토핑 위치를 바꿀 수 있도록 만들었다. 치밀하게 고민했다는 생각이 들었다.

오븐 위 거울에 불에 그을린듯한 효과를 연출했다. 이런 게 디테일이다.

또한 화덕으로 조리하는 것을 강조하기 위해 벽면에 나무를 진열한 것도 모자라 오븐 위 거울에 불에 그을린 듯한 인테리어 효과를 연출했다. 별거 아닌 것 같지만 이러한 디테일에서 그들의 남다름을 알 수 있다.

얼마 전 스타벅스를 갔을 때였다. 부스^{booth}옆 자투리 공간이 있었는데 그마저 계산하여 막아놓은 것을 보고 '역시 스타벅스'라고 생각했다. 그런데 이곳 또한 그랬다. 애매한 자투리 공간을 살려 서비스 바를 설치해 놓은 게 아닌가? 이는 직원의 서비스 동선을 줄여 라인 스텐바이가 가능하게 하고 고객이 보다 좋은 서비스를 받을 수 있게 해준다. 죽은 공간을 살려 보다 효율적인 공간 운영이 가능하다. 요즘은 나날이 치솟는 임차료와 인건비 탓에 '어떻게 해야 좁은 공간, 적은 인력으로 매장의 효율적인 운영이 가능한 가?', 동시에 '서비스 품질을 높일 수는 없을까?'가 음식점들의 큰 숙제인데 이런 것들은 즉시 벤치마킹해야 한다는 생각이 든다. 이런 게 바로 음식점에서 과학적인 설계가 필요한 이유이다.

자투리 공간을 활용해 서비스 바를 만들었다.

매출이 저절로 오르는 공간을
구성하라

바비큐 레스토랑인 루디스Rudy's는 1929년 텍사스 레온 스프링스 Leon Springs에서 주유소, 식료품점 등을 운영하는 조합으로 설립되었 다. 1989년 메뉴에 바비큐를 추가하면서 지금과 같은 정통 바비큐 레스토랑으로 확장하게 된 케이스다.

나는 텍사스 휴스턴 지점을 방문했다. 이곳은 입구부터 꽤 인상적이었는데 출입문을 열면 소스류와 토르티야 스낵 등을 판매하는 식료품점이 샵인샵 형태로 존재한다. 과거에는 식료품점이 주를 이뤘으나 셀프서비스 형태의 바비큐 레스토랑이 번성하면서 식료품점이 축소돼 이렇게 샵인샵으로 바뀐 것이다. 이 외에도 고객의 이동 동선에 따라 아이스크림, 사탕 뽑기 등이 배치되어 있었다. 그 이유는 무엇일까?

식료품점이 샵인샵 형태로 존재한다. 동선에 따라 아이스크림, 사탕 등을 판매한다.

아이스크림, 사탕은 고객 퇴점 시 자연스럽게 후식 구매를 유도하기 위함이다. 결제를 하려면 식료품점으로 들어가야 하므로 이때 다음 날 먹을 식재료 또한 함께 구입하는 것을 유도하는 것이다. 방문 고객 수를 뛰어넘는 매출 향상 전략에 해당한다.

이 외에도 카운터 진입로에 따라 고객 대기 라인을 마치 놀이공원과 같이 S자형으로 구불구불하게 만들어 놓았다. 그 이유는 무엇일까? 서비스 프로세스에 있어 구매 과정 관리는 크게 세 가지로 나눌 수 있다. 구매 전 관리인 대기 관리, 구매 과정에서의 고객 접점 관리인 MOT관리, 구매가 완료된 후에 잘못된 결과에 대해 원인을 찾아 문제를 해결하는 단계인 구매 후 관리로 구분한다. 루디스의 대기 라인은 구매 전 관리, 즉 대기 관리를 위한 전략이라고할 수 있다.

대부분의 고객은 대기 상황을 부정적 경험으로 인식한다. 따라서 대기 시간을 효과적으로 관리하는 것이 고객만족과 재방문에 영향을 미친다. 이와 관련해 대기 시간을 유쾌하게 바꾸면, 고객이 실제 기다린 시간보다 덜 기다렸다고 인지하게 된다는 연구 결과가 있는데, 고객이 주관적이며 심리적인 시간에 주목하게 하는 방법이다. 놀이공원의 경우 고객이 지루함을 느끼지 않도록 대기 줄을 미로나 S자형으로 구불구불하게 줄을 세우고, 다른 놀이 시설을 구경할 수 있게 동선을 배치하는 것이 이와 같은 전략이다.

또 한 가지는 고객 동선에 따라 생각 없이 이것저것 집어 들게 만든다. 자연스럽게 매출을 높이는 전략이다. 마트나 서점 등에 가면 카운터 앞에 작은 매대를 구성해 놓는 것도 같은 이유이다.

배치 순서만 바꿔도 새롭다. '주류, 음료-과자-샐러드-소스-과자' 등을 대기 라인 곳곳에 배치했다. 음료는 보통 맨 마지막에 배치하는데 처음부터 음료를 집어 들게 하는 그들의 발상에 깜짝 놀랐다. 음료가 마지막에 있다면 구매를 생략하는 경우가 많은데 처음에 있다면 왠지 음료를 사야 할 것 같아 자연스럽게 구매 유도가 가능하지 않은가? 제품 배치만 바꿔도 추가적인 매출을 올릴 수 있다. 우리 매장이 익스프레스형 매장이라면? 혹은 웨이팅이 빈번히 걸리는 대박 매장이라면? 고객의 동선에 따라 자연스럽게 구매를 유도하고 고객의 심리적 대기 시간마저 줄일 수 있는 이러한 방법을 꼭 적용해보자!

공간의 제약을 극복하라

존시는 심한 폐렴에 걸려 사경을 헤매게 된다. 그녀는 삶에 대한 희망을 잃고 친구의 격려에도 불구하고 창문 너머 담쟁이덩굴 잎을 세며 이렇게 생각한다. '마지막 잎새가 떨어지면 나의 생명도 끝날거야.'라고. 늘 걸작을 남기겠다고 큰소리치던 늙은 화가 버먼, 그는 마지막 잎새가 떨어진 것을 보고 존시에게 삶의 희망을 주고자 벽에 잎새 하나를 그려 심한 비바람에도 견디어낸 진짜 나뭇잎처럼 보이게 했다는 이야기가 있다. 작가 오 헨리의 《마지막 잎새》의 줄거리다.

제오헤어 압구정점 샴푸실 앞에는 큰 창문이 하나 있다. 샴푸하려고 누우면 창문과 마주하게 되는데 창밖으로는 콘크리트 벽이 보일뿐 황량하기 그지없다. 그런데 창밖에 키 큰 화분들을 놓아 벽을 가리니 마치 숲 속에 있다는 느낌이 든다. 나는 샴푸를 하며 죽어가는 존시를 위해 비바람 맞아가며 마지막 잎새를 그렸던 버먼이 떠올랐다. 이곳 사장도 버먼과 같은 마음이었을까?

중국의 유명 훠궈 프랜차이즈 하이디라오는 베이징 월드시티에 첨단 자동화 시스템을 갖춘 하이디라오 스마트 레스토랑을 오픈하며 세간의 주목을 받고 있다. 로봇을 활용한 스마트 키친 도입과 더불어 다양한 측면에서 최신 IT 기술을 접목한 것이 특징이다. 이는 인테리어에서도 빛을 발하는데 하이디라오 내부로 들어서면 360도 입체 스크린을 이용해 '고흐의 별이 빛나는 밤' 등 여섯 가지 테마로 배경이 수시로 바뀐다. 배경이 바뀔 때마다 마치 새로운 매장에 온 것만 같은 기분이 든다. 이 외에도 고객의 요청에 따라 프러포즈, 자녀 성장 영상 등도 상영이 가능하다.

세월이 흘러도 변함없는 자영업자들의 고민 중에 하나는 바로 임차료일 것이다. 이왕이면 지하보다는 지상이 좋고, 지상이라면 넓은 창이 있고 전망 좋은 곳에 입점하길 원하는 것은 누구나의 바람일 것이다. 하지만 그러기에는 자본이 부족한 게 현실이다. 그러나 위 두 사례를 보면 해결의 힌트를 얻을 수 있다. 첫 번째 사례에서는 매장이 지상에 위치했고 창이 있는 경우이다. 창밖의 황량함을 극복하고자 큰 화분을 여러 개 두어 이를 해결한 것을 알 수 있다. 직접 고객이 되어 고객의 시선에서 바라봤기에 해답을 찾을 수 있었다. 두 번째 사례는 매장의 위치가 지하에 위치했거나 적은 인테리어 비용을 지불하고도 다양한 분위기를 연출하고픈 곳에 적용하면 좋은 아이디어일 것이다.

만일 매장에 창문이 없다면 창문 위치에 벽걸이형 LED 모니터를 달아놓고 창밖 풍경화면을 계속해서 보여주는 방법이 있다. 이는 고객에게 창밖의 경치를 즐기는 것과 같은 경험을 제공할 수 있을 것이다. 특히나 요즘은 가상현실과 현실의 구분조차 어려운 세상이 아닌가?

차별화를 만드는
공간의 디테일

화장실의 필요충분조건은?

 지인이 음식점을 오픈했다. 주 고객이 이삼십대 여성이라 인테리어에 꽤 신경 썼다. 그는 건물의 취약점인 화장실을 개선하려고 새로 공사까지 했다며 내게 자랑스럽게 말했다. 나는 궁금하여 화장실에 가봤다. 물론 깨끗하긴 했다. 그런데 화장실이 남녀 공용이라 양변기를 사용하려면 손으로 커버를 내려야 했다. 화장실 이용 후 나는 찝찝한 마음에 손을 씻고자 했다. 그런데 물비누도 페이퍼 타월도 없었다. 할 수 없어 물로만 씻고 자연 건조했더니 기분이 영 찝찝했다. 화장실을 다녀온 뒤 대표님께 이유를 물었다. 화장실에 물비누, 페이퍼 타월이 없는 이유는 벽면이 약해서 케이스를 고정하기 어렵기 때문이란다. 마음만 있다면 세면대 위에 물비누 올려 놓고 벽면에 부착형 고리 하나 걸면 천 가방에 넣고 뽑아 쓰는 형태의 페이퍼 타월 세팅이 가능하다. 인테리어가 예쁘고 화장실이 깨끗한 것이 전부가 아니다. 화장실이 아무리 깨끗해도 남녀가 공동으로 쓴다면 어떨까? 고객들이 수없이 양변기 커버를 올리고 내려야 하는데…. 이럴 때 양변기 손잡이 하나만 세팅해도 좋을텐데 달리 설명할 방법이 없다. 플러스 팁으로 화장실 사용 중일 때 밖에서 사용 중 표시가 보이면 더 좋다. 작은 디테일이 중요하다.

특히나 화장실은 여성들이 음식점을 선택하는 데 우선적으로 꼽을 만큼 중요한 요소라고 할 수 있다. 그렇다면 여성고객이 선호하는 디테일에 강한 화장실은 어떤 곳일까?

첫째는 청결함이다. 청결함이란 깨끗하고 쾌적한 상태를 말한다. 청결함을 나타내는 것은 거울은 깨끗한지, 세면대 주변에 물기가 없는지, 화장실 쓰레기통이 넘치지 않는지와 같은 화장실의 청소 상태가 있다. 이 외에 냄새 또한 고급 식당과 저급 식당을 구분할 정도로 중요한 요소이다. 첫인상의 75%는 향기가 결정한다는 말처럼 공간에 대한 첫인상은 후각에 먼저 반응하여 형성되기 때문에 화장실에서 불쾌한 냄새가 나지 않도록 청결함을 유지해 향 관리를 철저히 해야 한다.

둘째는 편리한 공간 구성이다. 여자들은 화장실에서 화장을 고치거나 문자를 확인한다. 스타킹을 갈아 신거나 옷을 정리하는 등 생각보다 많은 일을 한다. 이러한 이유로 화장실 안에서 불편함 없이 그러한 일을 할 수 있는 공간 구성이 필요하다. 고객에 대한 일종의 배려인 셈이다. 예를 들면, 별도의 공간이 있다면 파우더룸을 만들고 그게 어렵다면 화장실 한 켠에 편안한 소파 하나를 놓아두는 것이다.

용인에 있는 고기리 막국수는 좁은 화장실이지만 화장실 한켠에 넓은 쇼파를 마련해 두었다. 고객을 배려하는 마음인 것이다.

그리고 화장실 거울 속에 비친 내 모습이 예뻐 보이면 좋다. 화장실 거울에 브랜드 로고마저 새겨 있다면 자연스레 고객의 자발적인 SNS 홍보로 연결되기 때문이다. 이때는 조명의 색 온도가 중요한데 밝고 하얀 조명보다는 노란빛이 도는 3500K을 사용하는 게 좋다. 노란빛이 긴장감을 풀어주고 거울 속에 비친 내 얼굴을 더욱 예쁘게 보여주기 때문이다.

세면대에는 기본적으로 물비누, 페이퍼 타올을 비치해야 한다. 한 단계 나아가면 핸드크림, 가글을 세팅할 수 있다. 물의 온도나 수압마저도 중요한 고객 만족 포인트가 될 수 있으니 반드시 체크해야 한다. 세면대에서 화장을 고칠 때는 가방이나 물건이 젖지 않도록 올려놓을 수 있는 선반 등을 준비해야 하고, 이에 더해 화장할 때 필요한 면봉이나 기름종이, 청결 관리를 위한 이쑤시개, 칫솔 등이 세팅되어 있다면 더 좋을 것이다. 후자로 갈수록 고급 음식점에서 선택적으로 적용하면 좋은 부분이다.

화장실 내부는 어떨까? 화장실 문마다 사용 시 '사용 중'임을 알리는 표시 등이 있으면 고객은 안심하고 볼일 볼 수 있을 것이다. 화장실 칸 안에는 옷이나 가방을 걸어 놓을 수 있는 옷걸이가 있고, 핸드폰을 올려둘 수 있는 선반이 있다면 편하다.

셋째는 안전성이다. 간혹 뉴스를 보면 음식점 화장실에서 살인이나 성 관련 사건들이 일어나는 경우가 종종 있다. 특히나 부득이하게 남녀 공용으로 화장실을 사용해야 하는 경우라면 여성 고객들은 더욱 불안하다. 화장실에 '안심벨' 등을 설치하여 위급한 순간에 매장에 도움을 요청할 수 있는 안전장치가 마련되어 있다면 더욱 차별화가 가능할 것이다.

대전에 있는 바다황제는 화장실에 비상
벨을 설치하여 고객의 위급상황에 대비
할 수 있도록 안전장치를 마련해 놓았다.

　지금까지 화장실의 필요충분조건을 알아보았다. 우리 매장은 어
떠한가? 스스로 점검해보고 개선하여 더 많은 고객에게 사랑받는
계기가 되길 바란다.

어떤 음악을 언제, 어떻게 들려줄까?

　지방 출장 갔을 때였다. 혼자 식사를 해야 하는데 어디 갈까 망
설이다 10평 규모의 분식점에 들어가게 되었다. 혼자 밥 먹기에 부
담 없어 보였기 때문이다. 그러나 잘못된 선택이었다. 분위기가 적

막함 그 자체였다. 매장에는 나와 사장님 단 둘뿐이었는데 음악이 없다 보니 온 신경이 내게 집중되는 분위기였다. 밥도 조용조용 먹게 되고 식사 내내 불편함을 느꼈다. 빨리 자리에서 일어나고 싶은 생각뿐이었다.

어느 날 저녁 나는 차 한 잔의 여유를 즐기고자 집 근처 카페에 갔다. 깔끔한 외관으로 보아 오픈한 지 얼마 되지 않은 곳으로 보였다. 매장의 문을 열고 들어서자 잘 볶아진 커피 향이 좋았고 넓은 테이블에 편해 보이는 의자도 좋았다. 그런데 음악이 문제였다. 카페 분위기와 전혀 어울리지 않는 헤비메탈 음악이 흘러나오는 게 아닌가! 이에 실망한 나는 곧바로 카페 문을 나섰다.

두 개의 사례는 실제 내가 경험한 일이다. 음식점에 음악이 없어 불편했거나 카페의 콘셉트와 맞지 않는 음악에 실망한 경험, 내 글을 읽고 있는 여러분 중에도 분명 있을 것이다. 곽동섭과 강기두의 연구에 따르면 시설 내에서 배경음악을 틀어주는 곳은 고객에게 많은 관심을 기울이는 것으로 생각된다고 한다. 그런데 매장에 적절한 음악이 흐른다면 고객에게 긍정적인 평가를 받는 것뿐만 아니라 분위기와 매출에도 영향을 미칠 수 있다.

음악도 마케팅의 한 종류다. 인간의 오감을 자극하는 감성마케팅 emotional marketing의 하나로 청각을 이용해 고객의 감성을 자극하는 마케팅 기법이다. 공간의 콘셉트에 어울리는 배경 음악을 통해 브랜드 이미지를 구축하고 고객의 구매 욕구를 향상시키는 것이 목적이다. 음악이 상업적으로 사용된 예는 1920년대 후반 호텔 로비나 사무실 등에서 조용하고 쾌적한 분위기 조성을 위해 쓰였던 것이 최초이다. 그러나 본격적인 마케팅 기법으로 부각된 건 1980년대 말로, 백화점이나 패스트푸드점 등에서 시간대별로 음악을 달리하여 고객의 구매심리를 자극했다는 보고가 있다.

1986년 미국 잡지 〈소비자 연구〉에 발표된 밀리만의 자료에 따르면 "느린 템포의 음악일수록 소비자의 매장 체류 시간이 늘어났다."고 발표했다. 73bpm(1분당 비트) 이하의 느린 템포 음악과 93bpm 이상의 빠른 비트의 음악을 들려 주었을 때를 비교해 보니 매장의 한 지점에서 다른 지점으로 이동하는 데 소요된 시간이 각각 127.53초와 108.93초로 나타났다. 매출액도 각각 16,740.23달러와 12,112.85달러로 집계됐다. 그 이유는 고객이 빠른 템포의 음악을 들었을 때 시간이 빨리 간다고 느꼈기 때문이다.

결과적으로 고객이 오래 머물면 매출 또한 올라간다는 것을 알 수 있다. 백화점이나 마트의 경우 고객이 오래 머물수록 매출이 올라가기 때문에 적절한 음악을 송출하여 고객의 체류 시간을 늘려야 할 것이다. 패스트푸드나 분식점과 같은 곳은 어떨까? 경쾌하고 빠른 템포의 음악을 틀어 고객의 이동 속도를 높이고 체류 시간을 짧게 만들어야 한다. 특히나 패스트푸드점에 가면 빠른 음악뿐만 아니라 의자가 불편하다는 특징이 있는데 이는 체류시간을 짧게 하고 회전율을 높여 매출을 극대화하려는 전략에 해당한다. 느린 템포의 음악은 매출을 향상시키고 빠른 템포의 음악은 회전율을 향상시킨다는 사실을 기억하길 바란다. 이를 시간대별로도 적용할 수 있는데 고객이 적은 시간에는 느린 템포의 음악을 틀어 매출을 발생시키고, 고객이 많은 시간에는 빠른 음악을 틀어 회전율을 높이는 방법이 있다.

음악 마케팅은 고객의 구매 심리를 자극할 뿐만 아니라 고객에게 브랜드 이미지를 구축해 부가가치를 높일 수 있다. 스타벅스의 매장 음악은 매니아들이 존재할 정도로 음악 마케팅의 성공사례로 꼽힌다. 전 세계 어느 매장을 가더라도 동일한 음악이 나오는데 그 이유는 전 매장이 본사에서 배포한 동일한 음원을 송출하기 때문이다. 스타벅스는 그때그때 유행하는 음악을 송출하지 않는다. 그들의 분위기에 가장 어울리는 음악을 선정하여 중앙에서 엄격하게 통제하기에 고객에게 브랜드 콘셉트에 맞는 분위기 제공과 더불어 고객과 정서적인 공감대를 형성할 수 있는 것이다.

지금까지 매장 음악 마케팅에 대해 알아봤다. 아직도 음악 없이 영업하고 있다면 음악을 트는 것에서 시작해보자. 주의 사항으로는 매장 상황과 고객 특성에 맞는 음악을 선택해야 할 것이다. 빠른 템포의 음악이 회전율을 높인다고 해서 패스트푸드점에서 빠른 템포의 트로트를 튼다면 분위기를 훼손시킬 수 있다. 다음은 내가 듣고 싶은 음악이 아닌 내 매장의 콘셉트에 맞는 음악을 송출하는 것이 관건일 것이다. 매장의 분위기, 고객의 취향에 맞는 음악을 직접 선곡하여 고객과 공감대를 형성하도록 해야 한다.

매장의 공기까지 관리하라

＼

요즘 최대 이슈이자 비즈니스 키워드는 미세먼지라 해도 과언이 아니다. 통계청 조사 결과 국민의 80% 이상이 미세먼지에 불안감을 느끼는 것으로 나타났다. 방사능이나 화학물질과 같은 다른 요인을 제치고 가장 불안도가 높은 것이다. 나 또한 그렇다. 아침에 일어나 뿌연 창밖을 보면 외출하기가 두렵다. 집안의 환기조차 마음대로 할 수 없고 이에 앞서 미세먼지 수치를 확인하는 게 일상이 되었다. 미세먼지의 습격으로 우리의 건강과 일상이 위협받게 되면서 저마다 집안에 공기청정기를 들이고 있다. 외출 시에는 마스크를 착용하고 이왕이면 쾌적하고 안전한 미세먼지 피난처를 찾는 게 우리의 현주소이다. 예를 들면 실외보다는 몰Mall 형태의 실내를 더 찾게 된다. 이제 고객은 일상화된 미세먼지와 폭염 등의 날씨 변화로 인해 실외보다는 실내를 더 선호하는 바, 앞으로는 몰 형태의 매장에서 소비가 더 활발하게 일어날 것이라고 전망한다.

이러한 이유로 미세먼지에 지친 현대인을 위한 '공기 마케팅'이 떠오르고 있다. 최신 공기청정기를 설치 후 청정 공기를 앞세워 고객을 유인하는 전략이다. 이러한 이유로 매장 내 공기청정기를 구비한 곳이 많다. 하지만 고객이 알 수 있게 드러낸 곳은 많지 않다. 스타벅스에 가면 공기청정기가 설치되어 있다. 미세먼지 등급과 '미세먼지 관리 공기청정 매장'이라는 안심 문구로 고객의 불안감마저 해소해준다. 그래서일까 더욱 안심이 되고 머리가 상쾌해지는 기분이 든다.

스타벅스는 공기청정기에 미세먼지 등급과 안심문구를 표기하고 있다.

스타벅스 사례를 들면 어떤 사람은 이렇게 말한다. 거긴 대기업이니까 자본이 있어 가능하다고 불평한다. 이런 사람은 매출이 낮다는 특징이 있다. 하지만 잘되는 사람은 다르다. 공기청정기 설치와 더불어 즉시 안심 문구를 만들어 매장에 부착한다. 우리 매장에 공기청정기가 있다면 고객이 안심할 수 있는 문구를 작성하여 고객이 인지할 수 있게 부착해보자. 그래야만 고객이 안심할 수 있을 테니까.

보이지 않는 곳까지 청소하라

맥도날드는 표준화된 메뉴와 일관된 품질, 훌륭한 마케팅 등을 갖춤으로써 글로벌 프랜차이즈가 되었다. 하지만 많은 사람들이 다른 경쟁업체보다 맥도날드를 선호한 이유는 맥도날드가 청결을 중시했기 때문이었다. 특히 화장실은 항상 깨끗했다. 겉보기에 화장실 청결이 제공하는 음식과 관련이 없어 보이지만 그렇지 않았다. 부모들이 아이들에게 감자튀김을 사줄 식당을 결정할 때 큰 차이를 만들었다. 깨끗한 변기는 심리적으로 조리하는 주방 또한 깨끗하고 음식이 안전하게 조리된다고 느끼게 한다는 것이다.

이처럼 매장에 있어 청결은 매우 중요하기에 청소할 수 있는 곳이라면 한 곳도 빠트리지 말고 구석구석 청소해야 한다. 가게의 모든 곳이 고객에게 보여줘도 부끄럽지 않을 정도로 깨끗해지면 자신있게 고객을 대할 수 있고 매출 또한 향상된다. 청소란 별다른 게 아니다. 지금의 청결 상태를 그대로 유지하는 것이며 고객에게 보이는 곳뿐만 아니라 보이지 않는 곳도 깨끗하게 청소해야 한다. 그러면 자연스레 매출 또한 올라간다. 지금부터 대박 떡볶이집 세 개 지점의 사례를 통해 더 자세히 알아보자.

위생·청결이 떡볶이 맛을 결정짓는다

C 분식의 00떡볶이

이 집 떡볶이는 비주얼부터 내 눈길을 사로잡았다. 새하얀 파스타 볼에 새빨간 떡볶이와 거대한 양의 치즈가 녹아내려 아름다운 자태를 뽐내고 있었다. 보기 좋은 떡이 먹기도 좋다고 했던가? 맛 역시 소문대로였다. 하지만 만족도 잠시, 한순간에 입맛이 싹 달아나는 일이 발생했다. 나는 무심코 주변을 둘러보다가 눈에 띄는 문제를 발견했다. 매장 평수가 작아서 그랬는지 홀 한구석에 식재료 박스가 바닥부터 몇 층 높이로 쌓여 있었고, 포장되지 않은 많은 개수의 라면사리가 비닐봉투에 한데 담겨 공기 중에 노출되어 있었다. 게다가 계란이 놓인 곳 바로 앞에 직원의 부츠가 보관되어 있었다. 아무리 수납 공간이 부족해도 이건 아니라는 생각이 들며 음식에 대한 만족감이 불쾌감으로 바뀌었다.

K 김밥의 000떡볶이

이 집은 떡볶이와 함께 김밥도 함께 즐길 수 있는 집이다. 맛이 꽤 괜찮다는 소문을 듣고 동네에 있는 매장으로 달려갔다. 메뉴를 주문한 뒤 자리에 앉았는데 잠시 후 내 눈에 뭔가 보이기 시작했다.

고객에게 셀프로 판매되는 음료 냉장고 안에는 판매용이 아닌 박카스가 박스채로 들어있고(아마 직원 용도일 것이다), 심지어 작은 냄비도 있었다. 살짝 열린 주방 문틈 사이로는 직원의 조리 장면이 보였는데 유니폼, 위생모 대신 사복을 입고, 안전화 대신 맨발에 크록스를 신고 있었다. 때가 낀 홀 바닥에는 미끄럼 방지를 위해 깔아놓은 것으로 추측되는 더러워진 박스가 깔려 있었고 음료 냉장고 하단에 낀 오물들이 내 정면에 보였다. 떡볶이 맛은 좋았다. 하지만 음식이 나오기도 전에 비위가 상해서인지 나는 떡볶이 한 개를 집어먹고 황급히 매장 문을 나섰다. 맛, 청결, 서비스, 분위기 등 음식점을 선택하는 고객의 기준은 다양하다. 하지만 이것은 어디까지나 청결하고 안전하다는 전제하에서 이루어진다. 아무리 음식이 맛있어도 매장이 청결하지 못하다면 고객은 불만하고 다시는 찾지 않게 될지도 모른다. 게다가 잘못된 식재료 관리로 음식에 이물질이 나오거나 변질이라도 된다면 한순간에 매장을 닫게 될 수도 있다. 매 끼니를 외식하는 고객이 늘어난 만큼 음식점의 위생관리는 고객의 안전과 만족도를 좌우하는 중요한 역할을 한다.

'조명이 있어야만 매장이 빛나는 게 아니다'
죠스떡볶이 신월신곡점

죠스푸드에 근무할 당시 나 역시 청결에 대한 고민이 컸다. 그러던 어느 날 위생, 청결 관리에 탁월한 죠스떡볶이 가족점이 있단 소문을 듣고 한달음에 달려갔다.

나는 위생점검을 하기 위해 왔노라며 가족점주님께 인사한 뒤 고객 테이블에 앉아서 주변을 관찰하기 시작했다. 신기하게도 지난번 K 김밥과 같이 주방 안이 훤히 보이고 음료 냉장고의 위치마저 똑같았는데 신월신곡점은 주방 바닥이 뽀송뽀송하고 냉장고 하단이며 홀 바닥까지도 최상의 상태를 유지하고 있었다. 나는 잠시 후 그 이유를 알 수 있었다.

주방 바닥에 물기 한 방울이라도 떨어지면 청소용 행주로 곧바로 닦아내는 점주님 때문이었다. 나는 혹시나 행주 만진 손으로 그대로 조리하면 어쩌나 불안했는데 곧바로 손을 씻으시는 점주님을 보고 안심했다.

"점주님, 허리 아프실 텐데 바닥에 쭈그리고 앉아서 물기 닦아내는 게 힘들지 않으세요?"

그러자 점주님이 말씀하셨다.

"당연히 힘들지요. 하지만 주방 바닥에 물기가 있으면 세균 번식도 쉽고 직원들이 미끄러져 다칠 수도 있어 물기 한 방울이라도 떨어지면 그때그때 닦고 있습니다. 손 씻는 것도 마찬가지예요. 저희는 오픈 키친이기 때문에 조리하는 과정을 고객들이 지켜보십니다. 그래서 일부러라도 더 깨끗하게 관리하고 손을 한 번이라도 더 씻으려고 노력 중입니다"

이어서 위생점검을 곧바로 시작했는데 인허가 서류를 보여달라는 내 요청에 점주님이 클리어 파일 한 권을 들고 오셨다. 파일을 한 장 한 장 넘겨보니 영업신고증이며 사업자등록증, 위생필증, 건강진단 결과서까지 꼼꼼하게 카테고리를 구분해서 보관 중이었다. "전에 매장을 몇 년간 운영해보니 위생점검 나올 때마다 서류를 찾으려면 한참이 걸리더라고요. 그래서 인허가 서류들을 한데 모아놓고 관리하고 있습니다. 하나라도 없으면 과태료가 얼마인데요?" 점주님이 웃으면서 말씀하셨다.

여름철 식재료 관리에 많은 어려움이 있으실 텐데 식재료 관리 요령을 알려달라는 내 질문에는 "뭐든 한 번에 많은 양을 만들어놓으면 문제가 생깁니다. 튀김의 경우 일 평균 판매량을 파악해서 적정한 양만큼 튀겨놓고 있으며 판매량이 많지 않은 튀김은 미리 튀겨놓지 않습니다. 대신 주문이 들어오면 고객님께 이렇게 양해를 구합니다. 고객님 이 메뉴는 곧바로 조리하기 때문에 시간이 조금 더 걸립니다. 대신 맛있게 만들어 드릴게요." 덕분에 식재료가 상해서 버리는 일이 없어졌고, 갓 요리한 음식을 드시는 고객님의 만족

아래의 행정처분 기준을 숙지하자. 이때는 건강진단 검진을 받은 날을 기준으로 구비 및 갱신여부를 확인해야 한다.

위반사항	행정처분기준	과태료
건강진단 결과서 미 구비 또는 미 갱신	☞ 식품위생법 시행규칙 [별표 17] 기준	**건강진단을 받지 않은 영업자** ☞ 1차 : 20만 원, 2차 : 40만 원, 3차 : 60만 원 **건강진단을 받지 않은 종업원** ☞ 1차 : 10만 원, 2차 : 20만 원, 3차 : 30만 원 **직원이 건강검진을 안 받았을 때 영업자가 부담하여야 하는 과태료** 가) 종업원 5명 이상인 경우 ☞1) 건강진단 대상자 중 50% 이상 위반 　- 1차 : 50만 원, 2차 : 100만 원, 3차 :150만 원 　2) 건강진단 대상자 중 50% 미만 위반 　- 1차 : 30만 원, 2차 : 60만 원, 3차 : 90만 원 ☞ 나) 종업원 4명 이하인 경우 　1) 건강진단 대상자 중 50% 이상 위반 　- 1차 : 30만 원, 2차 : 60만 원, 3차 : 90만 원 　2) 건강진단 대상자 중 50% 미만 위반 　- 1차 : 20만 원, 2차 : 40만 원, 3차 : 60만 원

도가 높아졌다고 한다. 여름철에는 어묵 국물이 쉴 때가 있는데 점주님은 이를 예방하고자 어묵 국물을 자주 끓이고 뜨거운 온도를 유지하고자 신경 쓰는데 뭐든 뜨거운 음식은 뜨겁게 차가운 음식은 차갑게 제공하는 게 철칙이라고 하셨다.

위생, 청결 관리에 있어 특히 신경을 쓰는 게 무엇이냐는 내 질문에 점주님이 대답하셨다.

"가장 기본이 되는 복장을 제대로 갖추려고 노력합니다. 깨끗하게 다려진 유니폼에 모자를 착용하고 마스케어(투명 위생 마스크)도 반드시 하려고 노력합니다. 사실 직원들은 귀와 턱 밑이 아프다고 마스케어를 잘 안 하려고 하는데 마스케어를 착용하는 것만으로도 우리가 말할 때 침 뛰는 것을 예방하고 음식을 안전하고 위생적으로 지킬 수 있어요. 또한 이 때문에 다른 떡볶이 브랜드와 차별화되고 고객님들이 믿고 찾아주신다고 설득하고 있습니다."

주방 바닥이며 타일, 후드 튀김기 하나까지 반짝이는 게 신기해서 청소 비결을 여쭤보니 청소는 마음먹고 하려고 하면 꼭 때를 놓치기 때문에 '지금 이 상태를 유지하자'는 마음으로 깨끗한 상태에서도 습관적으로 쓸고 닦고를 반복했더니 더러워질 틈이 없다고 말씀하셨다. 점주님은 진정한 고수가 맞았다. 신월신곡점은 위생뿐만 아니라 음식 자체에도 많은 공을 들이고 있었는데 푸짐하게 올려주는 고명이 특히나 인상적이었다.

"저희가 얼마 전부터 배달의민족 배달 서비스를 실시했습니다. 매장에 오신 분들은 음식이 만들어지는 환경이나 직원들의 모습을 보고 안심하시지만 배달 고객들은 오직 음식의 맛이나 포장된 상태만을 보고 저희를 평가하시잖아요. 그래서 음식을 정성스럽게 만들어서 예쁘게 담고 특히나 고명에 많은 신경을 쓰고 있습니다. 어묵을 잘라서 담고 여기에 고명을 수북하게 올려드리면 탄성이 절로 나오거든요. 사실은 실파만 해도 가격이 많이 올라 넉넉하게 드리는 것이 망설여질 때도 있지만, 고객님께 아낌없이 드리고 값어치 이상을 하려고 노력하고 있습니다."

 고객을 응대하는 점주님의 모습을 보니 웃음이 절로 나왔다. 매장 밖에서 주문하려는 고객님께 점주님이 하시는 말을 들었기 때문이다 "고객님 밖에서 주문하시면 더우니까 안에 들어오세요. 잠깐이지만 시원할 겁니다." 주변에 맛있는 떡볶이 집은 많다. 하지만 깨끗하고 친절한 매장은 많지 않다. 죠스떡볶이 신월신곡점이 다른 집보다 더 맛있다고 인정받는 이유가 위생적이고 청결한 매장관리와 고객을 배려하는 점주님의 따뜻한 마음이 더해져서가 아닐까?

현 검사의 Detail

 우리 매장이 홀, 배달 복합 매장이라면 이것만은 꼭 지키자!

1. 유니폼은 청결히, 제대로 갖추자
- 위생모 미착용 적발 시 : 식품위생법 시행규칙 [별표 27] 기준 인당 20만 원 과태료
2. 인허가 서류철을 만들어서 관련 서류(사업자등록증, 영업신고증, 건강진단결과서, 위생필증)를 한데 보관하자.
- 영업신고증 매장 내 미 보관 시 : 식품위생법 시행규칙 [별표 17] 기준 10만 원 과태료
- 건강진단 미 실시 또는 1년 내 미 갱신 적발 시 : 식품위생법 시행규칙 [별표 17] 기준 점주 20만 원, 직원 인당 10만 원 과태료
- 일일 도우미가 와도 건강진단 결과서를 반드시 지참하도록 요청
3. 고객의 시선에서 관찰하고 청소하자
- 고객 테이블에 앉아서 주변을 둘러보면 평소 보이지 않던 것들이 보일 것이다

- 눈에 거슬리는 게 있다면 즉시 청소하자

4. 음식 담음새나 고명에도 신경 쓰자

- 보기 좋은 떡이 먹기에도 좋다
- 음식을 용기에 담을 때는 깔끔하게 담고 고명에 힘까지 주면 금상첨화다

5. 품질 관리 전문 업체의 도움을 받자

- 국내 유일 프랜차이즈 품질 관리 기업인 주식회사외식인은 FC다움 앱 하나로 서비스 품질 점검부터 개선까지 풀 서비스를 제공해 매장의 체계적인 품질 관리를 돕는다.

위생, 청결은 조리의 한 과정이자 우리와 고객 안전을 지키는 보호막이 된다. 내가 귀찮고 힘든 만큼 고객이 만족한다는 마음으로 철저히 관리하는 습관을 들이면 고객이 느끼는 우리 집의 음식 맛은 배가 될 것이다. 특히나 배달 고객은 눈에 보이는 것으로만 우리를 평가한다니 위생, 청결관리는 선택이 아닌 필수가 되었다. 지금 당장 시작해보자.

유독 잘되는
대표들은 특징이 있다

나는 오랜 시간 외식업에 종사하며 수천 명의 외식업 대표들을 만나왔다. 그분들을 돕고자 하는 마음이 커 만나면 몇 가지 조언을 해드리고 있는데 내가 만난 유독 잘 되는 매장의 대표들은 신기하게도 일관된 행동을 했다. 바로 이렇게 말이다.

후레쉬빌

"어머 단품 메뉴에 2,000원 추가하면 돈가스를 주네요? 이 좋은 게 노출이 잘 안 되다니… 요즘 1인 고객이 대세인데 이걸 세트로 만들면 좋겠어요. 혼자 오면 이것도 먹고 싶고 저것도 먹고 싶은데 그럴 때 딱이겠네요." 그저 이 한마디했을 뿐이다. 그리고 정확히 일주일 뒤 재방문을 했더니 벌써 대형 현수막이 걸려 있었다.

후레쉬빌의 현수막 마케팅, 단품에 2,000원을 추가하면 돈가스 세트를 즐길 수 있다.

화교3대 중식당 락희안의 고객 가방 보관함이다. 작은 배려가 고객을 만족시킨다.

락희안

"옷걸이는 있는데 가방 놓을 곳이 없어서 불편해요."라고 했더니 그새 가방 보관함을 준비해 두었단다. 이동혁 대표가 디자인에 대한 기준이 매우 높음에도 불구하고 자신이 원하는 퀄리티의 가방 보관함을 구할 때까지 임시방편으로 빠르게 세팅하는 실행력을 보여주었다. 이런 게 바로 고객을 생각하는 마음 아닐까?

베러댄비프

누군가에겐 내 얘기가 잔소리지만 또 다른 누군가에겐 변화의 시작이 된다. 사장님은 나무 의자에 앉으니 바닥이 차고 딱딱하게

신사에 있는 배러댄비프는 고객을 위해 푹신한 방석을 세팅했다.

느껴진다는 나의 한마디를 흘려듣지 않고 즉시 실행하였다. 얼마 후 재방문하니 특수 제작한 푹신한 방석이 세팅되어 있었다.

　또한 이곳에서 식사를 하는데, 반찬으로 유리병에 피클이 담겨 나왔다. 새것도 아니고 유리병 안에 내용물이 꽉 찬 게 아니라서 그런지 어쩌면 고객의 눈에는 먹다 남은 걸 준 게 아닐까라는 불안감을 줄 수 있다는 생각이 들었다. 그래서 뚜껑에 스티커를 붙이길 제안했다. 마치 새것처럼 고객이 신선함을 느끼게 하려는 취지였다. 그리고 얼마 후 이곳에 가보니 피클 병뚜껑에 스티커가 붙어 있었다. 누가 봐도 신선하고, 안심하고 먹을 수 있는 새것 같은 느낌이었다.

신사에 있는 배러댄비프는 피클에 스티커를 부착해 위생적이고 새것 같은 느낌을 제공한다.

이분들의 공통점은 정보를 흘려듣지 않고 즉시 적용해 자신의 지식으로 만든다는 것이었다. 아무리 좋은 아이디어와 컨설팅 제안을 받았더라도 유독 잘 되는 가게가 되려면 이를 실행하는 대표의 의지가 있어야 한다. 이 외에도 환경분석 능력이 필요하다. '살아남은 종은 강한 종도 아니고, 똑똑한 종이 아니라 변화에 적응하는 종이다'라는 찰스 다윈의 말처럼 하루가 다르게 변하는 외부환경을 분석하고 적응해야만 오랫동안 성업할 수 있기 때문이다. 특히나 이번 코로나19 사태와 같은 상황은 제품, 판매방식, 서비스 방식 모두를 혁신할 정도의 위기 상황이지 않는가?

본질(철학)은 바뀌지 않는다. 다만 방식만 바뀔 뿐. 그래서 이 책은 각 단락마다 본질의 중요성을 이야기한다. 이 책에 있는 사례들은 큰돈을 들이지 않고도 즉시 실천하여 성과를 낼 수 있는 것이다. 많은 정보 중에 내게 꼭 맞는 방법을 즉시 실천하고 여러분의 성과로 만드는 계기가 되길 바란다.

참고문헌

1장

한상복(2006), 《배려》, 위즈덤하우스.

채널 A 독한인생 서민갑부 제작팀(2015), 《서민갑부》, 동아일보사.

조셉 미쳴리(2009), 《리츠 칼튼 꿈의 서비스》, 비전과리더십.

전호성(2007), "서비스품질의 위계구조에 관한 연구: Formative 모델 및 Reflective 모델을 중심으로", 〈마케팅연구〉, 2(2): 87~112.

이유재, 이청림(2014). "서비스 품질 연구에 관한 종합적 고찰: 최근 10년의 연구를 중심으로", 〈마케팅관리연구〉, 19(2).

최호규, 이영훈(2014). "고속도로 휴게소의 서비스품질과 경영관리 능력이 고객만족, 고객충성도, 매출성과에 미치는 영향", 〈고객만족경영연구〉, 16(2): 79~104.

김영갑, 이혜린, 김예주(2014), "외식업체의 미스터리 쇼핑을 위한 평가척도 개발: 한식프랜차이즈를 중심으로", 〈외식경영학회〉, 17(5): 307~328.

김영갑(2014), 《과학적 서비스를 위한 외식서비스경영론》, 교문사.

김태희, 윤지영, 서선희(2017), 《외식서비스 마케팅》, 파워북.

A. Parasuraman, Valarie A. Zeithaml, Leonard L. Berry(1988), "SERVQUAL: A Multiple-Item Scale for Measuring Consumer Perceptions of Service Quality", 〈Journal of Retailing〉, 64(1): 12~40.

Philip B. Crosby(1980),《Quality is free, The art of marketing quality certain》, SignetBook.

"맥도날드, 장애인 눈높이 맞춘 디지털 키오스크 서비스 실시", 〈식품음료신문〉, 2018년 1월 2일.

"시각장애인 안내견 출입 막은 식당…'과태료 300만원'", 〈법률N미디어〉, 2019년 10월 28일.

"투병 중인 어린이 고객에게 감동 선사한 맥도날드 직원, 감사인사 받아", 〈파이낸셜뉴스〉, 2019년 12월 18일.

https://blog.naver.com/hhmszu/221498683268 (중국 외식 서비스 트렌드, 어린이를 위한 세트메뉴)

"초고령 사회에서 승승장구하는 '시니어 마케팅 공략법'", 〈테크42〉, IGM세계경영연구원, 2025년 2월 4일.

한국농촌경제연구원(2024), 〈2024 식품외식산업 7대 이슈〉.

통계청, "2024 고령자통계".

"'매출 절벽' 외식업, '좀비 자영업자' 이르면 6월 '집단폐업' 경고", 〈News1〉, 2020년 3월 25일.

"'창고에는 남아도는 식자재만 가득'…식자재 유통업체, 코로나 19에 '초비상'", 〈디지털타임스〉, 2020년 3월 23일.

"스타벅스 '사회적 거리두기' 전국 매장으로 확대", 〈연합뉴스〉, 2020년 3월 23일.

"코로나 19가 소비자의 습관을 바꾸다. 온라인을 통한 건강하고 편리한 비접촉 소비 증가로 소비 산업 변화 예측", 〈미디어피아〉, 2020년 2월 29일.

"'코로나19 무서워' 국내 소비자들 식탁 상황도 변화… 외식은 줄이고, 배달로 해결", 〈데일리팝〉, 2020년 2월 20일.

"코로나19 발병 한 달…'외식 줄고 홈카페족 늘어, 프로폴리스로 면역 챙긴다'", 〈아시아경제〉, 2020년 2월, 20일.

"고객 불만은 실패를 막는 예방주사", 〈동아비즈니스리뷰〉, 92호(2011년 11월 Issue 1).

장정빈(2009),《리마커블 서비스》, 올림.

"프랜차이즈점 '알레르기 유발식품 표시제' 30일 시행", 〈연합뉴스〉, 2017년 5월 29일.

"모르고 먹었다가 큰일나…카페에서 파는 빵·케이크, 알레르기 표시 의무 없어", 〈한국정경신문〉, 2018년 12월 7일.

오구라 히로유키, 미야자키 케이코(2018).《음식점 클레임 대응 꿀팁》, 한국외식정보.

"블록체인, AI, IoT가 커피 한 잔 속에 스타벅스, 기술 기반으로 문화를 만들다", 〈동아비즈니스리뷰〉, 280호(2019년 9월 Issue 1).

"스타벅스 CEO의 깜짝 고백 "매출 증대 일등 공신은 AI"", 〈한국경제〉, 2021년 5월 27일.

2장

현성운(2018), 《왜 유독 그 가게만 잘될까》, 다산북스, 18~19.
전성철 외(2013), 《가치관 경영》, 쌤앤파커스.
신병철(2018), 《논백 리더십 전략》, 휴먼큐브.
마쓰이 타다미쓰(2014), 《무인양품은 90%가 구조다》, 모멘텀.
우노 다카시(2012), 《장사의 신》, 쌤앤파커스, 199~200.

3장

김영갑(2017), 《외식사업 메뉴경영론》, 교문사.
쇼가키 야스히코(2012), 《맛있어서 잘 팔리는 것이 아니다 잘 팔리는 것이 맛있는 요리다》, 잇북.
다카이 나오유키(2019), 《시골카페에서 경영을 찾다》, 길벗.
마르거스 클라(2019), 《고객 경험 혁신을 위한 서비스 디자인 특강》, 유엑스리뷰.
장정빈(2016), 《히든서비스》, 올림.
"고속성장 배달앱…글로벌기업들 'M&A전쟁'", 〈동아일보〉, 2020년 1월 4일.
"배달앱 결제 인기몰이…시장규모 5년새 8배↑ 3조", 〈서울경제〉, 2019년 12월 13일.
"물오른 외식 배달…편리미엄 서비스 '주목'", 〈파이낸셜뉴스〉, 2020년 2월 15일.
박수홍, 선일석(2018), "외식 배달서비스 품질이 고객만족 및 인지된 감정, 재이용 의도에 미치는
　　영향", 〈유통경영학회지〉, 21(4): 5~13.

4장

"따뜻한 말 한마디의 위력", 〈여성신문〉, 2016년 2월 3일.
"'노쇼' 철퇴…1시간 전까지 취소해야 예약금 돌려받는다", 〈연합뉴스〉, 2018년 1월 1일.
"회식 잦은 연말…예약해놓고 '노쇼'는 안돼요", 〈연합뉴스〉, 2018년 12월 17일.
"연말연시 대목인데…'노쇼'에 울상 짓는 외식업계", 〈파이낸셜 뉴스〉, 2019년 12월 28일.
김광지(2014), "가격할인 프레이밍과 메시지 프레이밍에 대한 고객의 반응 연구", 〈외식경영학
　　회〉, 17(5): 277~297.
후루야 사토시(2019), 《장사는 돈관리다》, 쌤앤파커스.
자그모한 라주, Z. 존 장(2011), 《스마트 프라이싱》, 럭스미디어.

5장

"이거 중국 기업 맞아? 스마트 레스토랑의 아이콘 하이디라오", 〈뉴스핌〉, 2019년 4월 5일.

이경미, 정은아(2019), 《우리는 취향을 팝니다》, 쌤앤파커스.

이랑주(2016), 《좋아보이는 것들의 비밀》, 인플루엔셜.

"성공하는 매장 비밀은 음악에 있다", 〈Luxury〉, 2008년 4월.

이지연, 임이랑(2014), "B.G.M(Background Music)이 에스프레소 커피의 관능적 평가에 미치는 영향: 자극과 진정시키는 음악 중심으로", 〈한국외식호텔경영학회〉, 23(6): 37~54.

"미세먼지 공습지역 유통업계 공기 마케팅 봇물", 〈남도일보〉, 2019년 4월 11일.

"배스킨라빈스 "브라운 청담점에 상쾌한 '청정공기' 맡으러 오세요"", 〈뉴스웍스〉, 2019년 6월 24일.

""가게에 공기청정기 있어요"…나도 모르게 발길이", 〈MBC 뉴스데스크〉, 2019년 4월 13일.

마르거스 클라(2019), 《고객 경험 혁신을 위한 서비스 디자인 특강》, 유엑스리뷰.

매출이 오르는 가게는 무엇이 다를까?

초판 1쇄 발행   2020년 6월 24일
개정판 1쇄 발행 2025년 4월 23일

지은이   현성운
펴낸이   박영미
펴낸곳   포르체

출판신고   2020년 7월 20일 제2020-000103호
전화   02-6083-0128
팩스   02-6008-0126
이메일   porchetogo@gmail.com
인스타그램   porche_book

ⓒ 현성운(저작권자와 맺은 특약에 따라 검인을 생략합니다.)
ISBN 979-11-94634-13-3 (03320)

여러분의 소중한 원고를 보내주세요.
porchetogo@gmail.com